高等学校新闻传播学应用型系列教材

平面媒体电子编辑实训教程

主　编　肖志芬

副主编　陈媛媛

武汉大学出版社

图书在版编目(CIP)数据

平面媒体电子编辑实训教程/肖志芬主编.—武汉：武汉大学出版社，2013.11
高等学校新闻传播学应用型系列教材
　ISBN 978-7-307-11556-9

　Ⅰ.平…　Ⅱ.肖…　Ⅲ.计算机应用—新闻编辑—高等学校—教材
Ⅳ.G213-39

中国版本图书馆 CIP 数据核字(2013)第 210412 号

责任编辑:胡国民　　责任校对:刘　欣　　版式设计:马　佳

出版发行:**武汉大学出版社**　(430072　武昌　珞珈山)
　　　　(电子邮件:cbs22@whu.edu.cn　网址:www.wdp.com.cn)
印刷:武汉中科兴业印务有限公司
开本:720×1000　1/16　印张:21　字数:370 千字　插页:1
版次:2013 年 11 月第 1 版　　2013 年 11 月第 1 次印刷
ISBN 978-7-307-11556-9　　定价:38.00 元

前　言

随着时代的发展与进步,无论是报纸、杂志还是其他平面媒体,已不再只是纯粹的宣传纸,而是日益成为内容与艺术审美的结合体。这意味着版面编辑的工作越来越复杂,对于新闻传播院校的师生而言,版面编辑的课程,需要在掌握版面编排理论的同时,进行大量的实践实训教学。

本书的编者自毕业后一直从事文字编辑和版面编辑工作,在这些方面积累了一定的工作经验,进入高校后又接手相关课程的教学工作。如果说以前的工作以积累实践经验为主,那么高校的教学工作则是对以前实践经验的总结和提升。在工作中,编者也深深感到版面编排理论的精深与重要性,在教学中与学生探讨的也常常是版面编排的话题。如何把握版面编排的理论要诀,来指导平面媒体的版面编排实践,成为编者编撰此书的目的。另外,从这些年学生的就业情况来看,新闻传播专业学生的就业情况是只有少部分人进入传统报社,而其他大部分学生则进入企业、传媒公司……接触到大量的平面媒体宣传工作。因此,在大传播的理念下,我们培养的学生不能仅仅限于对报纸版面的认识,还应该拓展视野,增加对杂志、DM 广告等其他媒介的版面认知,这也是编者界定本书内容的最初思考。

本书立足平面媒体的发展动态,总结各类平面媒体排版实践经验,结合桌面排版软件技术,通过讲解各类平面媒体版面编排的原理、电子编辑软件的操作方法,最终使教学工作满足社会实际就业需要。

本书共分为上编和下编两部分。上编介绍平面媒体的版面编排原理,包括版面编排基础原理、报纸版面编排、杂志版面编排和 DM 广告版面编排理论。版面编排基础原理涉及视觉传达艺术方面的理论,它是贯穿于每个平面编排实践中的基础理论,对于未来从事新闻传播事业的学生来说,掌握视觉传达艺术方面的基础知识显得很有必要。上编还对报纸、杂志和 DM 广告的版面编排分别进行了讲解,其中列举了大量的实践案例,有利于学生更好地掌握各类平面媒体的版面编排技巧。

下编主要介绍方正飞腾创艺 5.0 排版软件的实践操作。值得一提的是,这部分内容是通过各种实训串联起软件的实践操作,包括如何在方正飞腾创艺中进行文字、段落、图形、图片的编辑操作等内容。本书中的实训案例实用性强、可操作性强,每个实训案例都有完整的素材供学生上机练习,适应了教学要求,减少了教师备课的负担。

本书打破了以往同类教材只讲操作,忽略版面基础理论、忽略知识应用的机械模式,而是通过"基础理论 + 操作技巧 + 综合实训"的模式让学生边练边学,轻松学习。同时,学生还可通过每章后面精心设计的课后练习,检查并巩固自己的学习成果。

我们编写本书的目标是让学生在学完本书后,能熟练地利用电子编辑软件进行报纸、杂志、广告宣传单等平面媒体的排版工作。本书适用于新闻传播学专业本专科学生和媒介从业人员的学习和参考之用。值得说明的是,本书的写作借鉴了许多同行的研究成果与经验,正是这些可贵的成果与经验使得版面编排理论不断充实与发展,在此编者对同行们的辛勤劳动表示敬意与感谢。同时,还要感谢参与本书编写的陈媛媛老师,陈老师编写了本书报纸编辑和色彩应用部分。书中还存在许多不足之处,真诚地希望得到读者的批评指正。

编　者

2013.6

目　录

上编：版面编排原理

下编：排版软件操作及应用

上编：版面编排原理

第一章 版面编排基础原理

版面编排是指在有限的、特定的版面空间中，根据编排内容、目的要求，把文字、图形图片、线条线框、颜色色块等视觉元素，按照设计创意要求进行组合排列，并运用造型要素及形式原理把创意构思以视觉形式表达出来的过程，是一种具有个人风格和艺术特色的视觉传达方式。版面编排设计广泛应用于平面及影像设计制作领域，包括报纸、杂志编排、DM 广告编排等。

第一节 版面编排的形式原理

版面编排的形式原理是规范版面形式美感的基本法则。通过重复与交错、节奏与韵律等形式构成法则来规划版面，将版面内容呈现给阅读者，并从中获得美的感受。

一、重复与交错

在版面中，不断重复使用相同的基本元素，如线条、图形，它们的形状、大小、方向都相同。这种重复可以使版面产生整齐、稳定和规律的统一，如图 1-1 所示。值得注意的是，重复有时使版面显得呆板、平淡无趣。因此，我们可以设置一些交错与重叠，以打破这种平淡无趣的格局。

二、节奏与韵律

节奏与韵律属于音乐概念，运用在版面中，节奏是指按照一定的秩序、条理、连续重复地排列，形成一种律动形式，如图 1-2 所示。节奏是均匀的重复，是在不断重复中产生频率节奏的变化。无论是图形、文字或色彩等视觉要素，在组织上合乎某种规律时所给予视觉和心理上的节奏感觉，即是韵律，如图 1-3 所示，它主要建立在以比例、轻重、缓急或反复、渐变为基础的规律形式上。

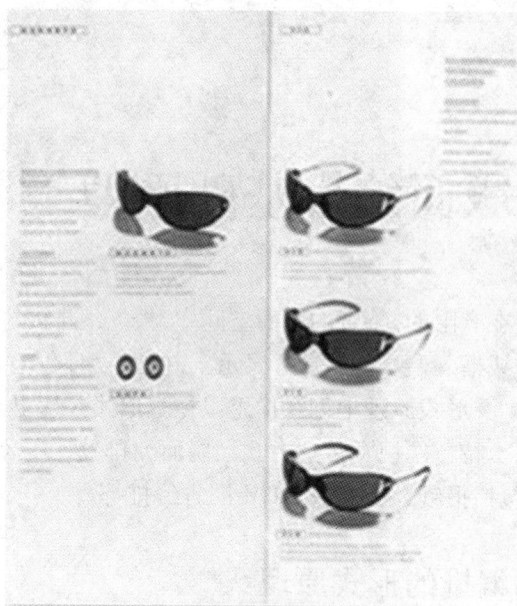

图 1-1 重复的图形显得版面整齐有序

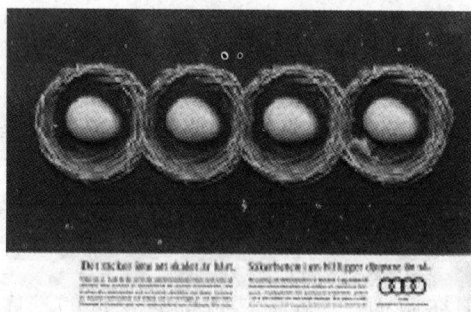

图 1-2 按一定秩序排列的图像形成律动

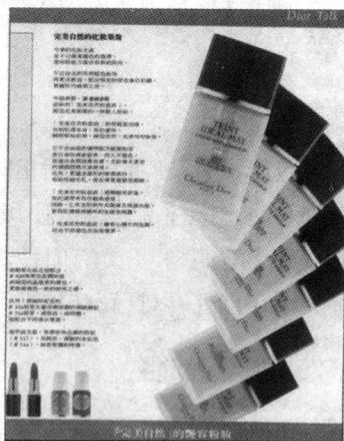

图 1-3 画面中的韵律感

三、对称与均衡

对称的形式有以中轴线为轴心的左右对称,以水平线为基准的上下对称和以对称点为基准的放射对称,还有对称面的反转形式。如图1-4所示,即是以中轴线为轴心的左右对称的版式。对称的特点是整齐、稳定、庄重、秩序、安宁。有的版面利用虚实结合的方法达到相互呼应、协调一致的目的,以造成视觉上的均衡;还有的将版面内容统一在色块里,使之产生条理性和均衡美,如图1-5、图1-6所示。

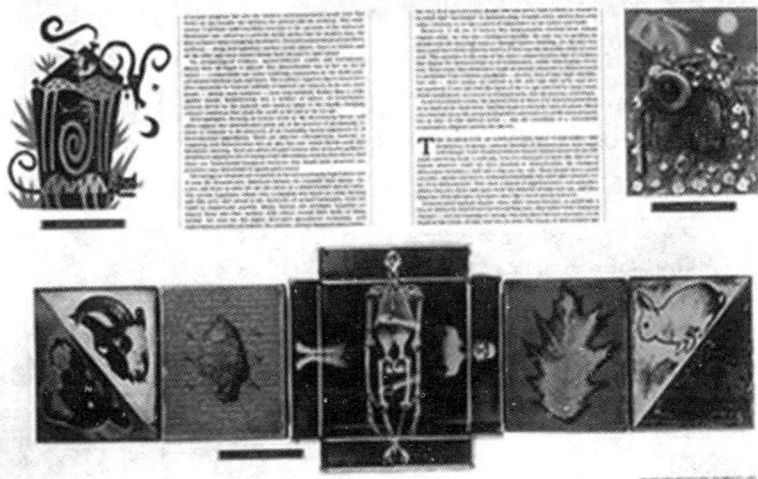

图1-4　左右对称的版式

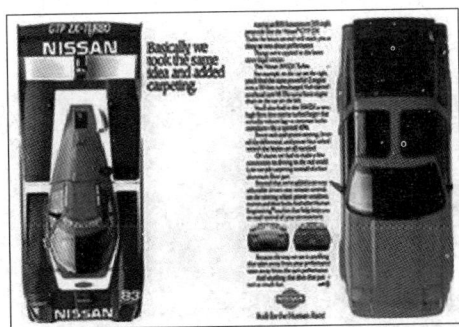

图1-5　左右两版的图片和文字达到
　　　　视觉上的均衡

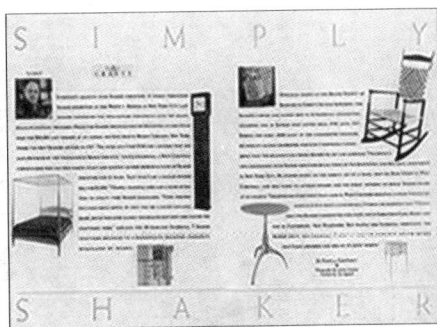

1-6　图片的穿插使得整个版面和谐均衡

四、对比与调和

对比就是把相对的两个要素相互比较,从而产生大小、强弱、黑白、明暗、粗细、疏密、高低、远近、软硬、直曲等效果的对比,对比的最基本要素是显示主从关系和统一变化的效果。如图1-7、图1-8所示。

调和是近似性的强调,是使版面各部位、各视觉元素之间在对比的同时寻求调和。让要素之间相互具有共同性,在视觉上给人以舒适、安定、统一的感觉。对比是强调差异,产生冲突;而调和则寻求共同点,缓和矛盾。在版面编排中,对比与调和是相辅相成的,一般整体版面应用调和,局部版面应用对比。如图1-9所示,整个版面运用统一的线条来进行调和。

图1-7　大与小的对比

图1-8　直线与曲线的对比

图1-9　用统一的色线来调和版面

五、比例与适度

比例是形的整体与部分以及部分与部分之间数量的一种比率。成功的版面构成,首先取决于恰当的比例。比例常表现出一定的数列,如等差数列、等比数列、黄金比等,其中,黄金比能获得最大限度的和谐,使版面中被分割的部分相互产生联系。

适度是版面的整体与局部的构成要从视觉上适合读者的视觉心理。比例与适度,通常具有秩序、明朗的特性,给人一种清新、自然的感觉。如图 1-10 所示,运用大小比例使版面富有动感。

图 1-10 运用大小比例使版面富有动感

六、变异与秩序

变异是指对规律的突破,是在整体效果中进行局部的突变。这种突变往往能使版面显得动感十足,引人关注。变异可依据大小、方向、形状的不同来构成特异效果。

秩序是一种组织美的编排,能体现版面的科学性和条理性;秩序美是构成版面的灵魂。版面由文字、图形和线条等组成,这就要求版面具有清晰明了的视觉秩序。构成秩序美的原理有对称、均衡、比例、韵律等。在秩序美中融入变异,可使版面活泼生动。如图 1-11 所示,版面中既有突变以吸引人注目,又有秩序调和,引人入胜。

七、虚实与留白

版面中的"虚",可为空白,也可为细弱的文字、图形或色彩,主要依具体版面而定。在版面编排中,巧妙地留白,讲究空白之美,是为了更好地衬托主题,集中视线和造成版面的空间层次。版面中的虚实关系为以虚衬实、实由虚托。如图 1-12、图 1-13 所示,虚实层次使版面丰富,空间使形象或内容更突出。

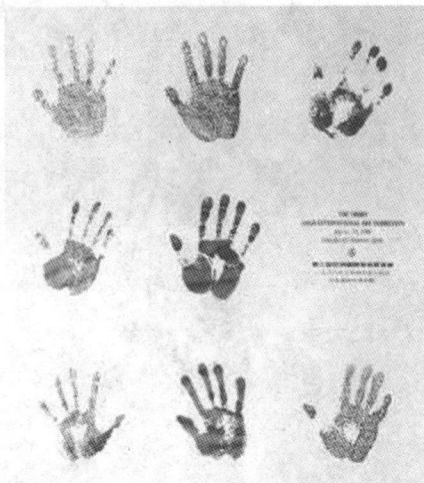

图 1-11 秩序中又有变异

1-12 虚实层次使版面丰富,空间使形象或内容更突出。

图 1-13　以虚衬实，实由虚托

第二节　版面编排的造型要素

点、线、面是构成版面的基本元素，无论版面的内容与形式如何复杂，最终皆可以简化到点、线、面上来。版面构成实际上就是如何用好点、线、面。一个字母、一个色块，可以理解为一个点；一行文字、一行空白，可以理解为一条线；数行文字与一片空白，则可以理解为面。点、线、面组合出多种多样的形态，形成了千变万化的版面。

一、点的编排构成

点具有向心、收敛、聚焦等特性。点的向心收敛性是因为其小且相对独立，又因为其与整体形态有较大对比，所以有聚焦性，容易形成焦点。点的感觉是相对而言的，点的形状、大小、方向及位置，在版面上会形成多样的视觉效果，由此带给人不同的心理感受。如图 1-14 所示，当版面中有一个点时，它能吸引人的视线，成为视线焦点。如图 1-15 所示，杂志内页中人小各异、高低错落的点状字母给人以活泼跳跃的感觉。

二、线的编排构成

点移动的轨迹为线。线在版面上有位置、长度、宽度，也有方向、形状，起着连接、分割、平衡的作用。不同形状的线具有各自的特点：直线简明醒目，曲线优雅圆润，螺旋线形成视觉焦点，抛物线带来速度感。线可以指示方向，还可以表

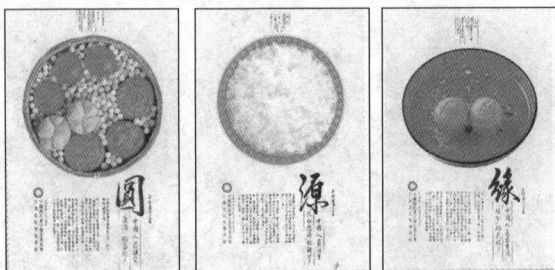

图 1-14　版面中的点成为视线的集中处

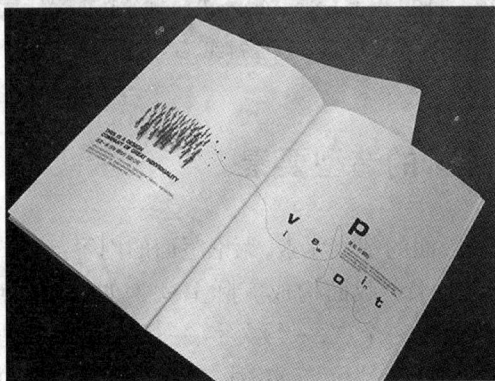

图 1-15　杂志内页的点状字母具有跳跃感

达感觉,水平线平和安宁,垂直线庄重稳定,斜线动感活泼。具体说来,线有以下几种作用:

1. 线具有分割作用

在文字和图形中插入直线进行分割,被分割的文字和或图形容易引起视觉注意。这种手法增强了版面各空间相互依存的关系,并使之成为一个整体,版面从而更具条理和秩序,增强了文章的可视性。一根垂直线可以将版面分成左右两半,从而产生形的感觉;整个版面被斜直线分割,具有勇往直前的速度感。如图 1-16 所示,垂直线和水平线将版面进行分割,形成了无穷无尽的变化形式。

2. 线具有引导视线作用

线的指示功能非常明显。线条可以由文字构成,它能引导视线去关注版面主题,成为贯穿版面的主线。视觉引导线表现为水平线、垂直线、曲线、斜线,如图 1-17 所示。

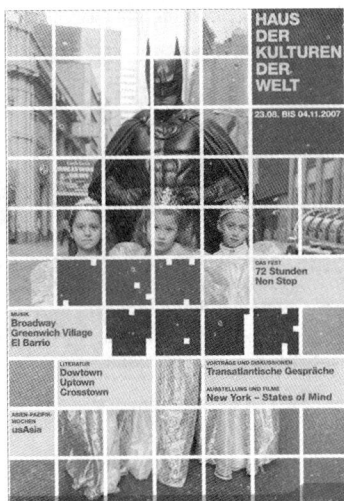

图 1-16　被线分割的版面

3. 线框具有约束与强调作用

　　线框可以用来加强版面元素的视觉效果,使其在整体中显得特别出众,如图 1-18 所示。当引文需要强调时,用线作为装饰,将引文与正文加以区别;正文中,装饰线条可以将正文进行信息分区,如图 1-19 所示;同时,线条也可以用在文字的下方,对正文中重点内容起强调作用。当被强调的对象是说理性很强的文字或图形时,可用有规律的几何形线框来限定它,使形式与内容完美统一。另外,线框细显得版面轻快而有弹性。当线框加粗时,对象有被强调的感觉,同时诱导视觉注意;若线框如果过粗,版面则显得过于呆板。

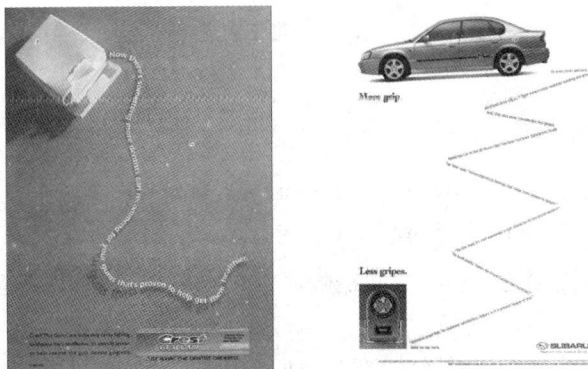

图 1-17　线能引导视线

图 1-18　线框的强调作用

图 1-19　装饰线条将正文进行分区

三、面的编排构成

面在版面中占有的面积最多,因而在视觉上比点、线更强烈。面在版面中可理解为点的放大、点的密集或线的重复。另外,线的分割产生各种比例的空间,同时也形成各种比例关系的面。面在版面中具有平衡版面、烘托及深化主题的作用。

当手握素材准备进行版面编排时,我们至少应该经历这样一些步骤:

首先,将版面中的信息进行分类,将同类信息合并在同一个区域内。搞清楚图片与文字之间的关系进而同类合并,使文字与图片一一对应。

其次,我们要在版面中将重点信息突出来,强调中心内容,分清主次。

最后,对归类合并后的信息在版面上进行规划,确定他们的区域位置、主次关系,从而完成整体布局。

为了加深编排的整体概念,在版面编排中,图片、标题、引文、正文等编排元素都可以抽象成"面"。使这些面有机组合,从而构成一个具有整体意义的版面。如图1-20所示,图中的两个版面中的文字和图片被抽象成明暗不同的面,这有利于版面的整体协调与组合。

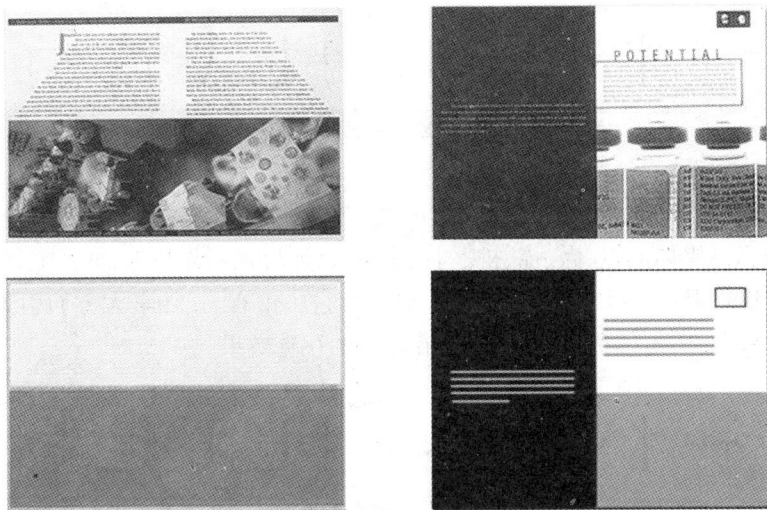

图1-20　将文字和图片抽象成面

第三节　文字的版面编排

一、字体、字号、字距与行距

1. 字体

中文常用的字体主要有宋体、仿宋体、黑体、楷体四种。为了让标题更加醒目,又出现了粗黑体、综艺体、琥珀体、粗圆体以及手绘创意美术字等。

（1）宋体与黑体。宋体起源于北宋刻印时期,到明代被广泛采用,故亦称为明朝体,又叫老宋体。宋体的特征是字形正方,横细竖粗,横画和横、竖画转折处吸收了楷书用笔的特点,都有顿角,点、撇、捺、挑、勾与竖画的粗细基本相等,其尖锋短而有力,如图1-21所示。因此有"横细竖粗,撇如刀,点如瓜子,捺如扫"的口诀,如图1-22所示。

宋体—宋体　　黑体—黑体

图1-21　宋体与黑体

图1-22　宋体的笔画

黑体横竖笔画粗细一致,方黑一块,笔形两端略呈方形,因此得名,如图1-21所示。黑体的点、撇、捺、挑、勾也是方头,所以又叫做方体,如图1-23所示。黑体在风格上虽不及宋体生动活泼,却因为它庄重有力,朴素大方而引人注目,常用于标题、广告等醒目的位置上,有强烈的视觉效果。

图1-23　黑体的笔画

（2）字体选择原则。在一个版面中,选择两种到三种字体为最佳视觉效果,若过多则会产生杂乱无章的感觉。在版面编排中,包含标题字、副标题字、引文、说明文、正文等文字的总体选择原则。一般来说有这样几条原则:

①文字的编排要注意清晰易读。文字编排的最终目的就是为了阅读。那些挑战我们早已形成阅读习惯的文字,对文字的易读性影响最大,是不可取的。

②对文本理解越透彻,字体的选择就越富有表现力。阅读文本,明白它的主题思想,选择最佳表现字体,使它清楚、明了地传递出文本的重要信息。不同的字体具有不同的情感表达。标题字与副标题字在字体选择时,一定要与主题表

达的情感相一致;正文字体最好以选择中性情感的字体为准,不宜带有过多的情感特征,在选择时应牢记清楚易读的字体选择原则。

③当文字与图片进行重叠组合时,尽量选择与图片意境相符的字体。例如一张充满激情和力量的照片需要黑体类的粗体与之相匹配;相反,柔和的图片则需要纤细、精致的字体如宋体予以强化。同时,还得考虑把文字放置在何处,这需要仔细分析图片,找寻放置文字区域的任何可能的启示。

2. 字号

字号是表示字体大小的术语。计算机字体的大小通常采用号数制、点数制和级数制的计算法。常用的是号数制,简称"字号"。点数制是世界流行的计算字体的标准制度(每点等于0.35毫米)。"点"是从英文 point 的译音来的,一般用小写 p 表示,俗称"磅"。号数制、点数制与级数制之间的换算关系如表1-1所示。

表1-1　　　　　　　　　　　印刷字号、磅数和级数一览表

字号	磅数	级数(近似)	毫米	主要用途
七号	5.25	8	1.84	排角标
小六号	7.78	10	2.46	排角标、注文
六号	7.87	11	2.8	脚注、版权注文
小五号	9	13	3.15	注文、报刊正文
五号	10.5	15	3.67	书刊报纸正文
小四号	12	18	4.2	标题、正文
四号	13.75	20	4.81	标题、公文正文
三号	15.75	22	5.62	标题、公文正文
小二号	18	24	6.36	标题
二号	21	28	7.35	标题
小一号	24	34	8.5	标题
一号	27.5	38	9.63	标题
小初号	36	50	12.6	标题
初号	42	59	14.7	标题

标题文字要求醒目大方,标题用字一般大约14p以上,根据实际情况来确定具体大小,总之标题字号不易太小。正文要求整洁、美观、易识别。正文用字一般为8p～10p,文字多的版面,字号可以减到6p～7p。大粗字体易造成强烈的视觉冲击力,如图1-24所示。细小字体温和引导视线连续阅读,如图1-25所示。用细小的文字构成的版面,精密度高,整体性强,给人一种纤细、现代感和雅致的感觉。

图1-24 大粗字体易造成强烈的视觉冲击力

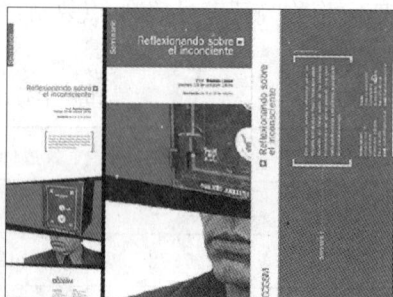

图1-25 细小文字构成的版面整体性强

不同年龄层阅读的出版物字号大小不一样,如老年读物的字号不宜太小,老人由于视力不好,在设置字号时一般设为五号(10.5p)、小四号(12p);儿童出版物文字不要过于密集,字号也应大些,一般设为五号(10.5p)、小四号(12p);成年人的出版物一般设为小五号(9p)、六号(7.87p)。

我国目前印刷出版业中正文字体字号的常见用法,如表1-2所示。

表1-2　　　　　　　　　　　　正文字体字号的常见用法

名称	正文字体	正文字号
图书	书宋(宋体)	五号(10.5p)、小五号(9p)
工具书	书宋(宋体)	小五号(9p)、六号(7.87p)
报纸	报宋	小五号(9p)、六号(7.87p)
公文	仿宋	三号(15.75p)、四号(13.75p)
杂志	书宋、细等体	五号(10.5p)、小五号(9p)、六号(7.87p)

（1）图书标题字大小的选择，主要根据标题级别来选择，常见的大字标题选择范围有：

16 开版面的大字标题可选用小初号（36p）、一号（27.5p）和二号字（211p）；

32 开版面的大字标题可选用二号字（21p）和三号字（15.8p）；

64 开版面的大字标题可选用三号字（15.8p）和四号字（14p）。

在图书排版过程中，标题往往分级处理，因此标题字一般要根据级别的划分来选择字号大小和字体变化。一级标题选用字号最大，而后依次递减排列，由大到小。

图书标题的字体一般不追求太多变化，多是采用黑体、宋体、仿宋体和楷体等基本字体，有时不同级数用不同字体。

（2）杂志标题的字体与字号。杂志非常重视标题的处理，把标题排版作为版面修饰的主要手段。标题的字体变化更为讲究，用于杂志排版系统一般要配十几到几十种字体，才能满足标题用字的需要。

杂志的标题无分级要求，字形普遍要比图书标题大，字体的选择多样，字形的变化修饰更为丰富。杂志标题的排法要能够体现出版物特色，与文章内容、栏目等内容风格相符。

（3）报纸标题的字体与字号。报纸标题的用字非常讲究，现在较多报纸采用黑体、超粗黑体作为报纸标题字体，这样显得醒目大方。标题字大小要根据文章内容、版面位置、篇幅长短进行安排，字体风格尽量统一，形成整体协调感。编排报纸在考察选购字处理系统时，非常注重字体的品种数量，字体要配齐全，否则不能满足编排报纸的需要。

3. 字距与行距

字与字之间的距离我们称为字距，如图 1-26 所示。字距大致可分为正常、紧凑、疏松三种类型，如图 1-27 所示。

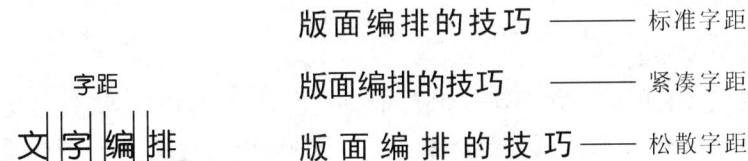

版面编排的技巧 —— 标准字距

字距

版面编排的技巧 —— 紧凑字距

文 字 编 排

版面编排的技巧 —— 松散字距

图 1-26 字距

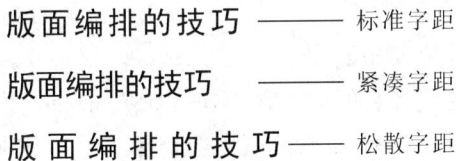

图 1-27 字距类型

行与行之间的距离称为行距。文字的行与行之间必须留出一定的间隔才方便阅读，行距也可大致分为正常、紧凑、疏松三种类型。行距过紧，上下文字相互干扰,目光难以沿着铅字行扫视;行距过大,则显得版面稀疏,太多的空白使字行不能有较好的延续性,如图1-28所示。两种极端的排列法,都会使阅读长篇文字者感到疲劳。良好的字距和行距的编排,应该是使受众在阅读过程中难以觉察字间与行间的间隔,表现出极强的整体感。

一般来说,横排正文的文字排版数量为18~25个字,行距为半个字或整个字身。但对于一些特殊的版面来说,字距与行距的加宽或缩紧,更能体现主题的内涵,应视具体情况而定。

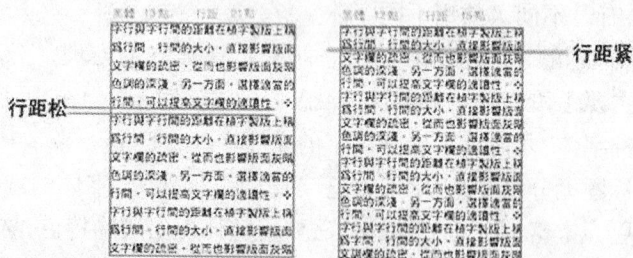

图1-28 行距

二、文字编排的几种基本形式

1. 左右均齐

左右均齐的编排,文本段落左右齐行、工工整整形成一个面。在进行版面编排时,应将正文作为一个面同其他编排元素联系在一起考虑,才能达到整体的效果。文字较少时,则可把它作为一条线来处理。这种格式十分适用于报纸、杂志和其他一些需要充分利用版面的出版物。如图1-29所示,版面中的文字排列规整、大方、美观。

2. 齐左或齐右

齐左或齐右的排列方式有紧有松,有虚有实,能够自由呼吸,飘逸又有节奏感。左或右对齐,行首或行尾会自然产生一条清晰的垂直线,在与图形的配合上容易协调一致。

齐左非常适合人们的阅读习惯,右边的空白使整个段落显得很自然,给人以优美、愉悦的节奏感。英文很适合齐左的编排,如图1-30所示,文字采用了齐左编排。

图 1-29　杂志正文左右均齐的编排

　　齐右的格式只适用于少量文字使用,因为每一行初始部分的不规则增加了阅读的时间和难度。此种编排较之齐头齐尾的编排更加活泼,富有现代气息。如图 1-31 采用了文字齐右编排,图 1-32 中左版文字采用齐右编排,右版采用左右均齐编排。

图 1-30　文字齐左编排

图 1-31　文字齐右编排

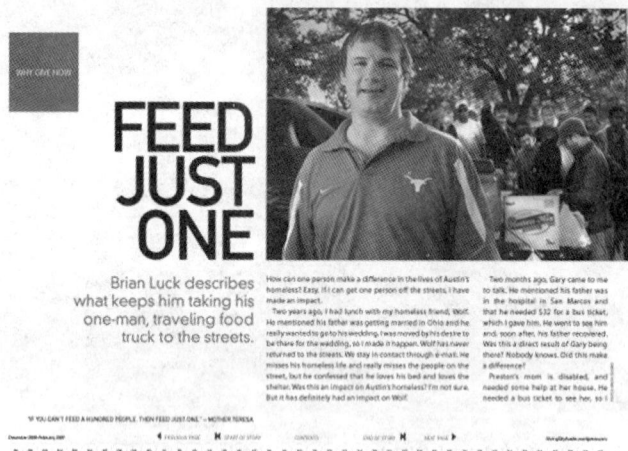

图 1-32　左版文字齐右编排，右版左右均齐编排

3. 文字居中编排

以版面的中轴线为准，文字居中排列，左右两端字距可以是相等也可以长短不一。这种排列方式能使视线集中，具有优雅、庄重之感，如图 1-33 所示。但有时阅读起来不太方便，如果是在正文内容较多的情况下，则不宜采用此种编排方式。

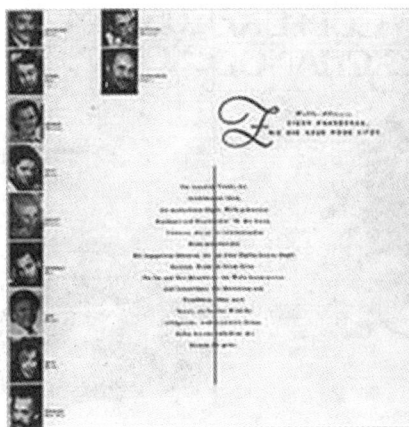

图 1-33　文字居中排列

4. 文字绕图编排

文字绕图编排是将去底图片插入文字中,文字直接绕到图形边缘排版。采用文字绕图编排的形式至少有两个前提:文本内容是休闲、轻松的话题;图形的轮廓外形具有优美的曲线和影像。

应用该种形式,要先将图片依所需轮廓形状处理成特定形状,以便文字沿着不规则外轮廓互相嵌合在一起,给人以自由、活泼、轻巧的感觉。但编排时要注意文字绕图编排后文字的易读性,如图 1-34、图 1-35 所示。

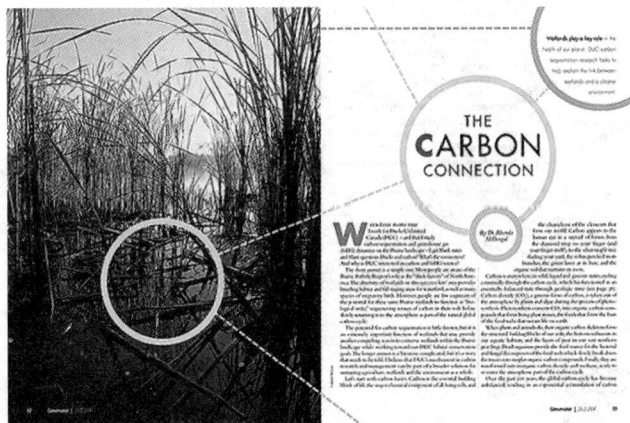

图 1-34　文字绕图编排

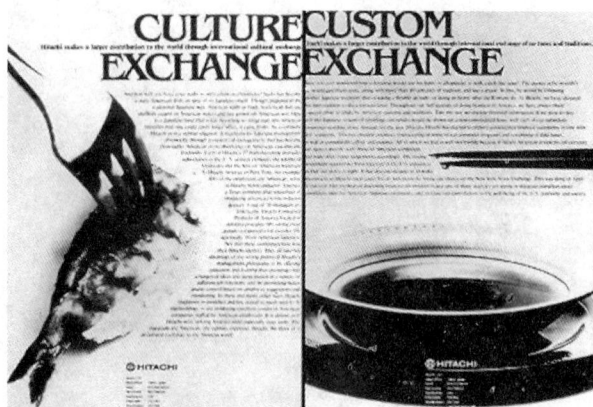

图 1-35　文字绕图而排

5. 横排和竖排

汉字编排有两种可能:横排或竖排。竖排被视作汉字传统的书写方式,使用它更能强化传统风格诉求。如图 1-36 所示,是竖排和横排两种文字编排形式。

英文的竖排与汉字不同,它是将原本横式的书写格式直接地做个 90 度旋转而得。竖排在英文中使用并不多,因为这并不是英文正规的书写格式,也不符合英语使用者的阅读习惯。

图 1-36　横排和竖排

三、文字的强调

1. 变字体

要对版面中的文字,特别是标题中的文字进行强调,可以采用变字体的方法,包括对字体的改变、对文字颜色的改变、对字号大小的改变等。如图 1-37 所示,是一句广告语,为了强调优惠力度大,"狠"字可以做变字体、变文字颜色和变字号的方式。

今夏家电**狠**优惠　—— 变字体

今夏家电狠优惠　—— 变字体颜色

今夏家电狠优惠 —— 变字号大小

图 1-37　变字体

有时候要达到版面视觉上的丰富与变化,并不一定需要使用很多的字体,而是只需要将有限的字体拉长,压扁,或变化字号大小,如图 1-38 所示,字体未做改变,改变的只是字的长短,依然可以达到丰富版面的效果。实质上,字体使用越多,整体效果越差。

版面编排　—— 标准黑体

版面编排 —— 拉长

版面编排 —— 压扁

图 1-38　将字体拉长和压扁

2. 加线框、底色、符号等装饰性元素

除了变字体之外,还可采用增加线框、加底色、符号等装饰性元素来强调文字。如图 1-39 所示,给"狠"字加底色,与其他的文字相区别,很容易脱颖而出。

今夏家电**狠**优惠　—— 加底色

图 1-39　加底色

3. 引文的强调

在进行正文的编排中,我们常会碰到提纲性的文字,即引文。通常引文概括了一个段落、一个章节或全文大意,因此在编排上应给予特殊的位置和空间来强调。

可将引文远离或嵌入正文栏的左右面、上方、下方或中心位置等,并且在字体或字号上与正文加以区别;也可作加线处理,以突出引文的位置,如图 1-40 所示。

23

图 1-40　对引文的强调

4.突出字首

把开头的第一个字突出加大,幅度一般占用两到三行字距的空间,可为版面带来注目焦点,打破平庸的格局,起到活跃版面的效果。如图 1-41 所示,杂志内页的正文段落首字放大;如图 1-42 所示,某房地产广告版面中的首字突出。

图 1-41　首字突出

四、标题与正文的编排

标题在版面中起到画龙点睛、引人注目的作用。在进行标题与正文的编排时,可以先考虑将正文做双栏、三栏或四栏的编排,再进行标题的置入。将正文分栏,是为了形成版面的空间与弹性,避免通栏的呆板以及标题插入的单一性。

图 1-42 某房地产广告版面中的首字突出

标题虽位于整段或整篇文章之首,但不一定千篇一律地置于段首之上,可作居中、横向、竖向或边置等编排处理,有的可直接插入文字群中,以求新颖的版式来打破旧有的规律。除此之外,还可用线条指向或采用线框加以强调,使标题显得更突出,给人以强烈的视觉形象。如图 1-43、图 1-44、图 1-45 所示,标题分别采用横排、竖排和斜排的形式。

图 1-43 横排标题

图 1-44　竖排标题

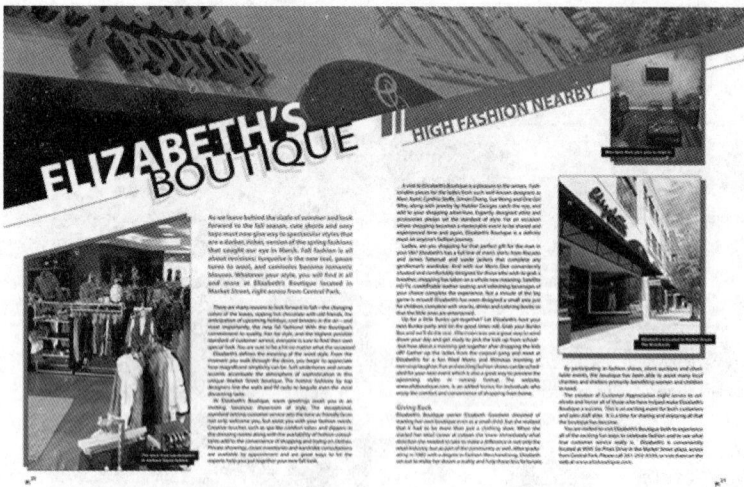

图 1-45　斜排标题

第四节 图片的版面编排

图片在版面编排中,是吸引视觉的重要素材,能产生强烈的视觉效果和导读效果。图片在版面编排中,占有很大的比重,视觉冲击力比文字要强烈。但这并非语言或文字表现力减弱了,而是图片在视觉传达上能辅助文字,帮助理解,更可以使版面显得立体、真实、生动。图片能富有想象力地将我们的思想形象表现出来,使本来物变成强有力的诉求性画面,充满了更强烈的创造性。

一、图片的位置

图片的位置直接关系到版面的整体布局。版面中的左右上下及对角线的四角都是视线的焦点。如果我们在这些焦点处放置图片,并且有效地控制住这些焦点,版面的视觉冲击力就会表现出来;而令版面清晰而富于条理性也恰恰取决于图片对这些焦点处的合理配置,如图1-46所示。

图1-46 图片的位置形成视觉焦点

二、图片的大小

大图形面积注目度高,感染力强,引导版面中心,易成为视觉焦点;而将小图形插入文字中,显得简洁而精致,有点缀和呼应版面的作用。图片的大小安排直接关系到版面的视觉传达。版面如果只有相似的大图或完全由相似的小图构成,版面会显得平淡。只有使图片的大小比例合适,增强对比度,版面才有张力与活力。

在一般情况下,把那些重要的、吸引读者注意力的图片放大,把从属的图片缩小,形成主次分明的格局,是排版设计的基本原则。如图 1-47 所示,将不同大小的图片错落排列,同时,左右边的大小图片放置,产生了鲜明的对比效果。

图 1-49　大小图片形成对比

三、图片的数量

图片数量的多少直接影响着版面的风格。当版面只采用一张图片时,往往显示出格调高雅的视觉效果。假如增加一张图片,就变为较为活跃的版面了,同时也就出现了对比的格局。当图片增加到三张以上,就能营造出很热闹的版面氛围了,非常适合于普及的、热闹的和新闻性强的读物。有了多张图片,版面的内容显得更丰富。当然,图片数量的多少,并不是设计者的随心所欲,归根结底要根据版面的内容来合理安排。如图 1-48 所示,大图与小图的合理配置,完好地表达了文章主题。如图 1-49 所示,多张图片安排在一个版面中,使读者有了浏览的兴趣,并且图片摆放灵活,使版面鲜活有动感。

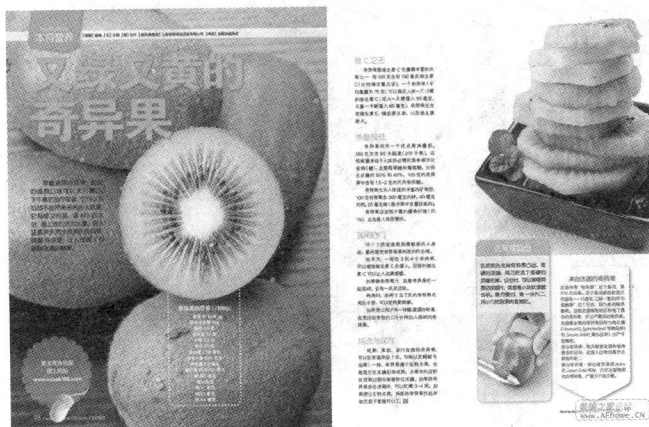

图 1-48 大图与小图的合理配置,表达文章主题

图 1-49 多张图片摆放灵活,使版面鲜活有动感

四、图片的形式

1. 方形图式

方形图式,是版面中最基本、最简单的表现形式。由它构成的版面沉稳、严谨、大方,在较正式版面或宣传页设计中应用较多。如图 1-50 所示,多张方形图组合在一起显得稳重而理性,这种设置与周围环境和文字相呼应,使版面整体协调有序。

图 1-50　方形图式

2. 出血图式

出血图式,即图片充满整个版面而不露出边框。这种安排具有向外扩张、自由、舒展的感觉。用出血图式构成的版面动感十足,富有生命力。如图 1-51 所示,整个图片充满版面,再配以文字排列,具有舒展扩张之势,视觉冲击力强。

图 1-51　出血图式

3.退底图式

退底图式是设计者将图片中精选部分沿边缘裁剪而形成的图片形式。退底后的图片应用起来灵活多样,给人轻松自由的感觉。如图 1-52 所示,图片退底后,不需要与其他场景配合,灵活性与空间感更大,可表现丰富的版面主题。

图 1-52 图片边缘被裁剪后形式更灵活

4.化网图式

化网图式是利用电脑技术用以减少图片的层次,通常是为了追求图片的特殊效果而做的处理,以此来烘托主题、渲染氛围。如图 1-53 所示,将图片作朦胧化处理,渲染出一种别样的意境,从而引发联想。

5.特殊图式

特殊图式是将图片按照一定的形状来限定,经过创造性的组合,使版面产生新颖独特的效果。如图 1-54 所示,为了强调图案的标志性,图片经过处理,视觉效果新颖、主题突出。

图 1-53　化网图式

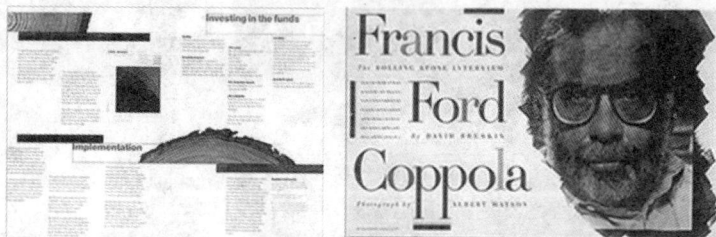

图 1-54　特殊图式

以上我们介绍了五种图片形式,方形图式沉静,出血图式舒展大气,退底图式活泼自然……在版面编排时,图形的这几种处理方式都可以穿插灵活运用,单一的编排方式会使版面显得呆板而松散无序。如图 1-55 所示,该版面运用了退底图式和方形图式,这种搭配令版面显得活泼大方。

五、图片的组合

图片组合就是把多张图片安排在同一版面中,包括块状组合与散点组合。块状组合强调了图片与图片之间的关系,图片之间被垂直线、水平线和斜线分割,文字与图片相对独立。这样的组合可使版面整体显得理性、大方、有条理。如图 1-56 所示,图片按照块状组合在一起,显得理智而规整。

图 1-55 多种图式综合运用

　　散点组合强调的是图片之间的分散安排,文字与图片混为一体,版面轻松自由,整个版面显出明快的风格来,如图 1-57 所示。

图 1-56 图的块状组合

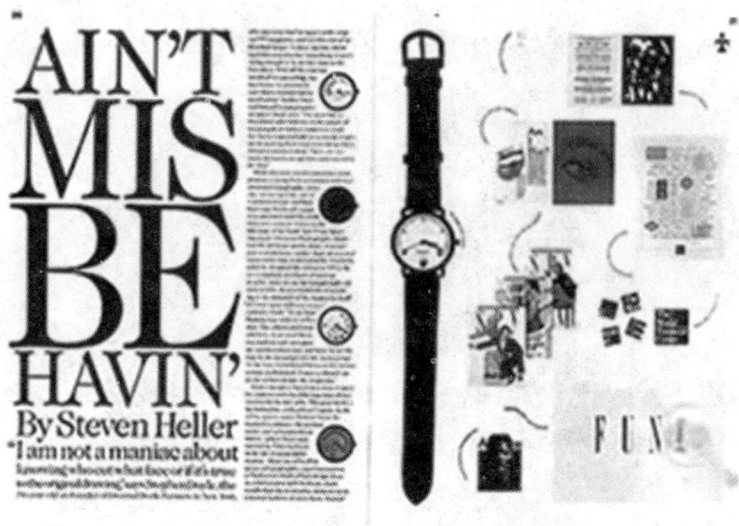

图 1-57　图的散点组合

第五节　图文编排的基本形式

在版面编排中,图片与文字之间的编排主要有以下几种形式:

一、骨骼式编排

骨骼式编排是在图片和文字的编排上,严格按照骨骼比例进行编排配置。这是一种规范的、理性的版面分割方法,如在"田"字格中摆放信息。此方法的优点是能在有限的版面中容纳大量信息,充分节约空间。常见的骨骼式有竖向通栏、两栏、三栏和四栏等。对以文本为主的版式,通常使用两栏或三栏的形式。这种版面编排形式既理性有条理,又活泼而具有弹性,如图 1-58 所示。

二、满版式编排

这种编排方式是图像充满整个版面,是整版的主要元素,而文字作为辅助元素配置在图像的上下、左右或中部。这种图文配置方式视觉传达直观而强烈,如图 1-59 所示。

图 1-58　骨骼式编排

图 1-59　满版式编排

三、上下分割式编排

　　这是版面编排中较为常见的一种形式,它将版面分成上下两个部分,其中一部分配置图片(可以是单幅或多幅),另一部分配置文字。这种文图配置方式安静平稳,但稍显呆板,在编排时要注意图片应尽量活泼,富有动感;文字应稍多,以此调节版面,如图 1-60 所示。

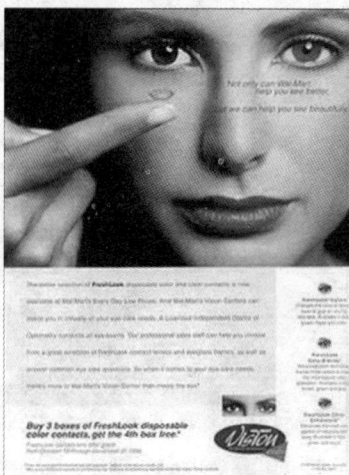

图 1-60　上下分割式编排

四、左右分割式编排

　　这种形式是将版面进行左右分区,这种分区易产生庄重肃穆之感。由于视觉上的原因,图片宜配置在左侧,右侧配置文案,如果两侧明暗上对比强烈,效果会更加明显,如图 1-61 所示。

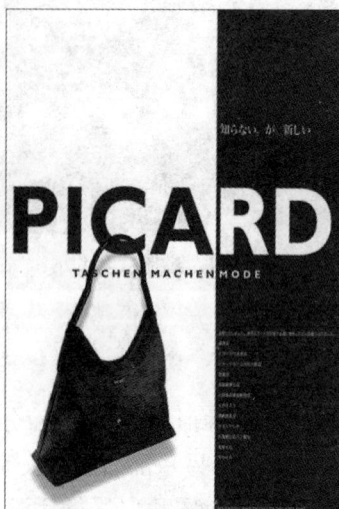

图 1-61　左右分割式编排

五、对称式编排

这种编排方式是编排元素在版面中以对称或均衡的形式表现。对称的版式,给人稳定、理性的感受。只有在刻意强调庄重、严肃的时候,对称的编排才会显出高格调、风格化的意向,如图 1-62 所示。

图 1-62　对称式编排

六、中轴式编排

中轴式编排将图形作水平方向或垂直方向排列,文字配置在上下或左右。水平排列的版面,给人稳定、平和之感;垂直排列的版面,给人强烈的动感,如图 1-63 所示。

图 1-63　中轴式编排

七、重复式编排

把内容相同或有着内在联系的图片重复编排,会有流动的韵律感出现。重复还有强调的作用,能使主体更加突出。特殊形式的重复编排是渐变重复,渐变指一个形在形状、位置、方向或比例上的转换,通常用于在编排中创造逐渐变大或变小的多个形,这些形通常按规律间距排列,如图 1-64 所示。

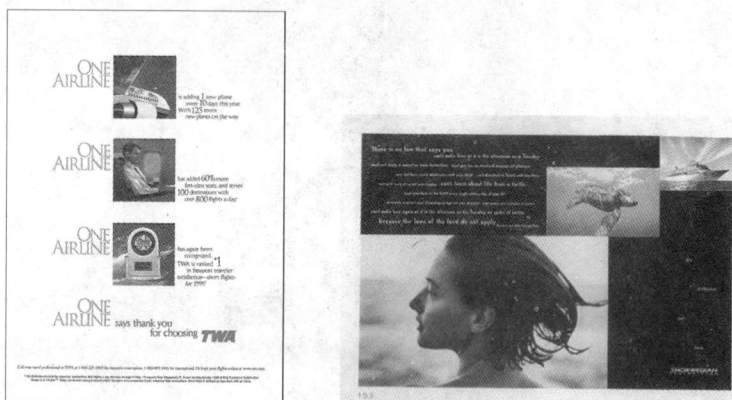

图 1-64　重复式编排

八、四角式编排

在版面的四角以及连接四角的对角线结构上编排图形,在空白处编排文字。这种编排方式给人以画面稳定之感,如图 1-65 所示。

九、线性编排

线性编排的特征是图片和文字在空间内被安排为一个线状的序列。线不一定是直线,可以是曲线。运用这种方式构成的版式,会使人的视线立刻集中到中心点,且这种构图能产生强烈的韵律与节奏的感觉,如图 1-66 所示。

十、以中心为重点的编排

以中心为重点的编排是稳定、集中、平衡的编排。将产品图片或需重点突出的景物配置在中心,会起到强调作用。作为中心的对象通常成为一个更吸引人的形状而存在。如果由中心向四周放射,则可以起到统一的效果,并形成主次之分,如图 1-67 所示。

图 1-65　四角式编排

图 1-66　线性编排

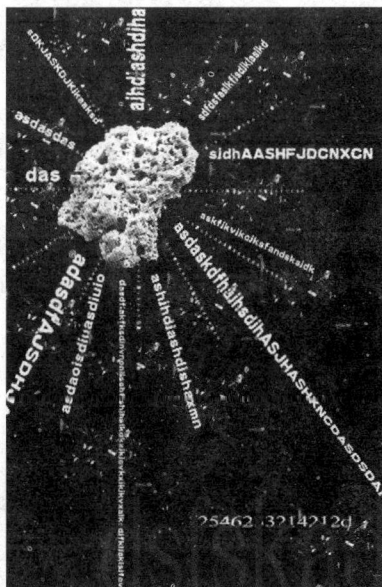

图 1-67　以中心为重点的编排

十一、散点式编排

这种版式采用多种图形、字体进行编排,画面富有活力、充满情趣。在进行散点组合编排时,注意图片大小、主次的配置,尽量做到散而不乱。如图 1-68 所示,画面中的图片有主有次,版面内容多而不乱。

图 1-68　散点式编排

思考与操作

一、思考题

1. 版面编排的形式原理有哪些?

2. 宋体与黑体的特征分别是什么? 字体的选择有哪些原则? 什么是字距与行距?

3. 文字编排有哪几种基本形式? 图片的形式主要有哪几种?

4. 浏览报纸、杂志和广告宣传单等平面媒体,说说它们是如何运用点、线、面这些造型要素的。

二、操作题

1. 选择一个四字词组、一个英文单词,进行九种不同字体的设置,分别说出这些字体的异同,以加强对不同字体效果的感受,掌握对字体的运用。

2. 将 26 个字母、阿拉伯数字 1~9、标点符号、20 个汉字在 A4 页面进行自由编排,完成三个版面的作品。注意把文字分成合适的块,并且要知道怎样让读者通过文字进入主题,试图让文字最大限度地展现它的表现潜力。

第二章　报纸版面编排

报纸版面编辑在我们的整个报纸流程中,属于"产出"的环节,也就是在这个环节中我们是在加工前期的采写和文字、图片编辑的成果,将它们按照一定的要求和规则排列起来。美观、大方、实用性强的版面不仅方便读者阅读,同时也是一份份"艺术品"值得珍藏。在这个部分中,我们会介绍基本的报纸版面组合方法,以供大家掌握基本知识,也会提出当代报纸版面的具体要求,供大家参考。

第一节　认识报纸版面

所谓版面,就是指在一定的新闻出版物幅面内,由版面编辑人员利用各种编排手段组织各种版面要素,达到内容与形式的完美统一①。

在报纸版面编辑工作中,报纸内容永远是主导版面的力量,它对版面形式起到支配和制约的作用。版面形式是为其内容服务的,但是,版面形式又会对内容具有反作用,好的版面形式能很好地增强内容的表现力,否则就会影响内容的表达。

一、版面的功能

1. 吸引读者

版面是读者阅读报纸时的第一印象,这种印象决定读者是否会购买报纸。因此,版面对于激发读者的购报行为,吸引读者阅读具有至关重要的作用。

2. 方便阅读,帮助理解

版面编排的层次、条理,与读者能否顺利阅读内容有密切关系。报纸上稿件的内容丰富多样,题材也多姿多彩。精心编排版面,分门别类地把有关稿件相对固定在一个版面,主次恰当地把稿件安排在版面上一定的位置,使稿件的特点和

---

① 　肖伟:《报刊电子编辑教程》,暨南大学出版社 2006 年版,第 25 页。

联系都清晰地表现出来,做到主次分明、调理清晰,就可以帮助读者顺利地阅读文章。

3. 表明立场,引导舆论

版面是通过传递编辑部对稿件内容的评价来引导读者阅读的。编辑在处理稿件的过程中,从取舍稿件、修改稿件到制作标题,每个环节都包含着对构建内容的评价,版面是编辑向读者传递这种评价的继续,而且是最终评价。

4. 引导稿源,支撑经济

报纸版面既能发表稿件,为读者提供信息支持;又能刊登广告,为企业客户提供产品促销和品牌形象服务,为报社发展增添经济支撑。

二、版面基本知识

1. 开张

报纸面积的大小用开张来表示。拿整张印刷纸裁开的若干等份的数目做标准来表明报纸面积的大小,叫开张。目前,我国报纸的开张主要有两种规格。一种是对开报纸,就是报纸的面积是整张印刷纸(约 $800mm \times 1000mm$)的二分之一。对开报纸的每一面分为左右两个相对的版,两面共四个版,每个版宽是 39cm,高是 55cm,其面积是整张印刷纸的四分之一,如《人民日报》。一种是四开报纸,就是报纸的面积是整张印刷纸的四分之一。四开报纸的每一面也分为左右两个相对的版,两面共四个版,每个版宽是 27.5cm,高是 39cm,其面积是整张印刷纸的八分之一,如《新民晚报》。

2. 版心

一块版除掉四周应留的空白外,中间容纳文字和图片的部分叫版心。它的面积小于版的面积。对开报纸的版心,一般为宽 35cm,高 49cm,面积 787.5cm^2。也有少数报纸版心的高度是 50cm。各类稿件的编排布局都在版心范围内进行,最终在版心的面积上形成整体,所以版心也就是通常所说的版面。

3. 版次

任何一份报纸都是由多个版组成的,少则四个版,多则几十个版甚至几百个版,按先后顺序给这些版排出的次序叫版次。报纸排列版次有 3 种不同的方式。第一种方式是:每张报纸单独折叠,独立排列版次,若干张报纸的版次相连。按照这种方式,由四个版组成的报纸折叠起来,折缝在左面上,也就是外页的一个版就是第 1 版,然后翻到内页,内页左边的版是第 2 版,右边的版是第 3 版;然后翻动第 3 版,又翻到外页,就是第 4 版,如《报刊文摘》。超过 4 个版的报纸,则第一张报纸是1、2、3、4版,第二张报纸的版次与第一张相连,就是5、6、7、8版,第三张报纸是9、10、11、12版,如《人民日报》。第二种方式是:各张报纸重合折叠,像书本排页次一样排列版次。例如河南《大河报》每份24个版,印成6张报纸,重合折叠,其版次是:第一张报纸左边的外页与内页为1、2版,第二张报纸左边的外页与内页为3、4版,第三张左边的外页与内页为5、6版,以此类推。第三种方式是一些四开报纸采用的。这种报纸将8个版印在对开大小的纸上,每面4个版,一面印1、8、4、5版,另一面印2、7、3、6版。第二张报纸上则印9至16版,其中9、16、12、13版在同一面,10、15、11、14版在另一面。第三张报纸印法以此类推。这样排印的报纸,好像版次不顺,但只要把每一大张裁成四开的两张,各大张各自重合折叠起来,其版次就是按1~8、9~16、17~24这样的顺序排下去的,如《中国电视报》。由于版次是由纸张折叠方式决定的,而不是由版的重要性差别决定的,所以又叫自然版序。

4. 报头

指报纸刊登报名的地方,一般都在第一版的上端,横排报纸大多在上端偏左,竖排报纸大多在上端偏右,也有把报头放在上端正中的。除报名外,报头上还刊登出版单位、当日出版日期、当日出版版数、出版总期数、当日的天气预报、刊号、邮发代号等;上了计算机网的报纸还刊登本报的网址;有的还标明报纸的性质和隶属。报头的位置通常是固定的,但也有些报纸在某一特定日子移动报头的位置,以吸引读者注意。许多报纸的报头在特定的日子套色印刷,有的报纸报头每期都套色印刷。如图2-1所示即为报头。

图 2-1　报头

5. 报眼

报眼又称报耳,指横排报纸报头旁边的版面。报眼所占版面不大,但因位置显著,一般用来刊登比较重要而又短小的新闻,也有用来刊登当天本报的内容提要(也有用来登广告的)。有时报眼不单独编排,而与其下面的版面打通编排。

如图 2-2 所示报头右边部分就是报眼。

图 2-2 报眼

6. 报线

报线指版心的边线。目前多数报纸只有上端的边线,其宽幅与版心相同,叫天线,又叫眉线;只有最后一版既有天线又有地线(下端的边线)。地线之下刊登报社的地址、邮编、电话号码、定价、广告许可证号、昨天报纸开印时间、印完时间等。不过有的报纸连天线也没有,只要报眉文字与版心文字有明显的区别就无所谓了。

7. 报眉

报眉指眉线上方所印的文字,包括报名、版次、出版日期、版面内容标识等。有的报纸报眉布局是眉线上方正中是报名,一般是一版上报名字体的缩小。眉线上方的一端是当天报纸的出版日期、版次,另一端是版面内容标识,如"经济"、"政治"、"法律"、"社会"、"教育"、"科学"、"文化"等,如图 2-3 所示。有的报纸,如《光明日报》没有眉线,而是在版心上方靠近报纸折缝的一端放置版面内容标识,另一端设置一短线,线上为报名、出版日期、版次。报眉的作用是便于读者检索。由于第一版放置报头,所以所有的报纸第一版都没有眉线和报眉。

图 2-3 报眉

8. 中缝

中缝指报纸同一面上两个相对的版的中间部分。一些大报为了版面的庄重大方,中缝都保持空白。也有不少报纸,特别是四开报纸,为了更充分地利用版面,在中缝刊登广告和知识性资料。

9.通版

通版指把报纸同一面上两个相对的版打通而形成的版。通版的面积包括两个版和这两个版之间的中缝。通版一般用于报道重大事件,其优势在于可以将要刊登的材料放在更大的版面空间来安排,比较集中、灵活,且能采用较大的标题、图片和装饰,比一般版面更具有气势。但通版一般是围绕一个中心来组织的,内容比较单一,占据版面又多,不宜常用,如图2-4所示。

图2-4　通版版面

三、栏与区

1.基本栏与变栏

一个版面的宽度,用"栏"数来计算。横排报纸的栏式从上而下垂直划分的,竖排报纸的栏式从右至左水平划分的,每一栏的宽度或者高度相等。一个版面按几栏分版式相对固定的,这种宽度或高度相等、相对固定的栏被称为基本栏。

一般来说,报纸采用哪种分栏制,是依据是否有利于读者阅读。分栏过多,基本栏过窄,会使阅读时视线移动过于频繁,眼睛容易疲劳;分栏过少,基本栏过宽,阅读时容易错行,影响阅读效率,甚至会影响对原文的理解。如果报纸的短小新闻多,版面风格活泼,则采用短栏较为合适;报纸的长新闻多,则采用长栏比较合适。我国传统对开横排报纸多采用8栏,每栏13个字,如《羊城晚报》基本栏为6栏,每栏19个字,视觉很舒畅,《南方周末》基本栏是5栏,也与其以深度报道为主的特点相适应。

版面除了基本栏以外,还会采用变栏,有两种形式:一种是长栏,即栏宽整倍数于基本栏,如二栏、三栏等,这种排法显得庄重,读者阅读起来视线移动较少,节省目力;另一种是破栏,即栏宽非整倍数于基本栏,如三栏破为二栏,称为三破二,五栏破为二栏,称为五破二等。变栏的意义在于强化和美化。因为变栏比较醒目,在基本栏旁边的长栏显得比较突出,可以用来突出某篇稿件,使版面更加富有变化。不过现在的报纸都以基本栏为主,变栏的运用不多。

2.区和区序

一个版面可以划分为若干个区,不同的区在版面上具有不同的强势。视觉心理学家发现,人们在阅读的时候,版面各区刺激强度是不同的,即读者对报纸版面各区的注意程度是有差别的。如果将整个版面的注意价值设定为100%,那么版面各部分的注意价值所占的百分比则如图2-5所示。

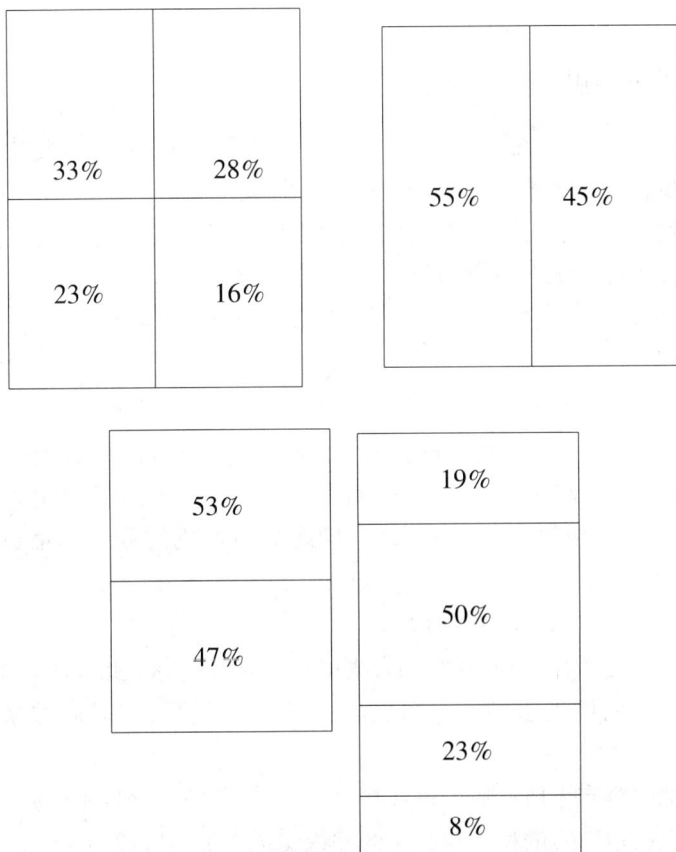

图2-5　区序

从图 2-5 中可以看出,横排报纸版面的各个区强势的具体排列为:上区优于下区,左区优于右区,上左区优于上右区,下左区优于下右区。版面各个局部这种强势大小所排列的次序,就是区序。如果是竖排报纸,字由右至左,读者阅读时自然注意右面,右半版强势较大。

第二节 报纸版面组合原则

一个报纸版面要形成,需要有稿件组合和版式审美组合两种组合,才能将一篇篇孤立的稿件通过有序的规则组合成一个个版面让读者去阅读,因此我们要了解稿件是通过什么原则来组合的,文字与标题是怎么样组合的,版面是如何组合起来的。

一、稿件内容拼组原则

稿件拼组就是通过配置与组织,使本来单独存在的稿件表现出内在联系,成组配套,以供在版面上成为一个个反映某一主题的区域。

第一种拼组方法是内容配合法,即对原稿作资料或者观点的补充,如加评论、加编者按语或者加背景资料等,成为一个专题新闻。

第二种方法是对内容相同或者相关的分散稿件进行组合,有两个原则:

1. 同题集中

将内容相关联的稿件置于一个标题下集中起来发表,使之形成一个整体,成为版面上一个相对独立的区域。通过稿件的巧妙组合、标题的点睛,使稿件的表现力得到升华。这样也可节省版面,使报道显得更加简练。而且,在没有合适的单篇做头条的时候,同题集中形成的分量的报道可作为头条来支撑版面。

同题集中的稿件有几种结构关系:

联合:稿件之间存在相同的一面,集中在一起可以突出此方面。

连续:几篇稿件报道同一件事情的连续发展过程,使时间的来龙去脉更清楚。

对比:把内容有矛盾性质的稿件集中,通过标题的对比将矛盾揭示出来。

述评:把报道事实的稿件与相关的评论文章集中,进行对照。

如图 2-6 所示,版面中所有的内容都涉及巴格达战争的问题,所以编辑将这些稿件放在一起,集中突出。

图 2-6 同题集中

2. 集纳专栏

专栏指将若干篇有共同性的稿件归在一起,形成版面上相对独立的一个区域。一栏一文式的专栏有固定的名称、版面位置、见报周期;集纳式专栏则是临时性质的,依据稿件情况和报道需要临时编辑,可能出现一段时间,也可能只出现一次。在编辑集纳专栏的时候,编辑需要善于找出共同点,提炼正确的主题。如图 2-7 所示,在报眉主题部分突出专栏主题,"迎战暴雪",图 2-7 中的各篇文章都是和暴风雪有关,主题突出,观点明确。

图 2-7　集纳专栏

二、题文的布局原则

题文布局是指一篇稿件中题与文相互联系的表现形式。稿件的标题必须与文结合在一起。但这并不意味着标题只能处于文中的一个固定的位置;相反,标题在文中的位置是可以灵活安排的。处理标题位置的原则是,题对文在视觉上应有统领作用,读者看了标题就能找到文的开头并顺利地阅读下去。横竖标题与文稿的关系大致有以下几个方面:

（1）盖文题,即标题完全盖住正文。

（2）眉心题,即标题不完全盖住正文,其两端各有相等宽度的整栏文字。

（3）串文题,即标题两端或者右端有非整栏文字。

（4）上左题,即标题的右端有整栏文字。

（5）旗式题,即标题只有一部分盖住正文,另一部分盖住其他稿件。

（6）对角题,即一篇稿件有两行题,或一组稿件有两个标题,呈对角状。

（7）文包题,即标题居于文的中心,周围被文包围。

（8）腰带题,即标题居于文的中部,状似腰带,文排在标题的上方与下方。

需要强调的是,采用文包题和腰带题这几种题文关系,全文要加框,或文的上端和下端加线;否则很容易被读者看成诗串文题或者盖文题,从文的下半部开始阅读。

（9）一般竖题,即标题长度与文和行数一致。

（10）串文左竖题,即标题的右方和下方排文。

（11）串文右竖题,即标题的左方和下方排文。

（12）旗式竖题,即标题长于文的行数。

（13）对角竖题,即一篇稿件有两行竖题或一级稿件有两个竖题,呈对角状。

（14）上中心竖题,即标题的左、下、右三面被文包围。

（15）文包竖题,即标题位于文的中心,四面被文包围。

（16）偏中竖题,即标题的上、下、左方排文。

在以上竖题横文的题文关系中,一般竖题、串文左（或右）竖题、旗式竖题的统领作用较强,对角竖题、上中心竖题、文包竖题、偏中竖题则次之。

但需要强调的是,竖题这种题文排法在现代报纸中已经使用不多了,绝大多数报纸采用横题排法,因此是否用竖题、在怎样的情况下用竖题,应该以读者需求和版面需求为依据。

三、报纸版面审美原则

版面设计从某种意义上来说,就是一种艺术。美的版面会使读者赏心悦目,吸引读者阅读;反之则会使读者产生排斥心理。因此版面设计要符合审美原则[1]。

1.比例

版面上的每一个模块、每一篇文章和图片都有一定的形状,它们的长和宽均构成一定比例,黄金分割点就是一个很好的比例原则(1:0.618)。这种比例原则能产生赏心悦目的印象,设计版面时,编辑会不自觉地运用黄金分割率,使文章、模块、图片保持美的比例;有时又会特意打破黄金分割律,使文章、模块、图片保持美的比例,如以纵长或横阔的方式构置成特殊的比例,达到不一般的视觉效果。

---

① 肖伟:《报刊电子编辑教程》,暨南大学出版社 2006 年版,第 106 页。

图片之间的大小也应该有比例。一张三栏宽的照片在大报上并不突出，但是配上两张相当小的照片，看起来就显得大了。

2. 和谐

报纸的各个部分的内容和形式必须和谐一致；报纸不同部分之间的形式也必须和谐一致。

和谐是通过一种统一表现出来的。美国学者达里尔·莫恩指出，统一就是这样一种艺术：要使报纸的所有部分和所有栏目看起来是一家子，同时，各部分又各有其不同的个性。排印的统一性不是要求各个元素种类相同，而是要求各个专辑之间一脉相承。

对整份报纸来说，首先应注意不同版面组合的表现特点是否统一，版面的标志、刊头等应具有统一性。其次是同一版面内部的风格统一，如要闻、财经新闻、娱乐新闻、体育新闻、专副刊等，各自内部的表现形式都应有一致性。最后是同一版面上，局部和整体在风格和构图上的统一。为此许多报社都印有专门的排版手册，规定排版的各种细节，以保证统一性。

3. 秩序

版面有秩序才能避免混乱，秩序主要是表现在重复上的，同一要素要反复出现，正如人的脉搏一样，会形成运动的节奏。就版面而言，变化中的适当重复，可以增强版面的节奏感。

利用相同或相似的形状、色彩、线条等来组成版面，可以获得一种自然动态的韵律。当前很多报社采用横题，禁用竖题，排文以基本栏为主，很少变栏。这些做法一方面是受到设计简洁风气的影响，另一方面是出于版面秩序的考虑，因为以横题为主的版面中出现竖题，可能破坏版面的秩序。基本栏没有一定的重复，会影响版面的和谐。

4. 平衡

视觉上的平衡是不能量化的，主要通过观察所得，是一种心理上的重量。

规则对称式版式是最完全的正规平衡，两个单位完全对应相等。不管当天新闻怎么样，形式比内容要优先考虑。这当然不符合报纸的日常需求，但平衡感对版面而言是十分重要的。如果某一部分过于偏重，会使读者产生不稳定的感觉。

平衡不光是运用对等元素，而是视觉重量的均衡，由从白到黑的色调变化决定。如一个小而黑的形状可以同大而淡的形状平衡，空白可以与一片文字的灰暗平衡，宽而低的横长方形可以与狭而高的直长方形平衡。如果将版面分为四个区域，每一部分都应有某些重量以平衡版面，但这一重量不应局限在这个部分以内。相比之下,模块版面上界限分明,更容易控制版面的重量和平衡。

版面对平衡的要求并不是绝对的,有些版面设计也会有意打破平衡,使版面看上去像是要翻过去一样,以达到另一种突出的视觉效果。

版面设计的审美是比较抽象的,不可能用定量的方式来规定叙述,在实践中要不断去揣摩它的运用,不断理解透彻并加以发展,以能够达到得心应手的目的。

第三节　报纸版式设计

版面类型被人们称为版式,首先我们来了解一下现代报纸版式设计的特点。

一、现代报纸版式特点

1.头版封面化

现代报纸为抢夺受众视线,激发人们的阅读欲、购买欲,特别讲究头版出彩。头版封面化趋势越来越明显,可以吸引读者的眼球。如果版式特别是头版不具有吸引力,就很难被挑剔的读者发现。

2.版式模块化

模块式编排可以说是简约风格的典型代表,它的优点在于:版面简洁、清晰易读;而且易于设计、排版和抽调稿样,十分适合电子排版。

3.版面语言无比丰富

现代报纸版面语言的丰富性体现在编排手段丰富多元。图表、线条、刊头、色彩的充分运用,使现代版面表情丰富而多彩,厚题薄文,大标题、大图片、颜色、底纹、视觉反差等更是为版面化上了靓妆。

4.版式设计简洁、大气

现代报纸流行模块化版式,该版式崇尚简洁大气,标题醒目,图片"夺人",紧紧抓住读者视线,给人以酣畅淋漓之感。

了解了现代报纸的特点,我们再来详细了解现代报纸的版式设计。

二、现代报纸版式主潮流——模块式

模块式是今天大多数报纸采用的设计样式,这种样式主要以网格体系为基础,版面由一个个规则的矩形块构成,这些矩形块可以是单独成篇的新闻报道、新闻图片,也可以是由一些同主题新闻组合的集纳。它们通过线条切割或兜框,形成独立而有机的整体呈现在读者面前。

1. 模块式版面的优点

（1）方便读者阅读。每篇稿件能放在模块之中，自成单元，简洁、明确，使读者的视线可以轻松地锁定稿件；而且稿件用围框或空白与其他稿件分开，读者在阅读过程中不会发生串行、误读的现象，极大地方便了读者的阅读。

（2）便于组版操作。对于编辑和拼版人员来说，穿插版面要撤换稿件，会影响到周围与其咬合的好几篇稿件，甚至可能牵一发而动全身。模板式版面可以迅速撤换稿件，组版工作大大简化。

（3）利于集合稿件、形成效应。通过模块可对同类或相关的稿件进行组织，向读者提示一组稿件的关系。有时版面上会有一些主题分散但又有可读性的短文，用模块集纳在一起，可以给读者以整体感，而不会有凌乱的印象。

（4）符合现代审美观。模块式版面干净、整齐、平衡，给人以清晰易读之感，更加符合现代读者的审美观。早在20世纪70年代初，美国一次调查研究显示，被调查者喜欢的报纸是现代化设计的，其特点是模块式的。调查人员认为，这是对模块式报纸的一次有力赞同。

2. 模块式版型中常用的版式

（1）三列分割式。三列分割式版面是垂直式版面的飞跃，现在在中外报纸中经常被使用到。垂直式版面是欧美报纸设计的第一个重要阶段，它是印刷技术特定发展阶段的产物。当时的铅字报纸，由于用活字排版，每栏铅字必须排成楔子形的长条，用铅条夹紧，以防止印刷铅字时飞出去。因此版面上的标题只限于一栏，文章从版面的上部垂直读到底。尽管如此，随着时间的推移，垂直式版面还是在欧美报纸中被保留下来了，这种版面感觉比较严肃，整齐，但是也很呆板。随着排版技术的不断进步，人们现在已经对这种版式能够扬长避短，既避免了垂直式的呆板，又发挥了垂直式的优点，只不过我们已经不叫它们垂直式版面，而叫三列分割式。

如图2-8所示这两张报纸，突出放大了图片，图片差不多占了全版面的四分之三，甚至从头占到底，很能突出图片的冲击力，这就是垂直式的优点，可以很好地起到放大图片的作用，很适合做集纳版面；而且整个版式不死板，重点突出，图片也抢眼，能很好地突出新闻的价值信息。

（2）二八式。二八式是我国目前使用最多的一种版式，根据版面的宽幅分为二八开，"二"的部分放些新闻价值低些的文字，"八"的部分放些新闻价值高些的文字。这种分布有利于很准确地让重要价值的新闻抓住读者的眼球，阅读版面显得很有秩序，比较安静，排版时能很方便安排文章，适合常规版面，如图2-9所示。

图 2-8　三列分割式版式报纸

图 2-9　二八式版式报纸

（3）杂志式头版。杂志式头版是通过借鉴电子版新闻和杂志封面的做法，全部采用文字导读或文字加照片的导读形式，通过导读字体、字体颜色和大小的变化形成综合式的导读版的形式，造成视觉冲击，让读者通过看头版即可知道该期报纸的重要新闻信息，而且图片式的封面背景也有很强的视觉吸引力，老远就能把读者的眼球吸引过来。这种版式凭其强烈、明快、清新的优势在当下非常流行，尤其在生活类的专业报刊中，如《精品购物指南》等都采用这种头版，综合类报纸也在慢慢靠拢，《楚天都市报》在2009年改版后的双头版中就采用了这种杂志式的头版设计风格，如图2-10所示。

图2-10　杂志式头版版式报纸

当然，以上介绍的都仅仅是现在常用的几种模块版式，在报纸设计中，创新是不可或缺的，版式也在不断发展，越来越人性化，具备美感和人文关怀等特点。只要编辑们在平时多学习，多思考，不断创新的版式一定能成为报纸的一大买点。

三、留白在现代报纸版式中的应用

西方报业在几十年前就开始崇尚风格简约、方便阅读的现代版式，我国报纸在大规模的改版浪潮中，也开始尽量避免复杂的花线、变化的字体、可有可无的底纹,使整个版式看起来"眉清目秀"。不论是现在还是将来,简约易读的版式都是人性化的,都是受读者欢迎的。未来所流行的简约版式将出现以下几个特征:

第一,减少栏数,栏距也由一字扩展为两字甚至三字。

第二,原则上去除纹饰、题花等阻碍视线顺畅流动的修饰,使用纤细清秀的水线或"无形线条"。

第三,加入组版第四元素——空白,让版面恢复自由呼吸。

第四,适当地使用色彩,避免花哨。

如图 2-11 所示,这张版面是集纳版式,内容归纳很到位,栏线很明显比较宽,整个版面颜色协调而不花哨,版面简洁大方,留白运用得好,纹饰很少,阅读起来很舒适,感觉很清新。这种报纸版面在我们的现在报纸中比较常见,我们要在这里重点介绍一下"留白"这种版面元素技巧。

图 2-11　留白在报纸版面中的体现

留白源于中国绘画。水墨画之所以成为中国画的重要形式,与重视"空"的美学思想有密切关系。如果用墨布满白纸的每个角落,那就跟没有落墨的白纸一样,失去画的作用与本质。画面上笔墨构成的形象之所以能成为形象,正因为形象之外的虚空、空白在起作用。同时由于形象的存在,空白处被赋予了各种意义,引起各种联想,成为"有意味的空间"。

在版面中,编排的内容是"黑",也就是实体,虚的"白"就是留白,留白是版面未放置任何图形文字的空间(也可为细弱的文字、图形或色彩),它是版面中的特殊表现手法,其形式、大小、比例决定着版面的质量。留白的感觉是一种轻松,最大的作用是引人注意,令人产生联想。在版面构成中,巧妙地留白,讲究空白之美,是为了更好地衬托主题,具有凝聚视线的作用,集中视线和造成版面的空间层次。留白不是空间的挥霍和浪费而是视觉设计的需要和有机组成部分,留白可以平衡页面的轻重、虚实,而且"有"与"无"、"虚"与"实"的空间对比也有助于形成充满活力的空间关系和视觉效果。在设计报纸版面时,应注意留白的形状、大小及其与图形、文字的渗透关系。留白区域不一定是白色,其颜色设定应与页面整体色调相配合①。

(1)页边空白。页边空白指报纸文字内容与报纸纸张边框的间距。留有适当的页边空白能使整个页面向周围舒展,而不会使读者感到局促感,给视觉留下宝贵的休息空间。利用留白的体量感来使页面布局平衡,这样就会使页面生动起来,使整个内容排布松紧有度,给人以跌宕起伏之感。

(2)版面元素的间距空白。如今,文字元素与非文字元素间距、字间距、行间距及段落间距的留白在报纸版面上大量运用,其版式的共同风格是:字体单纯,字号大小变化小,图片运用精当,版面留白多。如《经济参考报》的版面,留白的幅度更是明显,其通常做法是标题与文章之间、文章与文章之间都留出大块的空白,文章与文章之间不加框,少用花边。头条稿件的标题周围有5行的空白,主打照片的标题区空白所占的面积有三分之二,左边通栏的一组集束式信息,每条稿件之间的距离达两个字。一些报纸开始尝试着在标题区、稿件之间,图片说明及线型线框与文字间适当留白,给读者营造一种轻松淡雅的阅读氛围。

(3)为了制造醒目的效果,故意留白。遇到要烘托和突出主题时,在文字或图片等主题周围故意大片留白,从而达到引起读者关注、突出主题的醒目效果。根据视觉原理,在主体四周增加空白量,可以使被强调的主体形象更加鲜明。编辑关注的不是空白处"空"着究竟是什么,重要的是对版面整体起到了什么样的作用。如图2-12所示,该版面的留白区域很多,非常明显地强调了主体部分的文字和图片。

① 张建军:《留白在报纸版面设计中的作用》,载《新闻导刊》2007年第6期。

图 2-12　留白版面(一)

(4)留白可以适应读者喜欢轻松、易读的阅读氛围,形成简约、独特的版面风格。要让报纸在报亭的众多报纸中被读者相中,报纸的版面必须形成独特的视觉识别符号和强烈的视觉冲击力,才能抢夺读者的眼球。根据读者的阅读习惯,清新、透气、好看的版面风格才是读者的最爱,留白可以消除人们心理上的紧张感,真正达到易读的效果。好的报纸版面能够同浏览者进行心理对话。"简单中见丰富,纯粹中见典雅"是简约设计理念的体现,也透露出对适当"空白"的追求与运用。如图 2-13 所示,该版虽然大量留白,但却更显得时尚、简洁、富有现代气息,显现了真正的纯粹、典雅。

(5)留白可以实现版面的合理布局。留白能合理调剂版面上各种元素之间的关系,达到整个版面的平衡,有时还能在一种不平衡中营造出平衡的感觉。留白可以照顾整个版面空间的力量分配,表达版面的节奏与韵律。如图 2-14 的版面,就很好地调剂了线条、文字、图片的元素,充分运用了版面语言,产生了很好的版面效果。

图2-13　留白版面(二)

图2-14　留白版面(三)

四、版面设计存在的问题

人们在为现代报纸版面不断推陈出新的同时,还需要特别注意一些亟待改进的地方,这些不成熟的设计方式影响了报纸的版面的整体实用性和美感。

(1)编排思想的不稳定和版面形象的不确定。这主要表现在版面设计缺乏明确和稳定的风格定位,如有些机关报盲目效仿一些在市场上比较走红的都市报版面,结果有损严肃报纸的权威性和可信性。也有一些市场化程度较高的报纸近年来频繁改变版式设计,版面的随意性说明报纸还处于很不成熟的阶段。

(2)报纸个别部分的版面风格不协调。有些报纸近年来频频扩版,但各组版、各专刊以及各个版缺少统一的风格定位,任由各版主编自由编排,结果标题字体字号各搞一套,版头栏头缺乏统一设计包装,导致整个报纸无法确立统一的整体形象。

(3)版面设计盲目追求感官刺激,形成"泡沫版面"。"泡沫版面"的特点是版面元素的使用过度夸张,表现形式与所表达的内容的价值不相称,比如大量使用没有多少新闻价值的巨幅照片,内容并非很重要的稿件却做了比报名字号还大的标题,这些做法实际上造成了版面资源的浪费。

(4)版面设计无章法、无秩序。人们虽然主张版面设计要敢于创新,但不等于可以在版面设计上随心所欲,朝令夕改,让读者无所适从。版面创新成功与否,不能以编辑自己的感觉来判断,只能以读者的体验与评价为准。有些报纸在标题位置、字号、稿件排列、照片规格、网纹、色彩、线条运用等方面都无章法,实际上损害了报纸的形象和读者的利益。

如图2-15的版面,文字、图片、颜色,没有秩序感,整个版面很拥挤,受众看了会比较累。重要的是,版面的主题与左上角的广告实在是很不搭配很不和谐,整体来说版面设计是不太成功的。

图2-15　拥挤的报纸版面

五、版面设计步骤

通过上述组版方法和原则的讲述,下面就要把一个具体版面给设计出来。一般分为五个过程①。

1. 了解要求,通读稿件

因为版面是一个整体,版面设计之前需要先通读所有稿件,以便进行通盘考虑。编辑应充分了解各方面的信息,如编辑部有什么意图、上级领导有什么指示、被报道对象有什么要求、文字编辑有什么交代、记者有什么说明等。有的时候,通讯社或报纸还在继续发稿,等稿来齐之后再设计,可能时间过于仓促,甚至会延误出版时间,在这种情况下,不能等全部稿件来齐后再动手设计。编辑应争取对即将发来的稿件的情况有所了解,如文稿的基本内容、字数、图片的内容、篇幅尺寸等,以对全局心中有数,并给未收到的稿件留出合适的位置。

2. 考虑周详,确定布局

在了解要求、通读稿件的基础上,编辑需要考虑、确定版面的布局。具体包括:采用哪种版式类型;头条、二条稿件如何处理;图片、图框如何安排;重点稿件是否临时需要其他稿件的搭配,同类稿件如何集中;标题的内容和形式是否需要调整等。只有对版面的布局结构胸有成竹,画版才能得心应手。

3. 计算篇幅,调剂余缺

传统版式设计,需要精确地计算每篇稿件的篇幅、图片的大小等。而在电子排版操作中,对这一步骤的要求虽有所降低,但一定要借鉴。

传统画版样时,稿件、标题的篇幅是以行数为单位来计算的。稿件在组版前打成小样,可以制作一种计算尺,上刻以字行为单位标志,用时以尺量小样,即可知文章占的行数。也可结合栏数来进行计算:

稿件字数÷(所占栏数×基本栏字数)=行数

如报纸基本栏为8栏,每栏13个字,一篇文章长1000字,准备排6栏宽,那么它的计算方法就是1000÷(6×13)=13行。

标题篇幅的计算也按多少栏宽、多少行高来计算,计算方法比较复杂,一般公式为:

(标题字点数÷正文字点数+适当空白)×栏数=行数

如一则横题的主题为28点,引题18点,按正文字9点(小五号字)来计

---

① 肖伟:《报刊电子编辑教程》,暨南大学出版社2006年版,第68页。

算,共 5 行高,加上标题之间上下空白 2 行,共 7 行;如果题占 4 栏宽,合计就是 28 行。同样标题如果做成竖题,一个简单的方法,就是将横题的版面改个方向。

4.画版样

完成准备工作后,就可以着手画版样了。

画版样时稿件安排的具体展示。实行电子排版后,有些编辑直接在组版屏幕上设计,但报社通常要求画在版样纸上。版样纸是供画版用的,纸、幅面一般与报纸版面相同,纸上印有纵向的栏和横向的字行。全版行数、栏数和栏内各行的字数,与报纸完全一样。字行由代表活字的符号组成。用版样纸设计版面具有相当高的准确性。

画版样一般采取"三先三后"的方法。一是先安排重要稿件,后安排次要稿件。重要稿件一般篇幅较大,内容举足轻重,位置不能随便移动,所以要先行安排。二是先安排图片、专栏等,后安排其他稿件。因为图片、专栏在版面上是以比较完整的形式出现的,不能被其他稿件穿插,改动也不如文字那么灵活。如果安排在最后,可能会因为没有合适的位置而难以处理。三是安排版面的四角,后安排版面的中间。四角安排妥当了,中间部分就容易掌握了。

5.看大样

大样是指按照设计好的版样拼版之后打出的样张,供编辑人员进一步审核修改和校对员校对之用。

检验大样是编辑的重要工作。有些错误是时常在拼版过程中发生的,更要通过看大样来加以校正。看大样要着重检查以下几个方面:

(1)标题与正文是否相符。

(2)内容、文字有无差错和不当之处。

(3)标题的大小、位置、字号、装饰是否适当。

(4)全版标题和各版标题有无矛盾、重复现象。

(5)图片与说明是否相符,画面是否完整,位置大小是否适宜。

(6)整版的布局是否恰当。

(7)转版的标题与文字有无接错。

大样改正后印出的样张为清样。清样原则上不再改动,经有关责任人审阅、签字,即可付印。

思考与操作

一、思考题

1. 报纸版面设计目前的潮流趋势是使用什么样的版式？有什么特点？

2. 报纸的报头与报眉有什么区别？

3. 报纸版面的留白有哪些作用？

二、操作题

请每天鉴评三份报纸的版面，头版、新闻版、专刊等，说说它们的特点及优劣。

学生版面设计作品鉴赏①

图 2-16　学生作品（1）

图 2-17　学生作品（2）

---

① 见图 2-16 ~ 图 2-20。

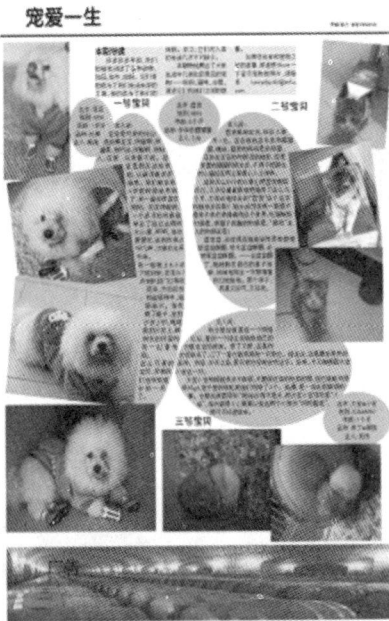

图2-18　学生作品(3)

图2-19　学生作品(4)

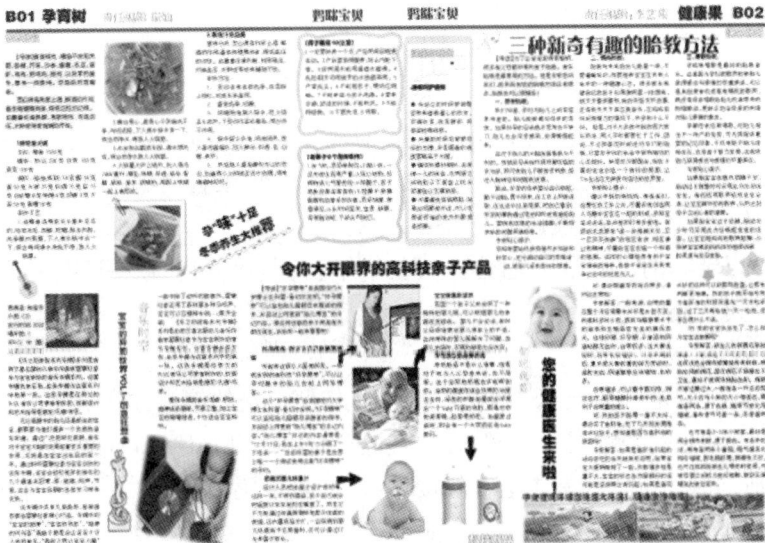

图2-20　学生作品(5)

第三章　杂志版面编排

第一节　认识杂志版面

一、杂志的类型与特征

所谓杂志,是一种定期或非定期出版的连续出版物,是按一定的方针编辑,刊登众多作者多样内容的文章,并以固定刊名,相对固定的形式顺序编号,成册出版的媒介形态。

1. 杂志的类型

杂志发展到今天已经形成了多种多样的类型,为梳理其纷繁复杂的脉络,我们不妨从多个角度对杂志作如下分类:

(1)以杂志的目标对象划分:通俗性综合杂志和专业性杂志(学术性杂志、行业性杂志、文摘性杂志等)。

(2)以杂志的编辑主题划分:健康、时尚、通信、汽车、育婴、财经、科技、文化、体育、自然科学、IT、影视、娱乐、游戏、军事、男性、女性、家庭、动画漫画、生活服务、服饰、文摘、美术、设计等。

(3)以杂志的出版周期划分:年刊、半年刊、季刊、旬刊、双月刊、月刊、半月刊(双周刊)、周刊等。

2. 杂志的特征

第一,有固定刊名,有既定办刊方针,且依照一定的编辑方针组稿。

第二,杂志一般情况下应按期出版,但有时由于种种原因可能会把两期杂志合成一册同时出版。在标志上一般按年、月、日的顺序来编号。一年的各期杂志合称一卷。

第三,在复制方式上可以是印刷手段也可以是非印刷手段,如胶片缩微版,录音磁带版和电子杂志都属于非印刷类杂志。

第四,有基本稳定的出版格式,印刷版应装订成册,每期的开本、版式基本相同。

第五,传阅性好,媒介保存时间较长,读者层较固定,因此可选择广告对象,易与广告主合作,其广告可为半页、一页、多页、跨页、拉页、插页等形式。杂志内容比较丰富,因此可收到良好的传播效果,出版周期比报纸长,因此适合企业做长期发展战略性广告。

二、杂志的基本形式

1. 杂志的形态、刊封

杂志的形态通常由开本、材料、装订方式三个部分设计决定。杂志的外在形态时刻影响着杂志创意构想的形成和表达,并成为展现刊物独特办刊理念的途径之一。决定一本刊物构成形态的因素很多,例如,该杂志的读者群体如何? 他们的阅读习惯如何? 等等。杂志的开本一般有 32 开、16 开、大 32 开和大 16 开。目前很多杂志采用大 16 开(210mm×285mm)的形式出版,同时也有少量的 8 开本和一些异型开本。现在专业化、个性化的期刊发展趋势促使设计者不断探索杂志最理想的版面承载形态。在硬件方面,杂志制作工序的简化、印刷工艺和制作材料的多样化都为杂志形态的创新提供了可能。

杂志的刊封是指杂志的封面和封底。一般来说,一本杂志通常由四封、版权页、目录、扉页、正文等构成。四封是指封面、封二、封三、封底。封一是指杂志的封面,一般包括刊名、刊号、邮发代号、出刊日期、要目、条码、图片等信息内容;封二即封面的反面;封三即封底的反面;封四即封底。一般来说,封二、封三、封四都用来刊登广告。

2. 目录、版权页

目录的作用是为了读者更方便了解正文内容并检索相应信息,把杂志中的标题名按照栏目的顺序或类别排列,并标注页码。目录页一般不列在全书页码标注的范围之内。

版权页又叫版本记录页和版本说明页,供读者了解该杂志的出版情况。版权页上印有出版者、印刷厂、发行者、日期、刊号等,一般版权页与目录组成跨版。

3. 扉页

扉页作为杂志不可缺少的一部分,是杂志进入正式"主题"的前奏,主要发表主编语录以及散文类文章。

4. 广告页

广告页是杂志用近10%的正文页面,作为广告发布平台,广告页一般分布在正文前后或正文栏目间隔之间,版面与正文相当,有时用纸会相对讲究一些。

5. 包页/拉页/插页

包页、拉页、插页是杂志在发展过程中,随着广告宣传的多样化而出现的灵活的广告页面应用形式。包页是指以封底或内页中的某一页延伸出来,整体将杂志包裹起来的页面形式;拉页是指将封面延伸扩大折叠成为新的封面,这样就增加了广告位,拉页也会出现在内页里;插页相较前两者而言成本更低,不需要装订,可以制作成需要的形状,是插入杂志随杂志售卖的一种广告形式。

三、杂志的版面结构

杂志的版面就是杂志页面稿件编排所具有的外在形式,杂志的版面由版心和边白构成。

1. 版心

杂志的版心是指图文所占据刊物页面的面积,如图3-1所示。版心是版式构成的框架,它直接影响版面的容量和视觉效果。

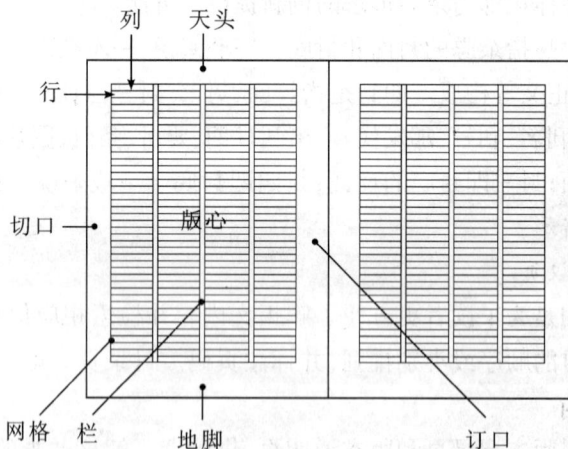

图 3-1　杂志的版面

从古至今,读书人喜欢在天头、切口部位批注或作读后感的记载,所以传统习惯是天头宽于地脚,切口宽于订口。杂志的排版也受到这种影响,将此版式承袭下来。版心四周留的空白要适当,空白留得过大则版心面积小,图文容量相对小。例如艺术类杂志版心可略小,四边留白多,版面空灵;文摘类杂志的版心可稍偏大,借以扩充版面,增加信息量。

2. 页码、页眉、页脚

页码是指杂志每一页的顺序码,杂志展开后有左右两个页面,右为单码,左为双码。图书、期刊的厚薄均以页码计数。页码可位于页眉,也可位于页脚(下白边),无论居上或居下,均应居于版面外白边即靠切口之处,以便于读者查找。页码有明码和暗码之分。明码指直接标出序号,暗码不标出序号,但仍算在页码的序列之中,比如一些杂志的彩插或广告,不标出页码但后面照样算入页码序列。

页眉一般定位在每页版心的上白边,内容包括刊名、专栏名、题目、卷、期、年、月和页码等。与此相对称的还有一条下压线,亦称页眉线。页眉在版面上一般是水平横置,也可垂直竖置,横置与竖置均依设计者而定。按刊物性质不同,页眉有详略之分。科技类期刊页眉的内容多一些,文化生活等大众类刊物页眉的内容少一些,有时甚至只有页码。

页脚的功能与页眉无异,但表现形式较页眉活跃,同样也可标明刊名与章节。

四、杂志的版面特征

市面上的杂志琳琅满目,品种繁多,不同类型的杂志表现出不同的版面特征,但仔细分析,它们也存在着一些共同的特性。

1. 网格系统大行其道

网格是版面的骨骼,给所有版面元素提供一个结构,给版面增加秩序感、协调感、结构感(详见本章第二节"杂志版式中的网格系统")。网格不仅令设计者在版面编排时从容地面对杂志中各种信息元素,还能引导读者轻松愉悦地完成阅读的过程。因此,杂志的版面编排离不开网格系统。例如,文学类杂志因其文字叙述较多,而且一般表达一些形而上的东西,所以版面结构相对朴素。网格系统中的分栏形式,能承载大量的文字信息,还能使版面表现灵活,因此一直受到青睐。以《读者》为例,为了避免页面中全是文字而造成的阅读疲劳,《读者》合理地采用了分栏并且控制单页文章数量的方法,使读者在视觉上避免产生单一感。另外,适当的小插图让读者在品味文字后感到回味无穷。

2. 图片选用的直观化

图像能增加读者的阅读兴趣,也是对文字表达内容的视觉补充,越来越多的杂志选用直观的图片来突出版面,吸引眼球。时尚、艺术类杂志的特点之一就是以图片承载信息。在这些杂志中,图片已不仅仅是对文字内容的补充,而是成为版面的主体,正是图片引导着读者对文本进行阅读。例如美国《国家地理》杂志就是以图片著称的,它的图片一般占整个篇幅的三分之二,为了一篇摄影报道,他们要花比文章多几倍的时间,有时是三四个月甚至半年一年,典型的报道有时会拍上万张照片,然后编辑选出若干张,排版时再从中选择根据具体情况使用,最后与读者见面时可能只用了其中的几张。

3. 杂志风格的独特化

现代杂志无论是装帧设计上还是版面编排上,都显示出与众不同的特点,以期在激烈的杂志竞争中脱颖而出。有的版式简洁清爽,例如科技类期刊。科技类杂志由于其专业性图片的使用较多,而图文搭配必须能让人一目了然,也就决定了其版面结构不能复杂花哨。《中国国家地理》杂志,其版面特征模仿了美国《国家地理》杂志的风格,深得读者的喜爱。除此之外,科技类中类似于《大众软件》这样的杂志是IT界里发行量较大的杂志,其版面特点就是有色彩但不华丽,适合男性读者的品位。还有的版式华丽鲜亮,例如时尚类杂志。时尚类杂志是报摊中最能吸引读者眼球的杂志类型,它们一本比一本华丽,一本比一本鲜亮,让人眼花缭乱。《时尚》《瑞丽》《世界时装之苑——ELLE》可谓此类杂志中佼佼者。《时尚》与《ELLE》将自己定位为高档杂志,版面特征突出时尚家族的人文主义气息;《瑞丽》由于定位稍偏中端,其版式更显可爱、温馨。

第二节　杂志的版面编排

杂志的版面编排,是指在既定的开本上,将原稿进行合理有秩序的排列,使杂志内容的结构形式既能体现刊物自身特点和风格,又能与四封设计、整体装帧等外部形式取得协调,并且能给读者提供阅读方便的一种艺术与技术相结合的创作活动。杂志的版面编排既具有杂志内容和编排规范的从属性,又包含平面设计艺术创造的独立性。

一、杂志版面编排的基本原则

1. 严谨规范,风格统一

杂志的版面编排应该符合出版规范。版面编排的最根本功能就是便于人们阅读,注重语言信息传递的明确清晰。所以,版面编排必须遵循科学的视觉规律,应该严谨规范。让读者在自然而然的视线流动中轻松、流畅地阅读杂志的内容。例如,版心大小要设置合理;版面中的标题应该设计得比较突出、明晰;正文要合理安排字距、行距、色彩等元素;排版时不要出现背题①等不合规范的情况……总之,一切干扰、破坏阅读视觉规律的设计,无论多么新奇,都是失败的设计。

不同类型的杂志版式风格各有不同,但作为刊物自身其版式风格应该是和谐统一的,应做到形式与内容的高度一致。在一本杂志里面,对每一个页面的标题、正文、字号、字体、行距、字距、色彩等设计元素必须有一个风格相对稳定的设计思路,并力求杂志每一页与整本杂志设计风格的横向统一,以及每一期杂志的纵向统一。而在连续杂志的设计工作中,封面的设计及杂志的整体设计风格也要具有一定的延续性,使杂志的品牌形象在确定目标的指导下规范化、标准化、系统化地表现出来。

2. 彰显个性,特点鲜明

杂志的版面编排如同其他艺术设计一样,是人类与世界审美关系的物化形态,也是社会文化的形象性表现,它蕴含了设计者的艺术情感。因此,版面编排本身是带有区别于他人作品的一种艺术创造。设计者通过作品展示个人对世界的看法,在追求个性的同时,设计出读者认同和喜爱的版式作品。

杂志版面编排的艺术风格彰显了不同设计者的个性与情感。由于各民族文化生活方式的不同,导致各国的设计风格各异。美国的设计色彩明快,反差强烈,广告效应浓重;英国的设计简洁庄重,文字醒目;日本的风格则新颖活泼,精致含蓄;德国的风格布局严谨又不失活泼。

3. 灵动精巧,冲击视觉

读者往往会被有视觉冲击力的版面编排所吸引,灵动精巧的杂志编排不仅能愉悦读者,而且能激发读者的阅读兴趣和欲望,并与设计者产生理念和情感上的互动。

版面编排可利用的创作手段很多,设计者可用黑、白、灰调整版面,使其产生缩小与扩张的视觉变化;以点、线、面分割空间,使段落清晰、跌宕有致。整本杂志的版式浑然一体,但每页的版式却又各具特色,令读者在传统版面编排基础上感受时尚的脉搏。

---

① 背题是印刷排版术语,指排在一面的末尾,并且其后无正文相随的标题。排印规范中禁止背题出现,当出现背题时应设法避免。解决的办法是在本页内加行、缩行或留下尾空而将标题移到下页。

二、杂志版式中的网格系统

网格是由 X 轴和 Y 轴交错划分而形成的网状区域。网格设计就是利用二维坐标,对版面的空间进行格式化分配和定位的版面编排方式。在实际生活中,报纸、杂志、DM 广告、户外媒体等有相当数量的平面媒体都在利用网格设计来吸引人们的目光。在网格系统的合理规划下,许多难题都可以迎刃而解,网格设计系统就像给设计师们提供了一个巨大的拼图游戏,只要将文图放置到应该放置的地方,版面编排就完成了。这里介绍几种在杂志版面编排中常见的几种网格类型。

1. 对称和非对称网格

对称网格一般是建立在跨页上,目的主要是组织信息,平衡左右版面的作用,如图 3-2 所示,在杂志版面编排中对称网格的应用较为多见。非对称网格也建立在跨页上,是指左右版面采用同一种编排方式,如图 3-2 所示,但是在编排的过程中并不像对称网格那样绝对,可根据版面需要调整网格栏的大小比例。

对称网格   非对称网格

图 3-2 对称网格和非对称网格

图 3-3 杂志中的对称网格

2. 模块网格

模块网格,是指将版面分成同等大小的网格,再根据版式的需要编排文字与图片。网格系统通常有两种情形,一种是版面四周留白的网格设计,另一种是出血式网格设计,如图3-4所示。在编排过程中,单元格间的间隔距离可以自由放大或缩小,但是每个单元格四周的空间距离必须相等。如图3-5所示,是图文在四周留白的网格设计中编排。模块网格版式常见于分类信息以及商品名录等的编排。

四周留白式的模块网格　　　　　　　出血式的模块网格

图3-4　两种模块网格形式

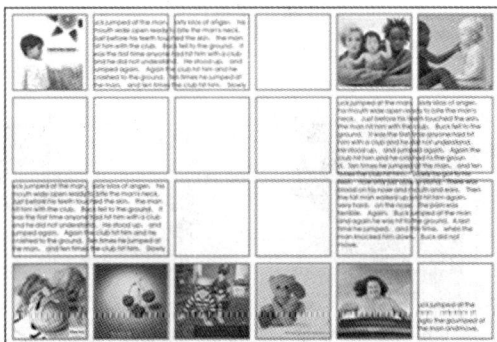

图3-5　图文在模块网格中编排

3. 分栏网格

分栏网格主要应用于杂志报纸类平面媒体,这种版式便于阅读且版式较为固定,有利于图文混排后的结构调整,因此被各类平面媒体广泛使用。

分栏就是根据文章内容和刊物类别等不同的需要,对版心进行分割,如图 3-6所示。文字的排版方式一般有竖排和横排两种,古籍线装书大多采用竖排的方式,这是沿袭了书法行款自上而下、自右而左的法则。现代印刷品的正文则通用自左而右横排,以适应于人眼的生理机能,提高阅读的质量和速度。图 3-7 所示是横排两栏和三栏的杂志版面。

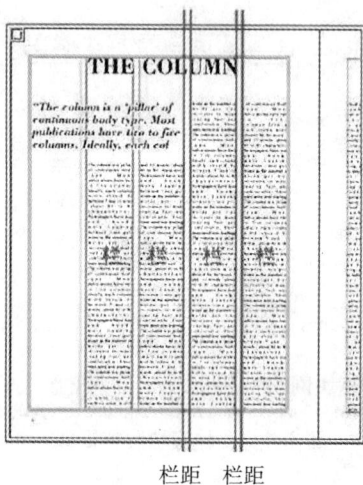

栏距　栏距

图 3-6　栏与栏距

两栏

三栏

图 3-7　两栏和三栏

一般来说,杂志采用哪种分栏,主要依据是否有利于读者阅读。经验表明,分栏过多,会使阅读时视线移动过于频繁,眼睛容易疲劳;分栏过少,阅读时容易错行,影响阅读效率,甚至会影响对原文的理解。

分栏主要有以下三个作用:

一是控制每行的字数,便于读者阅读。读者视力移动的距离一般为 5 号字 20 个字的长度,在这个长度范围内,便于阅读。16 开本的杂志一般分为 2~4 栏,24 开本的杂志一般分为 1~3 栏,32 开本的杂志一般不分栏。例如对于科普杂志来说,版面多为 16 开本,版心较大,文字不宜排通栏,因此要将正文分为两栏或三栏进行排版。此外,图表在专业杂志中占有一定的比例,设计者可将图表内容进行文字化的逻辑处理,归纳为不同的信息类别后,再决定所需的栏数和行数。最后将这些归类的信息在版面上合理布局,使图文协调。

二是安排版面灵活,使之富于变化。特别是生活类和时事新闻类的杂志,分栏能让版面富于变化,错落有致,避免呆板;科普杂志文章的篇幅一般较小,采取分栏的排式可调节活跃版面。如文章篇幅较大,可采用两栏形式,再利用小标题将正文分段,以驱散阅读疲劳,在提高阅读质量的同时,给读者以美的享受。文章篇数较多的版面,偶尔将一篇文稿设计成竖排亦可调节视觉,活跃版面。但是有些刊载重要言论、学术文章的杂志一般不分栏或分两栏,版面安排多为一整块,不作零碎的版式处理。

三是能使杂志形成自己的风格。分栏的编排方式清晰地传递了杂志内容和信息,将图形和文字区分成不同的区域范围。有的杂志分栏更加清晰,表达内容减少而图片增大,标题增大,整版图片在杂志中与页边距的留白使用会根据杂志的需要进行变化,整体版面显得更加简洁和清爽,容易形成杂志的独特风格。

三、杂志版面编排的要素

杂志版面编排的要素包括文字、图像、色彩等,它们构成版面空间的实体。

1. 文字

(1)正文一般用宋体。文字的字体不仅体现刊物的内容,而且是版面编排的重要构成要素。合理的字体设计应该是符合艺术形式规律的。不同字体的汉字形态各异。一般来说,宋体、楷体、黑体、仿宋体的使用频率较高。

杂志的正文字体一般为宋体。宋体清晰悦目,端庄秀美,所以在文学类杂志《读者》、《青年文摘》中被大量使用。而且被大量采用的是"华文中宋",翻开杂志后书卷气扑面而来,让人自然而然静下心来读书养心。黑体浑厚凝重、粗壮简洁,在杂志中总是作为标题使用以显得醒目突出,是为了表达严谨和理性,有的科技类杂志几乎只用黑体。

（2）同一版面中的字体字号应该控制在三种以内。除了宋体和黑体之外，楷体刚柔相济、活泼自然，杂志中的编者按、编后、每月评论、卷首语等较多使用楷体字；仿宋挺拔秀丽、起落有致，有时用作小标题；另外，还有书法体，如洒脱飘逸、张弛有度的隶书和古朴大方、刚劲挺拔的魏碑等，有时在杂志的大标题中出现。彩色桌面出版系统又将许多字体推到了读者的面前，如雅致晶莹、饱满温和的琥珀体，敦实有力、气质独特的综艺体以及婉转秀丽、圆润柔和的彩云体等，如图3-8所示。而对于时尚类杂志来说，黑体、宋体、幼圆穿插其中使用已是司空见惯了。一般来说，同一个版面中的各类文字所采用的字体字号不宜过多，应该控制在三种字体以内。

图3-8 不同字体

（3）标题字体的选择应与文章风格相协调。在杂志的版面编排中，需要注意的是，标题字体的选择应与正文文章的风格协调，如活泼的文风不宜选用凝重的黑体，严肃、庄重的题材则不宜用花体字作标题。在主标题、副标题并存的情况下，应显示出不同的主次等级关系。大标题统领全文，与文章主题保持内在联系；小标题则可将正文划分为清晰易读的章节。此外，标题字体与正文字体既要互为呼应，又应区别有致。

（4）文字的突出设置。白纸黑字仍然是众多杂志主要采用的文字色彩搭配，但在艺术类杂志中，经常会给标题文字添加背景，有时候直接将文字置于图片上，这时就要考虑到增加字体颜色与背景颜色的对比。另外，文章中的引文、关键句等内容需要被强调时,可以采用不同字体字号或者不同的颜色设置,以达到和正文相区别的目的。

(5)设置恰当的行距。我们还要注意版面中字的行距问题。字行之间的距离称为行距,是指从本行字的基线至上一行字基线之间的距离。行距能影响正文的易读性,又影响版面的清爽度。没有行距,就没有一条明显的水平空白地带引导读者的目光沿着字行扫视。如果行距过大,空白地带太多,则版式会显得松散且浪费版面。

2.图像

图像比字符更能吸引读者注意、增强版面强势、美化活泼版面,尤其是动态的、大幅面的图像,往往是版面的视觉中心。图像这种非语言符号能够传递信息的最原始状态,直观而形象,不需要复杂的解码和演绎,没有多少文化知识的人同样能够看懂新闻照片,并且看图片要比阅读文字更加快速、轻松。因此,在媒介竞争不断加剧、读者的生活节奏不断加快的今天,图片在杂志中的地位不断提高。杂志中图片的运用主要有以下几种情况:

(1)全版图片与跨版图片的运用。杂志中经常会应用全版图片和跨版图片来进行版面编排。全版图片是指占满整个版面的图片,跨版图片是指占到左右相邻两个页面的图片,如图3-9所示。全版图片和跨版图片有时作为文章的背景使用,此时通常要对图片做一些模糊、去色的处理,目的是突出文字,不让图片影响文字的阅读。跨版图片可以很好地体现画面的张力,横跨两版的图片极富视觉张力,与文字的搭配相得益彰。

图3-9 跨版图极富视觉张力

（2）图片的局部表现。这种图片的处理方式是,在版面上只显示图片的局部,而将其余部分放置到版面外裁剪掉。这种方式给人以想象的空间,让图片充满悬念,增添了图片的趣味性。

（3）图片的边缘表现。杂志中的图片经常会被放置在边框中,有时不是简单地放在框中,而是根据图片或文章风格对图片的边缘进行整体的设计,不同形式的边缘能产生意想不到的效果。在杂志中,如果刊登的是作品,通常要忠于原图,不会随意做边缘处理,通常只是加上简洁的边框或阴影处理,目的是使图片在版面中凸显出来。一些较随意的插图和照片的边缘表现则可以多种多样,例如将图片的边缘做成磨损效果,表达怀旧的意境;以随手勾勒的线条边缘表达随意而愉悦的效果,等等。

3.色彩

很多时候,一个好的版面被错误选择的配色方案所破坏。其实,配色方案是升华一个版面结构的有力武器。如果仔细地使用颜色,很可能收到意想不到的结果。

颜色的选择取决于"视觉感受"。比如,在杂志中,以女性为主题的版面颜色通常使用粉色、淡紫色、亮蓝色或桃红色;以儿童为主题的版面颜色通常使用暖黄色、天蓝色、橙黄色、红色、嫩绿色或亮紫色;以医学为主题的版面颜色为海水绿、翠绿色、暗色和灰色阴影;总之,配色方案应根据不同的主题而有所不同。

在文学类杂志里,《读者》《青年文摘》常常使用稳重的藏青或墨绿色,即使有时会用较鲜艳的红色也会用周围的搭配来让它显得内敛。在时尚类杂志中,粉色、淡紫色、柠檬黄亮蓝色或桃红色被大量使用。这些女性化的色彩不仅吸引了女性的目光,也透露出时尚的味道。

四、杂志的封面编排

封面是一本杂志的面容和外观,直接展现着该杂志的风格。杂志封面的重要功能之一是体现杂志的特定信息和定位。因而不管在封面上是否刊登本期的要目文字,设计封面时都必须充分考虑如何体现本期杂志的内容、性质和特点,向读者准确传递出本期杂志的特定信息。同时还应当考虑到封面带给读者的艺术鉴赏作用。读报先读题,看刊先看皮,设计精美、格调高雅、清新醒目的封面,会给读者以优美的印象和感受,从而产生强烈的吸引力。

1.杂志封面的组成

在设计封面时,首先要对杂志的内容、思想、特点有所理解,考虑怎样配合杂志的整体,并通过形象的表现来体现杂志的内容和主题,能给读者以艺术享受和产生阅读的兴趣。杂志的封面一般由刊名、刊号、邮发代号、出刊日期、本期要目、条码、图片这些内容组成,如图 3-10 所示。封面上必须刊载的内容包括刊名、出版年月、卷期、条码、刊号等。

图 3-10　杂志封面

（1）刊名。刊名必须一律用汉字,在申请创办杂志时,应向主管部门提供刊名字样,经批准方可使用。非书法作品不得用繁体字。根据相关规定,不得以要目代替刊名。在日常出版中,常常出现一些违规现象,如以要目代替刊名,弱化刊名,或是刊名字号比例小,或是其色彩与底色相近,等等,这些都是不符合期刊出版规定的。

（2）条码。凡经批准在我国登记注册、国内外发行,获准使用 ISSN 国际标准刊号的刊物,都应向新闻出版署出版物条码中心申请条码。条码的作用便于图书馆检索、商场销售、识别真伪等。按照《出版物条码管理办法》及有关标准,期刊条码应放在封一的左下角或封四的左下角。条码不得随意缩小或放大（放大倍率在 0.8~2.00 之间）,条码过大,会影响期刊的其他信息,条码过小则容易出现印刷质量问题,难以对其正确扫描。同时,条码的印刷高度不能随意截短。条码底色应为白色或黄色。

（3）刊号。每一种期刊都有一个固定不变的刊号,即中国标准刊号。根据国家标准《中国标准刊号》的规定,中国标准刊号（期刊刊号）由国际标准刊号和国内统一刊号两部分组成。国内统一刊号由报刊登记号和分类号组成。表示方式为:

国际标准刊号 ISSN ×××× — ××××

国内统一刊号 CN×× — ××××/YY

2.封面设计的基本方法

（1）封面的图形。封面上一切具有形象联想的元素都可称之为图形，包括摄影、绘画、图案等。封面图形可是具象的，也可是抽象的、装饰性的或漫画性的，要根据杂志的内容和主题来选择适应的图形表现。封面图片应直观、明确、视觉冲击力强、易与读者产生共鸣，最常见的封面图片有人物、动物、植物、自然风光以及一切人类活动的产物。

一般青年杂志、女性杂志均为休闲类书刊，它的标准是大众审美，通常选择当红影视歌星、模特的图片做封面；科普刊物选图的标准是知识性，常选用与大自然、与现代科技有关的图片；体育杂志则选择体坛名将及竞技场面图片；新闻杂志选择新闻人物和有关场面，它的标准既不是年轻美貌，也不是科学知识，而是新闻价值；摄影、美术刊物的封面选择优秀摄影和艺术作品，它的标准是艺术价值。如图 3-11 所示，可以领略国内多种不同类型的杂志封面。

图 3-11　各类杂志封面

（2）封面的文字。杂志封面上的文字主要指刊名、日期、要目、刊号、邮发代号。编排中要强调刊名醒目、清晰,有良好的可辨性和可读性。

对于刊名文字的设计,可运用以下几种方法:

- 给刊名字体描边。
- 刊名字体衬以色块突出对比。
- 对刊名的其他辅助字体、字号注意要有节奏的编排。

对于本期要目的编排,可运用以下几种方法:

- 要目于同侧排列。
- 要目围绕主图片排列,凸显节奏感。
- 要目字体的选用一般不超过3种。
- 要目的色彩应与刊名、图片主色调统一。
- 要目字体的色彩可加入适当的白色调剂。

(3)封面的色彩。色彩是封面设计成败的关键。封面设计要注意色彩的面积、色相、纯度及明度等要素的处理。把握主色调,运用不同色调来处理不同的画面;也要将各种因素有机结合,运用色彩对比,调和关系,充分体现书籍的内容和风格。例如,幼儿书刊的色彩,往往要针对幼儿娇嫩、单纯、天真、可爱的特点,色调往往处理成高调,减弱各种对比的力度,强调柔和的感觉;女性书刊的色调可以根据女性的特征,选择温柔、妩媚、典雅的色彩系列;科普书刊的色彩可以强调神秘感;时装杂志的色彩要新潮,富有个性;专业性学术杂志的色彩要端庄、严肃、高雅,体现权威感,不宜强调高纯度的色相对比;体育杂志的色彩则强调刺激、对比、追求色彩的冲击力。

思考与操作

一、思考题

1.什么是杂志的版权页?

2.杂志版面编排的基本原则是什么?

3.什么是网格设计?杂志版式中常用的网格类型有哪几种?

4.杂志的封面一般由哪些要素组成?

二、操作题

请为《汽车》杂志编排一期封面,注意杂志名称、要目和封面图片的选用和编排组合。

第四章　DM 广告版面编排

DM 是"直接邮寄"(Direct Mail)广告的英文缩写,即通过邮寄、赠送等形式,将宣传品送到消费者手中、家里或公司所在地。DM 是现在商业传播的重要组成部分,是针对消费者的免费媒体,因其印刷精美,信息全面,并配有指导性实用指南,主动取阅的消费者络绎不绝,深受广告主的青睐。目前 DM 以报纸、杂志、宣传单页、宣传画册的形式渗透到商业消费的各个领域。DM 非常强调商品的特点或所提供的服务,编排的内容比其他宣传品更富有人情味和亲切感。

第一节　DM 的特点与种类

一、DM 广告的特点

DM 是区别于传统的广告刊载媒体,传统广告刊载媒体如报纸、电视等贩卖的是内容,然后再把发行量二次贩卖给广告主,而 DM 则可以直接将广告信息传达给真正的受众,基于 DM 广告的这样一种特殊形式也使其具有了以下四大特点。

1. 针对性

DM 广告与其他媒介的最大区别在于 DM 可以直接将广告信息传送给真正的受众,这使其具有很强的针对性,它可以有针对性地选择目标对象,有的放矢,有效减少了广告资源的浪费。

2. 灵活性

DM 广告内容自由,形式不拘,有利于第一时间抓住消费者的眼球。DM 广告的设计形式无法则,可视具体情况灵活掌握,出奇制胜。它不同于报纸杂志广告,DM 广告的广告主可以根据企业或商家的具体情况来选择广告时间、区域和版面大小,并可自行确定广告信息的长短及印刷形式,更加适应善变的市场。

3. 持续时间长

DM 广告不同于电视广告,它是真实存在的可保存信息,能在广告受众做出最后决定前使其反复翻阅其广告信息,并以此作为参照物来详尽了解产品的各项性能指标,直到最后做出购买或舍弃决定。

4. 广告效果良好

DM广告是由工作人员直接派发或寄送的,故而广告主在付诸实际行动之前,可以参照人口统计因素和地理区域因素选择受传对象以保证最大限度地使广告信息为受传对象所接受。与其他媒体不同的是,广告受众在收到DM广告后,基于心态驱使会想了解其内容,所有DM广告较其他媒体广告,更能产生良好的广告效应。并且广告主在发出直邮广告之后,可以借助产品销售数量的增减变化情况及变化幅度来了解广告信息传出之后产生的效果。

二、DM的种类与形态

DM广告的运用范围广,在设计表现上也趋向于比较自由的式样。它不像报刊、招贴广告那样受到版面、印刷、纸张、媒体等的限制,其种类多种多样,灵活多样,主要有传单型、册子型和卡片型。

1. 传单型

传单型的DM广告即单页DM广告,主要用于促销等活动的宣传或新产品上市或新店开张等具有强烈时效性事件,属于加强促销的强心针。其尺寸、形式灵活多变,设计要求以凸显宣传内容为主。例如产品宣传单,一般连同信函一起放进信封,内容主要有产品说明、广告活动推介、企业宣传等。这种形式既经济又实惠,是商家乐于运用的广告方式,如图4-1所示。

图4-1　产品宣传单

2. 册子型

册子型的DM广告主要用于企业文化的宣传以及企业产品信息的详细介绍。一般由企业直接邮寄给相应产品的目标消费群,或赠与购买其产品的消费者,用以加深用户对企业的认识,塑造企业形象。例如折叠式说明书、产品宣传册等均属于此类。

折叠式产品说明书主要是商品的参考书,可寄给关系户或零售店分派,使顾客看到这种说明书了解产品特点或所提供的服务内容,从而使消费者产生购买欲望。产品说明书的设计风格必须独特、高雅,版面构成具有连续性、可读性。其形式可对折、三折、四折等。当广告内容较多,单页或折页都无法容纳时,可以装订成册。这种产品宣传册类似一本小书或杂志,内容丰富,形式精美,其主要形式有 32 开、24 开和 16 开等,如图 4-2 所示。

图 4-2　册子型 DM 广告

3.卡片型

卡片型的 DM 广告设计新颖多变,制作最为精细,一般以邮寄、卖场展示等方式出现,主要也是为了展示企业形象和进行产品信息宣传,同时还会在一些节假日或特殊的日子出现,以辅助进行促销。例如广告明信片、商务请柬等均属于此类。

广告明信片的版面形式与一般明信片类似,内容有简短的广告语、折扣券、礼品单等,大多印刷精美、色彩丰富,具有收藏价值。商务请柬主要是在特定的日子或时间邀请集体或个人出席各种社交场合,如展览开幕、企业促销等活动。商务请柬大多印刷精美、品位高雅,已经成为社会礼仪活动中常见的媒体形式,如图 4-3 所示。

图 4-3　卡片型 DM 广告

第二节 DM 的版面编排

一、DM 的版面特征

1. 情感性

在 DM 版面中,通常选择有情感倾向的文字或图片,通过美好的情感来烘托主题。

在表现方式上,一般采用象征美好的图片,辅以艺术性的处理,从而引起消费者的共鸣,使广告吸引受众。或者在 DM 中使用明快、活泼的色彩令整个版面变得轻松、愉快和亲切,与消费者拉近距离。这种基于人性化的宣传策略,从感情上笼络潜在的消费者,引导消费者形成购买欲,进而转变成购买行为。

2. 诱读性

当人们收到 DM 广告时,往往兴趣不大,如何吸引消费者不转移视线而继续看下去,需要设计师们使出浑身解数来增强版面的诱读性。比如制作简洁而醒目的标题。好的标题是成功的一半,好的标题不仅能给人耳目一新的感觉,而且还会产生较强的诱惑力,引发读者的好奇心,吸引他们不由自主地看下去。再如将广告内文分成一段一段并结合图片产生连续的系列形式,通过这种方式逐步引导读者视线,将宣传信息渗透到读者心里。

3. 艺术性

DM 创意与设计要新颖别致,制作精美,让人拿到手上舍不得丢弃,就要确保其具有强大的吸引力和保存价值。在版面的排版上有节奏感,段落错落有致,同时留有较宽的页边空白,使之看上去显得亲切并易于阅读,文案过长时要通过分段和插入小标题进行拆分。另外,在 DM 的印刷和包装上采用艺术性的手法来突出广告产品与众不同的特征,用艺术手法表现其他同类产品所不能表达的功能和便利。

4. 受益性

DM 广告的最终目的是为了推销产品。因此,在 DM 版面中要突出产品的特点,特别是该产品不同于其他同类产品的利益点,因此版面中的信息要求主次分明,重点突出。设计者根据信息的差异划分不同的板块,尽量让这些板块独立出来,互不干扰,在设计过程中,多采用直线、色块、边框等视觉元素让整个版面显得干净整洁。

二、DM 的整体制作程序

一般来说,DM 的制作程序要经历如下步骤,对于设计人员来说,基本的内容是必须了解和参与的,但了解全部制作程序有利于设计人员的创作,特别是对印刷内容的核对和印前准备是最容易出现问题的环节。

DM 的整体制作程序如下:

接受委托——设定题目并撰写策划书——作出草图和设计方案——估价并被认可——获得更详细的资料——客户对版式提出意见和特别要求——正式制作——最后核对——交付印刷——出片校正——大量印刷——进行投递——反馈核实

在这一制作过程中,DM 广告单的尺寸和材料的选择、折叠和裁切的选择以及 DM 版面编排技巧则是需要设计人员着重掌握的技艺。

1. 尺寸和材料的选择

DM 的规格大小一般是依照纸张开本的二分之一、四分之一、六分之一、八分之一、十二分之一、十六分之一等得到的。不同的尺寸规格、制作成本的差异与灵活的派送形式,满足了品牌营销的不同阶段、时机、场合和消费群体的不同特性。例如 DM 宣传单页的尺寸,一般是 16 开印刷。大度纸 210mm × 285mm,正度纸 185mm × 260mm,也有用国际尺寸 210mm × 297mm(A4),其规格可以按照广告商的要求来做调整。另外,还有一种常用的宣传品——三折页。三折页是将纸张平均分配为三个部分,折叠成原纸张的 1/3 尺寸大小的宣传单页,三折页分为正背六个有效版面,是现代宣传品中利用率较高的宣传品,三折页一般展开尺寸为 A4 大小。

不同的材料,可形成不同的印刷视觉效果与触觉感受;而恰当的材料选择能够起到吸引眼球、提高品质和烘托广告主题的作用。一般依据使用与印刷工艺的要求及特点选用不同的纸张:新闻纸俗称白报纸,其特点是松软多孔,吸收性好,用于印刷报纸、杂志及一般书籍,纯文字信息类的广告较多使用新闻纸;铜版纸细腻洁白,平滑度和光泽度高,常用来印制彩色或单色的广告宣传单、企业宣传画册、挂历等。

2. 折叠和裁切的选择

折叠和裁切,是 DM 不同于其他载体的特别表现手法,让人在翻阅的过程中感受 DM 的新含义。精妙的构思不但能提高阅读的兴趣,而且还在功能上将各种信息分布得更有条理,非常适宜邮递与散发。将纸张折叠成信函(不必用信封），有二折（对折）、三折、四折等，另外还有自由造型的折页，不同类型的折叠方式如图 4-4 所示，印刷完成后经折页机折叠即可。如图 4-5 所示，是印刷制作完成后的 DM 单页、二折页、三折页和四折页。不同的折叠方式能让人产生耳目一新的感觉，但切记要便于接受者拆阅。

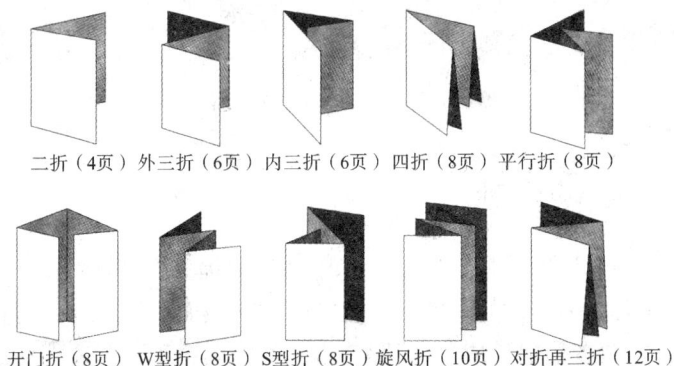

二折（4页）　外三折（6页）　内三折（6页）　四折（8页）　平行折（8页）

开门折（8页）　W型折（8页）　S型折（8页）　旋风折（10页）　对折再三折（12页）

图 4-4　不同类型的折叠方式

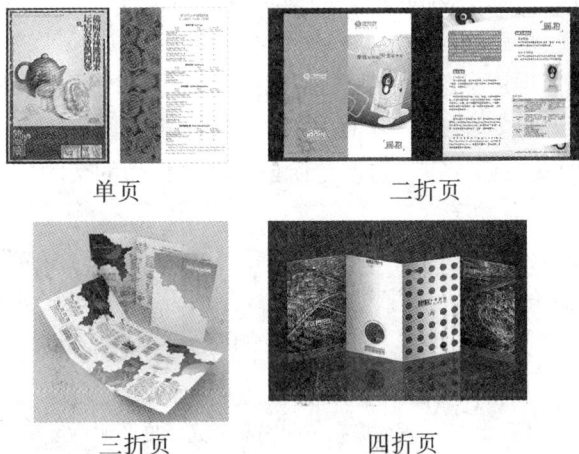

单页　　　　　　　二折页

三折页　　　　　　四折页

图 4-5　单页、二折页、三折页和四折页的 DM 宣传单

对页面进行合理裁切，能使其产生独特的形式，给人不一样的视觉印象。裁切外形可打破纸张固有的四方外形，创造个性化的形式如流线型、波浪型；或者开天窗、穿孔，可令不同页面的图形共享，如图 4-6 所示。也可以在印刷上运用覆膜①、压纹②、烫印③等印刷工艺对纸张进行艺术化处理。

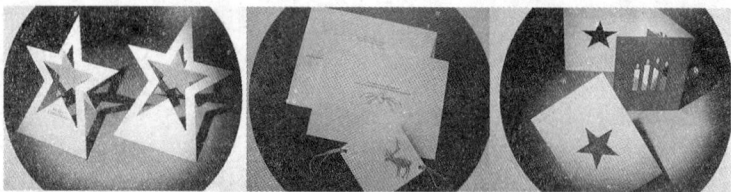

图 4-6 经裁切后的 DM 广告单

三、DM 的版式结构

版式结构的设计规划是推出 DM 宣传品的前提和必要条件,因此我们在进行设计的时候会花去较多的时间。版式结构包括版面规划的空间结构和排版元素的层次结构,两者相辅相成,相互影响。两种结构合理配置才能使版式结构形成集艺术与实用为一体的宣传品。

1. 依据商品营销策略的不同来编排版式

为了适应市场的需要,不同形式的 DM 宣传品往往会根据营销策略的不同而有所不同。我们知道产品的生命周期要经历导入期、成长期、成熟期和衰退期四个阶段。商家依据产品生命周期的不同会制定不同的营销策略,由此 DM 宣传品的设计可分为四个阶段:一是商品信息传达;二是商品品牌推广;三是消费情感诉求;四是商品促销传播。这四个阶段 DM 宣传品的文图比例不一,下面分别说明:

(1)商品信息传达:这一阶段产品刚刚进入市场,消费者对产品不了解,DM 宣传单应利用大量的图片及文字对产品进行介绍,让消费者充分认识产品。

---

① 覆膜工艺是一种将印刷品和塑料薄膜经加热、加压后黏合在一起的工艺。经覆膜后的纸印刷品表面更加平滑光亮,而且提高了印刷品的光泽度和耐磨度。

② 压纹工艺是一种使用凹凸模具,在一定的压力作用下使用印刷品产生塑性变形,从而对印刷品表面进行艺术加工的工艺。经压纹后的印刷品表面呈现出深浅不同的图案和纹理,具有明显的浮雕立体感,增强了印刷品的艺术感染力。

③ 烫印工艺是以金、银箔为材料,借助于一定的压力与温度,使印刷品与烫印箔在短时间内相互受压,将金属箔或颜料箔按烫印模板上的区域转印到印刷品表面的加工工艺。印刷品经烫印后的区域会呈现强烈的金属质感或其他质感。

（2）商品品牌推广：这一阶段消费者对产品已经有了一定认知，应该注重对品牌的推广与提升。DM宣传品中文字的说明可以减少，只体现销售信息即可，取而代之的是富有创意的画面，来增进与消费者之间的情感共鸣。

（3）消费情感诉求：这一阶段品牌已经形成，是商品销售的黄金时期，因此宣传品要运用精练的广告语和有创意的图片，并融入情感诉求，以此巩固品牌的建立。

（4）商品促销的传播：这一阶段商品进入成熟期，商品因遭遇同类竞争，可能会出现销售量下滑的情况，因此商家要采取多种商业宣传手段进行大力促销。在DM宣传品的版面上促销文字的比例会上升，突出促销信息成为版面的重心。

2. 几种常用的版式结构

DM宣传单与报纸、杂志不同，其版式结构更加自由、灵活，更加富有创意，这也是为了满足其商业传播的需要。如图4-7、图4-8所示，列举了宣传单页、对折页和三折页的版式结构。无论是什么形式的页面，产品或服务的相关信息、宣传品的创意画面都是必不可少的。需要注意的是，折页在版式编排上有一定的特殊性。折页折叠起来是独立的一个个版面，展开后则是一个整体，因此在折页的编排上除了考虑每一个折叠面，还要考虑版面与版面之间的关系在展开后的整体效果，要注意整体的节奏、图片与图片、图片与文字、文字与文字间的对比。

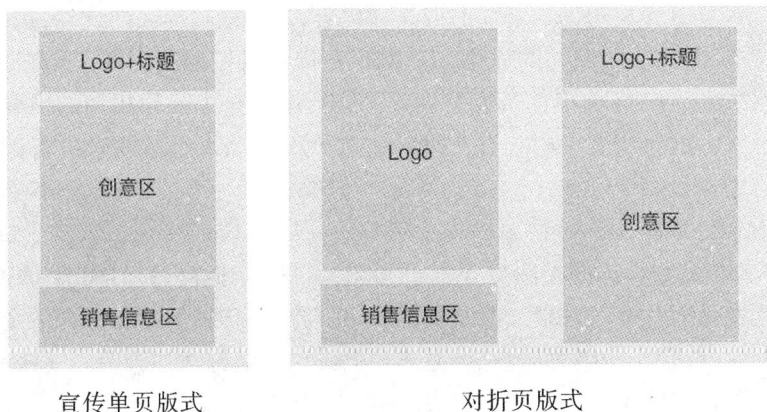

宣传单页版式　　　　　　　对折页版式

图4-7　宣传单页和对折页版式

四、DM的版面编排技巧

DM的整体版面应该给人以流畅舒展的感觉，要注意文字的可读性、图案的

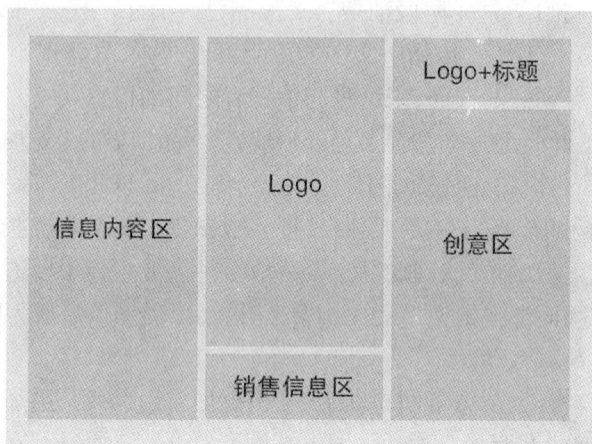

三折页版式

图 4-8　三折页版式

可辨性和色彩的亲和性。优秀的 DM 会提起人们阅读的兴趣,而不是给阅读者制造负担。

1. 内容的安排

设计人员首先要透彻了解商品或制作内容,然后根据商品的优点,选择恰当的设计方式,着重突出商品的优势。在内容安排上可按照其内在逻辑来展开叙述,阶段性地安排"起承转合",吸引读者一页页读完整个环环相扣的内容,就如同看连环画一般。当文字内容过长时要通过分段和插入小标题来进行拆分,这样更加方便读者阅读。

2. 图形图像的选择

DM 宣传品版式的图形图像元素包括图片、图形、插画等。DM 中的图片来源一般是商品照片、广告摄影、绘画稿;图形是与商业传播策略相符合的图形、标识等;插画一般是广告创意插画,产品形象插画以及装饰类插画等。这些元素共同组成了 DM 宣传品版式的图形图像元素。

制作时注意多选择与所传递信息有强烈关联的图形图案,以刺激阅读者的记忆。可根据具体情况来选择以下一种或几种不同的技巧。

(1)创意图片与广告语相结合。创意图片视觉感召力强,内容丰富,表达信息直观清晰。创意图片与广告语两者的完美搭配,不但能给人视觉刺激,更重要的是给人留下深刻的印象,是商业宣传品进行版式创作的最好方法。

（2）使用清晰真实的照片。真实的照片在宣传产品的形象上有不可替代的真实感。

（3）使用抽象图案。较抽象的图案主要是使用几何的表达方式或生动的手绘图案来传达特定信息；抽象图案看起来比较简单，但却可以在潜意识中轻松地向对方传达信息。

（4）使用插画。插画是指利用现代矢量图绘制软件或手绘插图的形式完成的插画设计与制作。插画需要专门的插画师来完成，插画的艺术表现力丰富，在宣传品中常常会用插画来提升版面的表现力。

3.文字的编排

在制作DM广告单时，尽量不使用系统默认的字体，建议使用汉仪、方正等字库，否则后期制作会出现错误。标题字一般使用黑体、粗宋体、粗倩体、综艺体等；正文一般使用宋体、楷体（楷体常用于图注）为最佳，英文正文字体一般以NEW ROMAN（新罗马）较为正规，而标题则限制不多。对于字库中那些过于花哨的字体一定要慎用。标题字的字号一般没有具体规定，以清晰醒目为准；正文字号一般用小五号或五号字为最多。要注意的是，同一内容的正文、标题的字体字号要统一，不可随意变更，以免造成阅读障碍。关于文字编排的其他技巧可参见本书"文字的版面编排"（上编第一章第三节）的内容。

4.色彩的选择与搭配

色彩会对人的心理产生各种触动，一般来说，红色使人激动、兴奋，能鼓舞人们的斗志；黄色明快、灿烂，使人感到温暖；绿色清新、宁静，给人以希望；蓝色则隐藏着淡淡的忧郁；白色显得干净、明快；黑色象征着严肃和沉重的话题；粉红和嫩绿则预示着春天，使人充满活力……在这些基础上，我们可以通过一些微妙的颜色调节来获得最合适的颜色。这里的合适，指的是适合受众的年龄和心理。受众年龄的大小可以通过在颜色中加黑或加白来获得最适合的，而增减色相/饱和度能够使受众的情绪和能量产生不同的变化。对比色或者近对比色的搭配会产生奇妙的醒目效果。

五、DM版面编排的一般程序

1.提炼主题

根据DM广告创意，提炼出主题思想，从而决定各种要素的比重。

2.搜集素材

搜集创作素材，准备有关的图片图形资料。

3.版面规划

确定 DM 宣传单的版面大小和页数,设置合理的版心和边距。根据版面,选择需要编排的内容,并确立最能表达主题思想的表现形式。

4.图文编排

按照版式规划进行图文的编排,要注意统一标题及正文的字体及颜色,对文字的属性,如字体、字号、字距等进行科学的设置。在前期搜集素材的基础上,选定所需要的图片和图形,必要时需要拍摄相关图片。

5.整体审查

审视主题与文案的视觉顺序和位置是否合理,审视整个版面的颜色和风格是否协调,对整体的色调进行统一调整,把握版面整体性与协调性。

思考与操作

一、思考题

1.DM 广告有哪些种类?

2.DM 的版面特征有哪些?

3.DM 的版面编排有哪些技巧?

4.DM 广告版面编排的一般程序是什么?

二、操作题

请为自己设计一张二折页的毕业简历,介绍自己 4 年来的学习、生活情况。要求写出你的编排思路和步骤,注意主题突出。题目自拟,风格不限,尺寸不限。如图 4-9 所示是二折页的页面构成情况,供练习者参考。

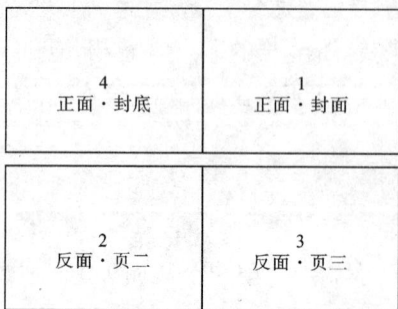

图 4-9　二折页的页面构成情况

下编:排版软件操作及应用

第五章 方正飞腾创艺基本操作

内容提要

- 方正飞腾创艺 5.0 功能简介
- 熟悉方正飞腾创艺 5.0 的工作界面
- 如何新建、打开、保存与关闭文件
- 如何进行工作环境和版面设置

第一节 方正飞腾创艺简介

方正飞腾创艺(有时亦称飞腾创艺)是一种集图像、图形、表格和文本混排为一体的桌面排版软件,其丰富的排版功能和便捷的操作方式能够出色地表现版面设计思想。飞腾创艺的前身是飞腾,飞腾自 20 世纪 90 年代问世以来,广泛应用于报纸、书籍、杂志、广告、宣传册等各类出版物。全球有 85% 以上的中文出版物使用飞腾制作出版。方正飞腾创艺 5.0 由北京北大方正电子有限公司研发制作而成,2007 年 7 月正式面向市场推出。除了延续飞腾在文字处理和页面布局方面的优势外,还增加了大量图形图像设计功能。

一、桌面出版系统

桌面出版系统的硬件包括计算机和输入输出设备,软件包括排版软件、图形图像处理软件和文字处理软件等。报纸、图书、杂志等出版物经过桌面出版系统的工作,最后印刷出版或发布到网上。飞腾创艺出版系统如图 5-1 所示。

排版软件的任务是将收集到的图形、图像或文字等素材组合到页面里,完成版面制作。处理的对象为文字、图形和图像。文字可以在排版软件中直接输入,也可以在其他软件里录入后,排入到排版软件里,如文本文件(* . TXT)和 Word

文档(＊.DOC)。图形和图像可以通过数码相机或扫描仪等输入设备生成,也可以通过图像制作软件(如 Photoshop)生成,然后导入到排版软件里。

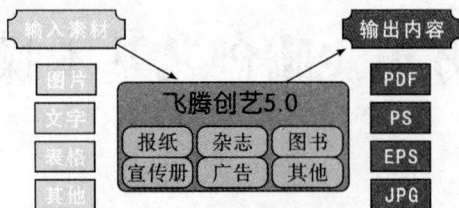

图 5-1　飞腾创艺出版系统

二、方正飞腾创艺5.0功能概览

下面简要介绍方正飞腾创艺5.0 的主要功能,包括强大的文本编辑功能、图形图像处理功能、高效的对象管理功能、方便的页面设置功能。

1. 强大的文本编辑功能

用户可以轻松设置文本方向、行距、字距、分栏、图文互排,或将文字沿线排版(见图 5-2)或在任意图形内放置(见图 5-3)。此外,还能设置勾边(见图 5-4)、空心、立体、阴影、羽化、透明等各种艺术效果。

图 5-2　文字沿线排版

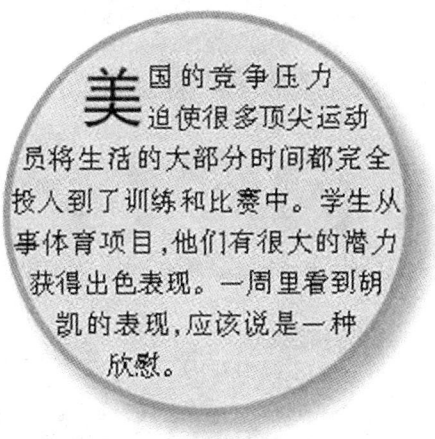

图 5-3　文字在图形内排版

图 5-4　文字双重勾边效果

2. 图形图像处理功能

在方正飞腾创艺 5.0 中,可绘制各种规则和不规则图形。还能对多个图形进行特殊运算,从而使其符合各种需要,如图 5-5 所示。

在图像处理方面,方正飞腾创艺 5.0 支持排入 TIF、EPS、PSD、PDF、BMP、JPG、PS、GIF 等格式的图像。还可以给图像、文字、图形等对象添加阴影、羽化、透明效果,从而使版面效果更加精彩。

方正飞腾创艺 5.0 还提供了两种退去图像背景的功能:一种是图像勾边,可以自动退去图像背景,适用于背景单一的图像,如图 5-6 所示;一种是图像去背,当图像背景复杂时,可以使用该功能框选区域后,再执行自动去背操作。

3. 高效的对象管理功能

对象主要是文本、图形和图像,用户可合理地组织与安排这些对象,如成组、锁定、调整前后顺序、对齐与分布等,如图 5-7 所示。

图5-5　通过路径运算得到甲壳虫汽车

图5-6　"图像勾边"退去图像单一背景

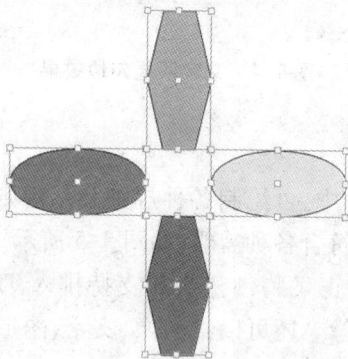

图5-7　应用对齐命令进行"十字"对齐

4.方便的页面设置功能

方正飞腾创艺5.0提供主版页面(主页)功能,可在主页设置页眉、页脚等各种装饰,这些设置将被自动应用到各普通页面中,从而提高工作效率,又便于出版物风格的统一。

三、方正飞腾创艺的安装

方正飞腾创艺的安装包括以下几个步骤：

插入方正飞腾创艺 5.0 安装盘，安装主程序；

在计算机 USB 接口上插入飞腾创艺 5.0 加密锁；

启动方正飞腾创艺 5.0，完成用户认证。

1. 方正飞腾创艺的安装和卸载

（1）方正飞腾创艺的安装设备包括安装光盘和加密锁，首先通过安装光盘安装主程序，然后插上加密锁即可完成安装。

（2）打开 Windows 控制面板，选择"添加或删除程序"，选中"Founder FantArt"，点击"删除"按钮，即可开始卸载程序。

2. 加密锁

启动方正飞腾创艺前，需要在计算机的 USB 接口上插入方正飞腾创艺 5.0 加密锁；否则启动方正飞腾创艺时，系统将提示没有找到加密锁。

3. 用户认证

当安装了主程序，并且插好加密锁后，就可以启动方正飞腾创艺，此时建议用户完成用户认证。启动时也可以不认证，使用 30 天后根据方正飞腾创艺的提示再来完成用户认证。

小提示

用户可以选择启动时认证，也可以点击"取消"或者关闭对话框可以直接进入方正飞腾创艺版面，以后可通过菜单"帮助"→"用户认证"进行认证。

第二节　方正飞腾创艺 5.0 工作界面

一、界面概况

安装方正飞腾创艺后，单击"开始"→"所有程序"→"FOUNDER"→"方正飞腾创艺"→"方正飞腾创艺"，或者双击桌面"方正飞腾创艺"快速启动图标，即可启动飞腾创艺。启动后，选择"文件"→"新建（Ctrl＋N）"，打开一个方正飞腾创艺文件，其界面如图 5-8 所示。方正飞腾创艺 5.0 的工作界面主要包括：主菜单、工具条、控制面板、工具箱、页面、辅助版、浮动窗口和状态栏。

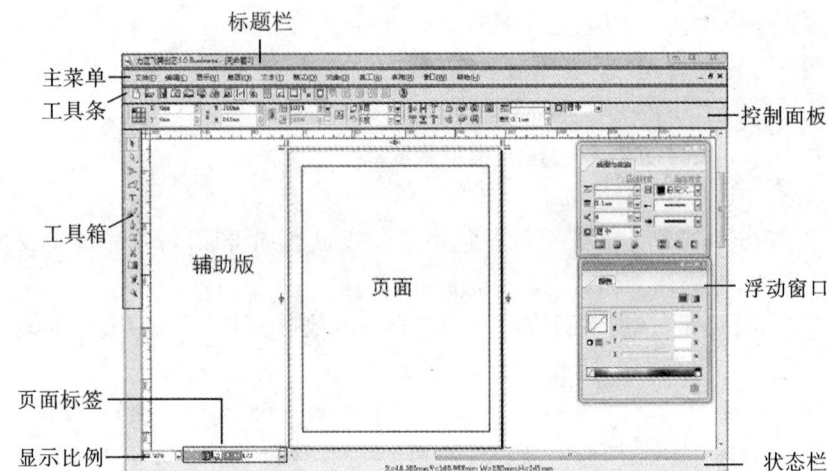

图5-8　方正飞腾创艺5.0工作界面

小提示

首次启动方正飞腾创艺5.0,会看到如图5-9所示的欢迎界面,单击"新建"或"打开"图标,也可以新建或打开一个方正飞腾创艺文件,并进入工作界面。

图5-9　飞腾创艺5.0的欢迎界面

1. 工作界面的组成

（1）标题栏。标题栏位于界面顶端,显示该程序的图标和名称。右侧为窗口最小化、最大化和关闭。

（2）主菜单。主菜单位于标题栏下方,大部分命令放置在此,包括文件、编辑、显示、版面、文字、格式等 11 个菜单。将鼠标移到某一主菜单项上单击即可弹出该菜单。单击菜单名称即可选择该功能。如果菜单后带有三角符号,表示有下级菜单。菜单打开时,可以将鼠标单击版面任意一处,或按 Alt 键即可关闭菜单。按 Esc 键,可逐级向上关闭菜单。

（3）工具条。工具条中包含一些常用的操作命令,如新建、打开、排入文字、排入图像和输出等。

（4）控制面板。控制窗口集中了文字、图形、图像、表格等各类对象的常用功能。在控制窗口里的功能通常都可以在主菜单下找到。根据选中的对象种类不同,控制窗口不同,这个会在以后的实例操作中再详细讲解。

（5）浮动窗口。浮动窗口位于界面右侧,利用它们可以很方便地进行文字属性、颜色等设置。要显示某一浮动窗口,只需单击"窗口"菜单中的相应选项即可。以下介绍浮动窗口的相关操作:

①移动浮动窗口:光标置于浮动窗口的标题栏上,拖动浮动窗口即可将浮动窗口移动到任意位置。

②停靠浮动窗口:双击标题栏或单击停靠按钮,可将浮动窗口停靠在界面边框上,点击标签即可恢复。

③组合浮动窗口:为节省编辑空间,可将多个浮动窗口组合在一起。即拖动一个标签,靠近另一个标签即可自动组合。

④浮动窗口的基本操作:使用时,选中对象,在浮动窗口的编辑框内输入数值,或在下拉列表里选择选项即可应用于对象了。例如,在"文字属性"浮动窗口设置字体字号,如图 5-10 所示。选择"窗口"→"文字与段落"→"文字属性",打开"文字属性"浮动窗口,打开"文字属性"浮动窗口。使用文字工具选中文字,可以通过以下几种方法在"文字属性"浮动窗口里设置字号:

• 编辑框:光标点击到 X 字号编辑框内,输入数值后,按 Enter 键即可完成对选中文字的字号设置。也可以在编辑框内输入数值后,鼠标点击到版面其他位置即可应用设置。

• 下拉列表:鼠标点击 X 字号编辑框后向下的三角符号,弹出下拉菜单,选择适当字号即可应用于文字。

图5-10　浮动窗口中设置字体字号

● 微调按钮:X字号编辑框后面成对的三角符号称为微调按钮,对于带微调按钮的编辑框,可以将鼠标点击到微调编辑框内,滚动轮滑即可缩放数值。

(6)状态栏。位于工作界面底部,主要用于显示操作过程中的各种信息。

(7)页面和辅助面板。出版物的内容均在页面内排版,只有位于该区域的对象才会被打印出来。辅助版是围绕在页面区域周围的空白区域,在排版时,可以将排版素材(文字、图片等)放在辅助版备用,随时调取使用;辅助版内的素材不会被打印出来。

(8)工具箱。工具箱位于界面左侧,如图5-11所示,工具箱中包含25种工具,利用这些工具可以执行选取对象、输入文字、绘制图形以及裁剪对象等操作。

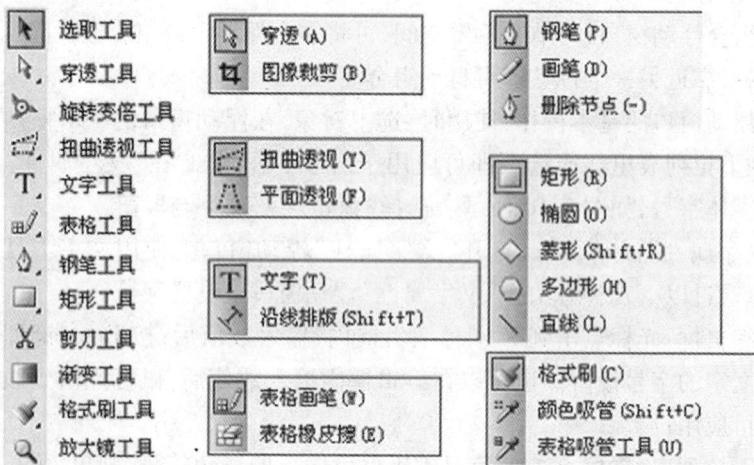

图5-11　工具箱

①扩展工具的选择。将鼠标点击到工具图标即可选取工具。如果工具图标右下角带三角标识，表示该工具带有扩展工具。扩展工具的选择有以下几种方法：

- 鼠标在工具上停留几秒不放，可打开扩展工具；
- 也可按住 Alt 键，点击图标，可循环选取扩展工具；
- 也可使用工具箱快捷键直接选取工具，将鼠标放置在工具上几秒钟，即可看到快捷键。

②工具栏各工具描述：

选取工具：选择对象。

穿透工具：主要用来选取成组物件里的单个对象，或编辑节点。用钢笔工具绘图后，可利用它来编辑节点。此外，穿透工具还可以透过图像框，单独选中框内的图像，移动图像在框内的位置或编辑框内的图像大小。

图像裁剪：裁剪图像。

旋转变倍工具：可对对象进行缩放、旋转或倾斜操作。

扭曲透视工具：使图元产生扭曲透视效果。

平面透视工具：使图元产生平面透视效果。

文字工具：又称为 T 工具，在方正飞腾创艺里必须选择文字工具才能进入文字编辑状态，可进行录入文字、修改文字、选中文字等操作。

沿线排版：展开文字工具，可选择沿线排版工具，点击到任意的线段或封闭的图元上，即按照图元路径进行文字沿线排版。

表格工具：可手动创建表格或绘制表格。

表格橡皮擦：在表格画笔的展开工具下有表格橡皮擦，可点击到表线上，即可方便地擦除表线。

钢笔工具：主要用来绘制贝塞尔曲线、折线。

画笔工具：可以像绘图铅笔一样，绘制任意封闭或非封闭的图元。

矩形工具：选择矩形工具，点击到版面，按住鼠标左键不放，在页面上拖曳，可绘制矩形，按住 Shift 键可绘制正方形。

椭圆：绘制椭圆，按住 Shift 键可绘制正圆。

菱形：绘制菱形，按住 Shift 键可绘制正菱形。

直线工具：绘制直线或任意方向的斜线。选择直线工具，点击到版面，按住鼠标不放，直接在页面上拖曳可生成直线。按住 Shift 键可画出倾斜度为 45 度的直线线条。

多边形工具:绘制多边形,按住 Shift 键可绘制正多边形。双击多边形工具还可在弹出的对话框内设置多边形的边数及内插角度数,绘制出需要的多边形。

剪刀工具:使用剪刀工具可以像剪刀裁纸一样,将图元或图像分割为几个部分。

渐变工具:设置渐变颜色后,点击渐变工具,在版面拖曳,可按拖曳的方向、角度应用渐变色,设置线性或放射状渐变的起点或终点,以及渐变中心。

格式刷:格式刷点击到文字上,可以快速吸取文字的属性,再注入到目标文字上,避免繁琐、重复的设置。

颜色吸管:格式刷展开工具中有颜色吸管,仅复制颜色属性,如果要复制包含颜色属性在内的所有属性,必须选择格式刷。

表格吸管:吸取表格单元格底纹、颜色等效果,作用于其他单元格。

放大镜工具:调整版面及对象的显示比例,方正飞腾创艺显示比例范围在 5% ~5000% 之间。按住 Ctrl 键,光标变为缩小显示状态。

小提示

在日常操作中,文字工具和选取工具的使用率较高,可按 Ctrl + Q 键,在文字工具和选取工具间迅速切换。任意工具状态下按 Ctrl + Q 键都可以回到选取工具状态。

小提示

常规显示、简洁显示和全屏显示的切换方法:

为了扩大排版工作空间,可将工具条、工具箱、控制窗口和浮动窗口隐藏。按快捷键 F9 即可实现转换;按快捷键 F2 可快速隐藏和显示浮动窗口。

2. 关于界面的几种操作

(1)打开/关闭工具条、工具箱等窗口。在主菜单"窗口"中,可以选择打开/关闭工具条、工具箱、控制窗口,单击浮动窗口名称可打开浮动窗口。在主菜单"显示"里可以选择打开/关闭标尺、状态栏和滚动条。

(2)修改界面布局。方正飞腾创艺主菜单、工具条、控制窗口、浮动窗口和工具栏是活动窗口,可以根据使用习惯,使用鼠标拖动到合适的位置,调整界面布局。

以控制窗口为例,将鼠标移动到该窗口顶端(通常是左边),变为梅花状时,按住左键不放,拖动到想要调整的区域即可。一般情况下,设置好了的布局不再调整,以便易于找到工具项,方便排版。

(3)图标提示信息。方正飞腾创艺界面上有大量图标,需要了解图标功能,可以将光标停留在图标上几秒钟,在光标的右下角位置即可显示出此功能的提示信息,如图5-12所示。

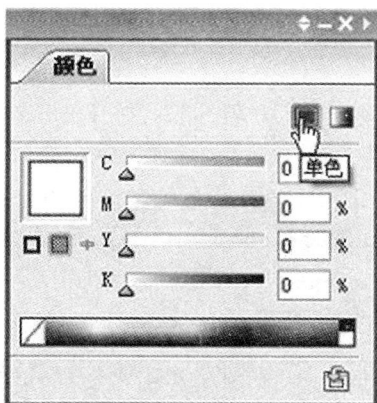

图5-12　图标提示

二、显示比例操作方法

方正飞腾创艺可在5%～5000%之间缩放显示,提供多途径改变显示比例,以下介绍四种显示比例的操作方法。

1. 显示比例常用组合键

Ctrl + 鼠标轮滑:逐级缩放版面,缩放范围介于5%～5000%之间。

Shift + 单击右键:缩放版面,在实际大小和200%之间切换显示比例。

Ctrl + 单击右键:缩放版面,在实际大小和全页显示之间切换显示比例。

小提示

这里介绍几种常用的组合键供大家学习,在日常的训练中要学会经常使用。

Ctrl + W:全版面显示。

Alt + 左键:光标变为小手状态,可以移动版面。

Shift + 滚动鼠标轮滑:显示版面,水平滚动显示版面。

2. 自定义显示比例

选择菜单栏中的"显示"→"显示比例"→"自定义",输入范围在 5% ~ 5000% 之间的数值。

3. 使用放大镜

方法一:在工具箱里选择放大镜,鼠标左键单击版面,放大显示;按住 Ctrl 键,鼠标左键单击版面,缩小显示。

方法二:使用放大镜框选对象,按住左键框选要放大的对象,然后松开左键,版面将以框选区为中心放大显示对象,同理,按住 Ctrl 键,将缩小显示对象。

4. 显示比例编辑框

在页面窗口左下角,可以在显示比例编辑框内输入显示比例数值,或在下拉列表里直接选取合适的比例。

三、标尺

在排版区域的上方和左方分别显示出水平标尺和垂直标尺,如果页面上没有显示标尺,选中"显示"→"标尺"。

(1)修改坐标原点:拖动两个标尺的交点,可以改变坐标原点。鼠标双击两个标尺的交点,可将坐标原点恢复为版心左上角。

(2)修改标尺刻度:将光标点击到标尺上,在右键菜单里修改标尺的单位,如图 5-13 所示。

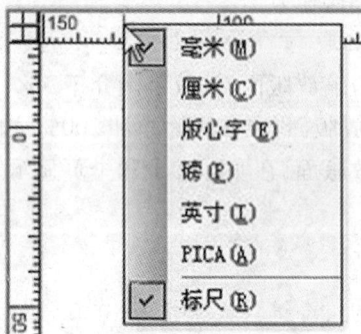

图 5-13　标尺刻度

四、提示线

提示线用于辅助排版,方正飞腾创艺提供水平和垂直两种提示线,用于对象的精确定位,只能显示,在后端并不输出。按住鼠标左键从标尺上向页面内拖动鼠标,即可拖出提示线。将提示线拖回标尺,即可删除提示线。选中提示线,按 Del 键也可以删除提示线。选中提示线,通过控制窗口或右键菜单可对提示线进行后续步骤的操作,在此不再赘述。

五、显示设置

在"显示"菜单下选中任一选项即可在版面内显示,工具条中也呈现了部分显示对象。这里介绍几种常用的显示项目的含义。

- 显示/隐藏背景格:可显示和隐藏版面背景格。
- 显示对象边框:版面上所有线型为空线的对象,对象边框被显示出来,取消"对象边框"的选中状态则所有对象均不显示边框,此选项默认选中。
- 显示分隔符号:换行/换段符等排版标记显示出来。
- 显示文字块连接:在有连接关系的文字块之间显示出一条连接线。
- 图像显示精度:选择"显示"→"图像显示精度",在二级菜单里可选择"粗略"、"一般"、"精细"或"取缺省精度"。图像显示精度越高,显示速度越慢;显示精度越低,则显示速度越快。也可选中图像后单击鼠标右键中选择图像显示精度。
- 页面布局风格:设置页面的显示风格,包括"传统风格"和"体验风格"。传统风格是原飞腾的单屏幕显示方式,一屏内只能显示一页,多页文档可以点击窗口左下角页码标签翻页;体验风格是多页显示方式,一屏内可以显示多页,使用鼠标滚轮上下翻页。

第三节　新建、打开和保存文件

方正飞腾创艺可以新建两种文件,一种是后缀名为 *.vft 的飞腾创艺文件,用于排版;另一种是后缀名为 *.vtp 的模板文件,将常用操作定义在模板文件里,需要时直接从模板新建文件即可。除了新建的文件外,飞腾创艺还可以兼容飞腾 3.X 和飞腾 4.X 文件(打开旧文件,并另存为 *.vft 文件后即可实现文件的兼容和转换)。

1. 新建文件

点击"文件"→"新建"(Ctrl + N),或单击工具条中的"新建"按钮，打开新建文件对话框,设置相关参数后,单击"确定"即可新建一个空白文档。选择"高级"选项,还可以设置版心及其他参数。下面我们来了解对话框中部分选项的意义:

(1)页数:在"页数"编辑框中输入数值,可以设置所需的页数。

(2)页面大小:系统在下拉列表中提供了多种常用页面尺寸,如对开、4 开、8 开等,在该下拉列表中选择所需尺寸后,系统会在"宽度"和"高度"编辑框中显示相应的数值。如果需要自定义页面大小,可以在宽度和高度编辑框中直接输入数值。

小提示

什么是对开、4 开、8 开?

把一张全张纸对折一次,得到的大小就是对开,再对折就是四开,再对折就是八开,再对折就是十六开,如图 5-14 所示。

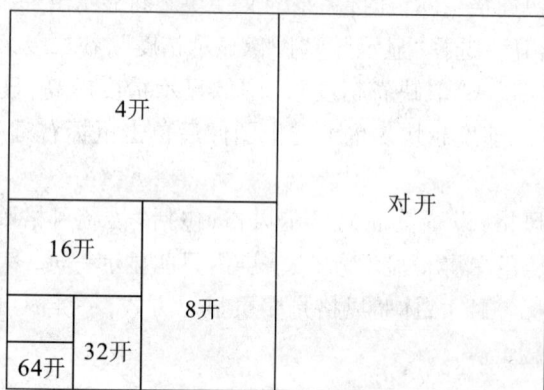

图 5-14　开本示意图

注意:用户设置的页面大小(即出版物的成品尺寸)不包含出血量。所谓出血,是指图片或底图多出标准尺寸之外的部分(一般为 3mm 的出血),主要是为了装订和裁切提供方便。

(3)装订次序:系统提供了左订和右订两种装订次序。一般书籍为左侧装订,某些古典书则需要从右侧装订。

（4）纸张方向："竖向"表示创建纵向页面的文件,如图5-15所示。"横向"则创建横向页面的文件,如图5-16所示。

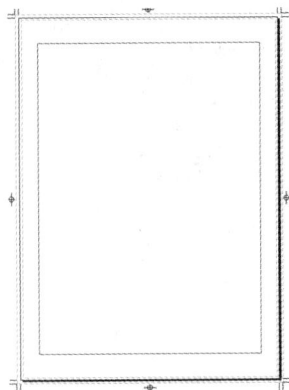

图5-15　竖向页面

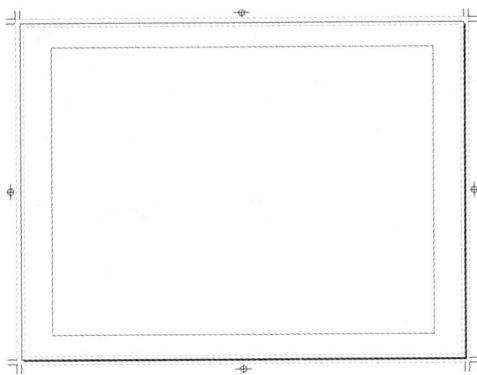

图5-16　横向页面

（5）排版方向:当用户选择装订次序为左订时,系统自动把文字排版方向置为横排;反之,当选择装订次序为右订,文字排版方向为竖排。

（6）双页排版:勾选该复选框,表示创建多页出版物时,其页面为两两相接的对开页面,如图5-17所示。选中"双页排版"、"起始页为右页",其他选项不选中,其设置及效果如图5-18所示。

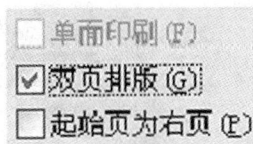

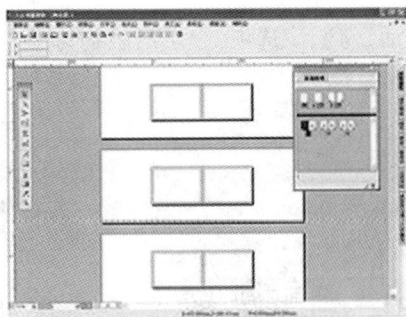

图5-17　勾选"双页排版"创建对开页面的文件

（7）起始页为右页:选中此选项,则出版物的每个页面为单独显示状态,并且出版物的起始页(第1页)为右页,如图5-19所示。

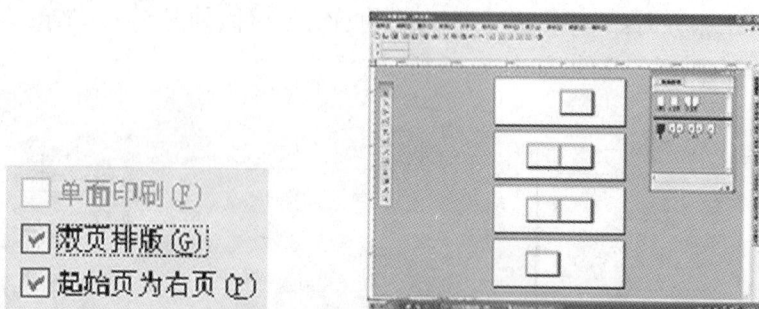

图 5-18　创建首页为右页的双页排版文件

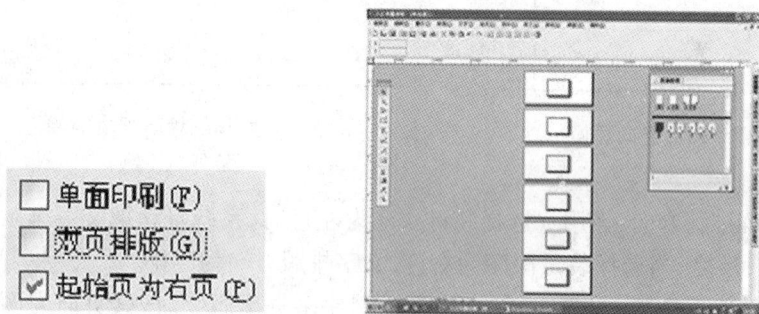

图 5-19　勾选"起始页为右页"创建的文件

(8)单面印刷:选中"双页排版",单面印刷置灰,取消"双页排版",该选项才被激活,勾选该选项,表示出版物每个页面都为独立显示,如图 5-20 所示。

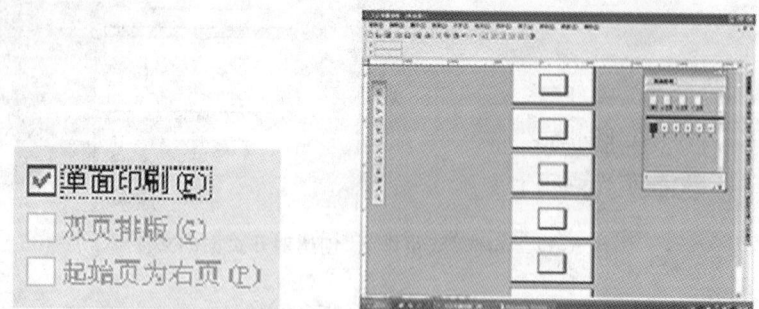

图 5-20　勾选"单面印刷"创建单独页面的文件

小提示

双页排版主要用于书籍、期刊等出版物的排版,也可以用于排有跨页图案或文字的版面。单面印刷常用于宣传品、广告单等小产品的设计排版。

(9)页面边距:是版心线与页边框之间的距离。我们可用一个公式来表示:页面大小 = 版心大小 + 页面边距。

小提示

版心是指页面中排版正文的区域,一般用来放置文字和图片;留白是指版心线与页面边缘之间的空白距离,如图5-21所示。

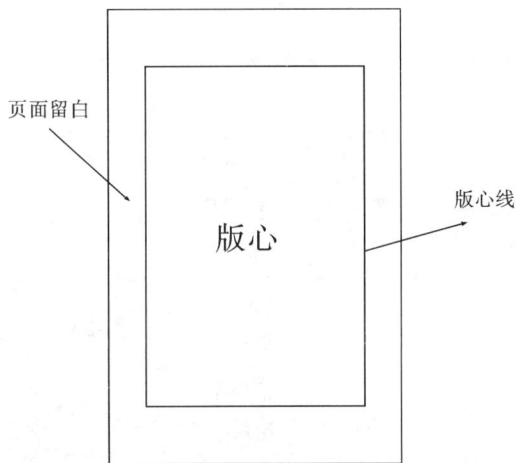

图5-21 版心与留白

2. 打开文件

启动一个飞腾创艺程序,可以同时编辑多个文件。选择"文件"→"打开"("Ctrl + O"),或单击工具条中的"打开" 按钮。在列表框中选择要打开的飞腾创艺文件,按住Ctrl键或Shift键可选择多个文件,点击"确定"即可打开选中的文件。

用户可以在文件列表窗口里选中文件,按住鼠标左键,将文件拖入到飞腾创艺里,也可以双击某个文件,快速打开单个文件。

小提示

　　打开飞腾创艺文件,请在类型里选择*.vft。*.fit 格式表示飞腾 4.X 文件或飞腾 3.X 文件;*.ftp 表示飞腾的模板文件;*.vsp 是飞腾创艺的文件片断,*.vtp是飞腾创艺的模板文件。

　　3.保存文件

　　选择"文件"→"保存"("Ctrl + S"),或点击工具条中的保存图标,可以保存正在编辑的文件。如果该文件是旧档,则直接执行保存命令,将当前最新结果保存到文件里。如果该文件是新建文件,尚未保存,将弹出"另存为"对话框,输入文件名及保存路径即可保存文件。在"文件类型"下拉列表里,可以选择保存为排版文件 *.vft,也可以选择保存为模板文件 *.vtp。

　　存档时文章中有未排完文字,即文章所在的文字块有续排标记时,将弹出"保存文件—文章未排完"对话框,如图 5-22 所示。

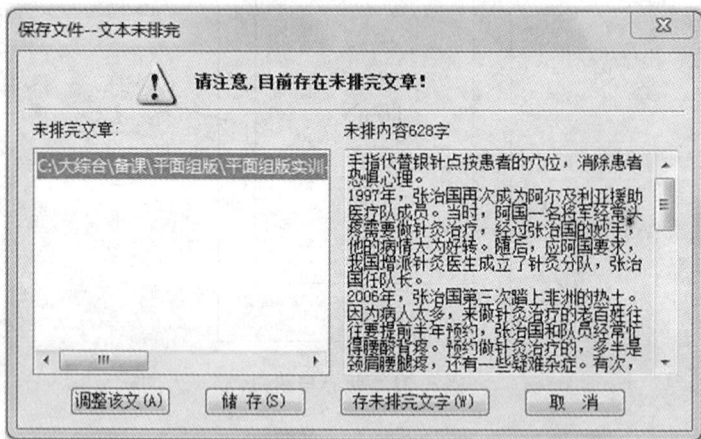

图 5-22　保存时有文章未排完提示

　　未排完对话框中各命令的含义如下:
　　(1)调整该文:终止保存,返回版面,选中未排完文字块或表格块。
　　(2)储存:忽略未排完文字,继续保存。
　　(3)存未排文字:单击"存未排文字"按钮,将弹出"另存为"对话框,可以将未排完文字保存为文字文件。

（4）取消：单击"取消"按钮，则取消保存操作，返回版面。

小提示

关于飞腾创艺兼容的问题：

飞腾创艺兼容飞腾3.X和飞腾4.X文件。对于未来升级后的飞腾创艺，还可以实现低版本到高版本的兼容。基本可以保持飞腾原版面不变动，将旧文件转换为飞腾创艺文件。方法为在飞腾创艺里打开旧文件，并另存为＊.vft文件后即可实现文件的兼容和转换。

（1）高版本兼容低版本。直接在飞腾创艺的高版本里打开低版本文件即可。

（2）低版本兼容高版本。将飞腾创艺高版本文件保存为兼容档，在低版本里打开兼容档即可。相互兼容方法为：

a.在飞腾创艺高版本里打开文件，选择"文件"→"另存为副本"在文件类型里选择"兼容格式文件"，另存为test1.vft。

b.打开飞腾创艺低版本，选择"文件"→"打开"，即可打开test1.vft文件。

4.文件灾难恢复

排版时，如果遇到断电或死机等意外事件，当再次启动飞腾创艺后，系统会弹出灾难恢复对话框，你只需要单击"是"即可将文件恢复到退出时的编辑状态。

实训1：创建一个新文件

实训目的：

• 掌握新建、打开和保存文件的方法。

• 了解方正飞腾文件的保存类型。

实训内容： 创建一个新文件，包含10个页面，页面大小为180mm×290mm，页面方向为纵向，页面边距的顶、底为20mm，外、内为15mm。将文件保存在桌面，文件命名为"新文件1"。

操作步骤：

（1）启动方正飞腾创艺5.0后，选择"文件"→"新建"菜单，或按"Ctrl + N"

组合键,或单击工具条中的"新建" ☐ 按钮,打开"新建文件"对话框。

(2)在"新建文件"对话框中输入要求的数值,如图5-23所示。

(3)单击"确定"即可新建一个空白文档,如图5-24所示。

(4)点击"保存"按钮,输入文件名称,并保存在桌面,如图5-25所示。

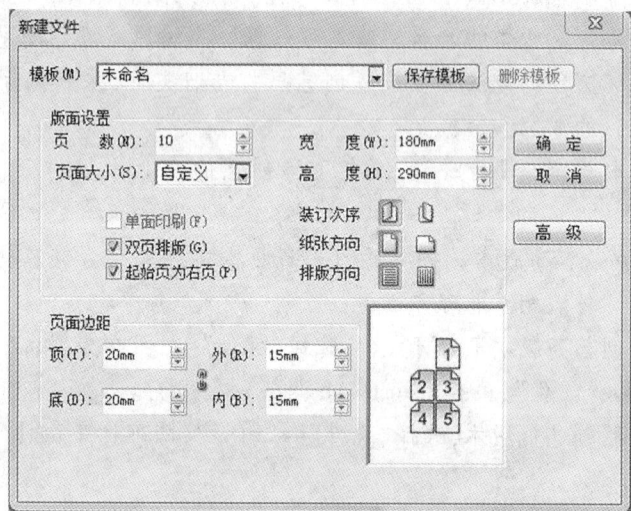

图5-23 新文件的参数设置

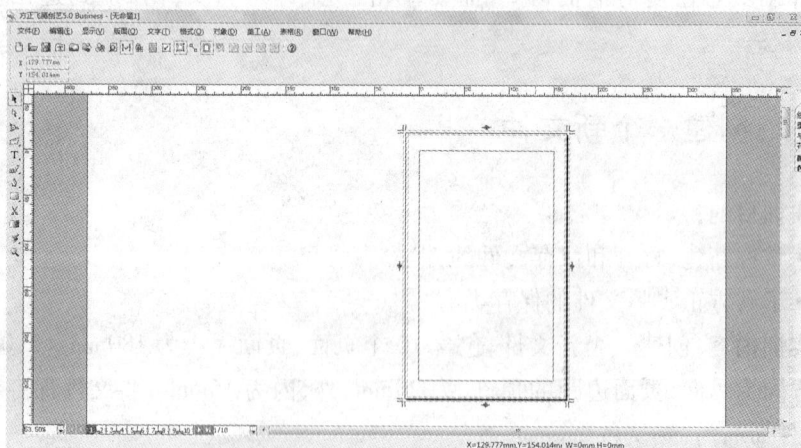

图5-24 新建的空白文档

图 5-25　保存后的新文件

第四节　工作环境和版面设置

开始排版前,建议先预先设定工作环境和版面设置参数。工作环境包括字体、图像或表格等操作习惯的设定,用户可以根据使用习惯设定工作环境。版面设置用于制定版心大小、缺省字属性、背景格和输出标记等参数。

一、工作环境设置

在开始排版前,用户可以预先设定一套符合操作习惯的工作环境。

选择"文件"→"工作环境设置",可以在二级菜单里选择需要设定的工作环境,包括文件设置、偏好设置、色彩管理、字体集管理和复合字体。

1. 文件设置

选择"文件"→"工作环境设置"→"文件设置",在下级菜单中选择设置项目"常规"或"文章背景格"。如果需要将文件设置恢复到缺省状态,可以选择"恢复工作环境设置"。

(1)常规。选择"义件"→"工作环境设置"→"义件设置"→"常规",如图5-26所示。

①不使用 RGB 颜色:勾选该选项,则所有有关颜色设置的窗口,均不能使用 RGB 颜色模式,包括颜色窗口、色样窗口、新建色样、编辑色样、灰度图自定义着色、自定义颜色等,并且不允许排入 RGB 颜色模式的图像。

②文字块自动按版心分栏:选中该项,则新创建的文字块自动按版心分栏方式进行分栏。

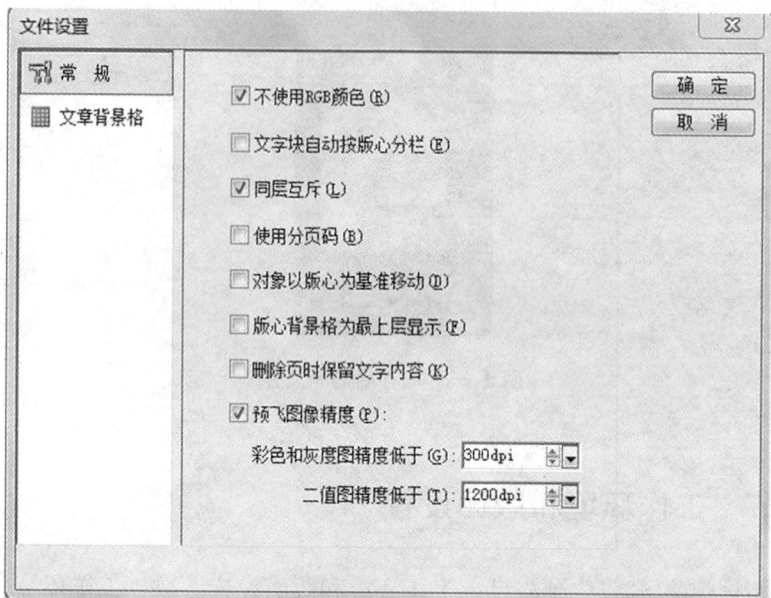

图5-26 "文件设置"对话框

③同层互斥：选中该项，则当对象设置了"图文互斥"时，只对同一层的对象产生图文互斥效果；不选中，则对所有层的对象均可产生互斥效果。

④使用分页码：选中该项，则在文档中使用分页码。

⑤对象以版心为基准移动。当版心或边距调整后，版面上的对象移动时默认以"中心"为参考点。

⑥版心背景格为最上层显示：选中此项，则版心背景格处于所有物件最上层，但提示线和页码始终压住背景格。

（2）文章背景格。在"颜色"下拉列表里可以选择文章背景格颜色。飞腾创艺背景格分为版心背景格和文章背景格。选择工具条上版心背景格图标▦，可以显示或隐藏版心背景格。选中文字块，在右键菜单里选择"文章背景格"，即可为文章添加背景格。

2. 偏好设置

选择"文件"→"工作环境"→"偏好设置"，在下级菜单中选择设置项目，包括常规、文本、单位和步长、图像、字体搭配、字体命令、常用字体、表格和文件夹设定。

（1）常规。偏好设置常规选项如图 5-27 所示。

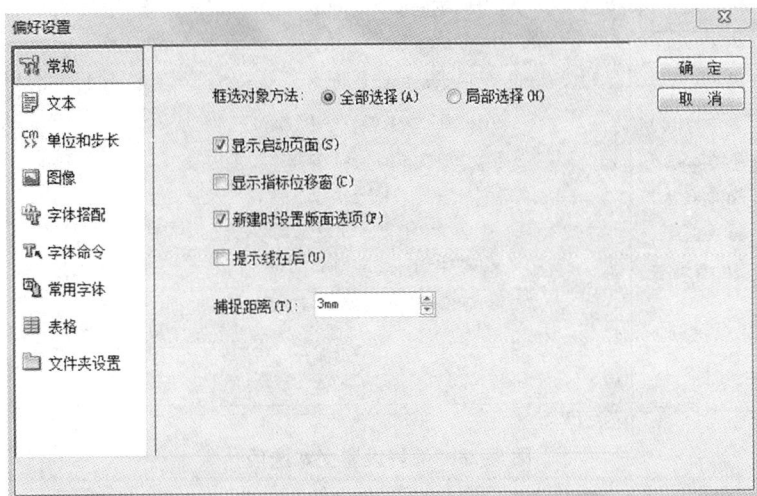

图 5-27　偏好设置常规选项

①框选对象方法：飞腾创艺默认"全部选择"，即使用鼠标框选对象时，必须将对象整体框选在矩形选取区域内才能选中该对象。当选中"局部选择"时，只需要将部分对象框选在矩形选取区域内，即可选中该对象。

②显示启动页面：在启动飞腾创艺时弹出启动界面。不选中该选项，则启动时不显示该页面，也可以在欢迎界面内取消"启动时显示欢迎界面"。

③显示光标位移窗：绘制文字块、图形时，或者改变对象大小时，在光标旁显示对象尺寸。

④新建时设定版面选项：选中该项，新建文件时弹出"新建文件"对话框；不选中该项，则新建文件时不弹出"新建文件"对话框。

⑤提示线在后：提示线置于所有对象最下层。不选中该选项，则提示线置于对象最上层。

⑥捕捉距离：设定捕捉有效范围，当捕捉对象靠近被捕捉对象时，两者之间的距离如果进入有效范围，即产生捕捉效果。例如，设定捕捉距离为 3mm，选中对象捕捉提示线，当对象移动到距离提示线 3mm 的位置时即可自动贴齐提示线。

（2）文本。偏好设置里文本选项如图 5-28 所示。

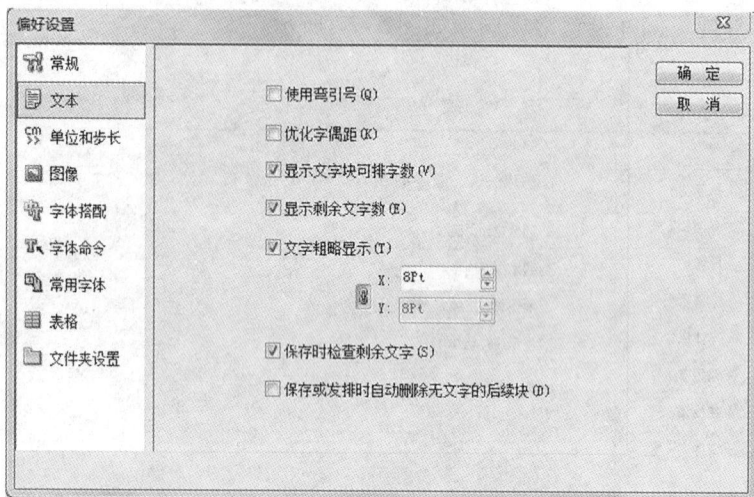

图5-28 偏好设置文本选项

①使用弯引号。排版时通常需要将小样文件中的直引号转为弯引号,选中"使用弯引号",则排入文字小样或输入文字时,把文件里的直引号自动转为弯引号,如图5-29所示。引号前面带有空格,则转为左引号("),引号前面没有空格则转为右引号(")。此外,用户在英文输入状态下,也可以输入弯引号。

图5-29 直引号转弯引号

②优化字偶距。利用飞腾创艺优化的参数文件控制英文字体的字偶距(特定的两个英文字符之间的间距),以达到更美观的英文排版效果。

③显示文字块可排字数:在空文字块上显示文字块可以容纳的字数,如图5-30所示。不选中该选项,则不显示空文字块的可排字数。

④显示剩余文字数:当文字块无法容纳所有文字时,显示未排完文字字数,如图5-31所示。

⑤文字粗略显示:缩放显示时,当屏幕显示字号缩小到指定字号时,以矩形条方式显示文本,如图5-32所示。

118

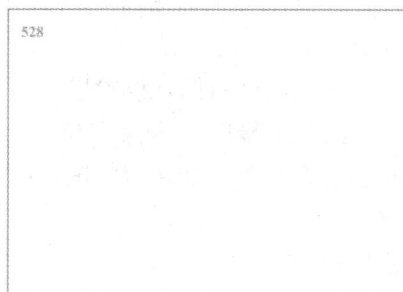

图 5-30 显示文字块可排字数

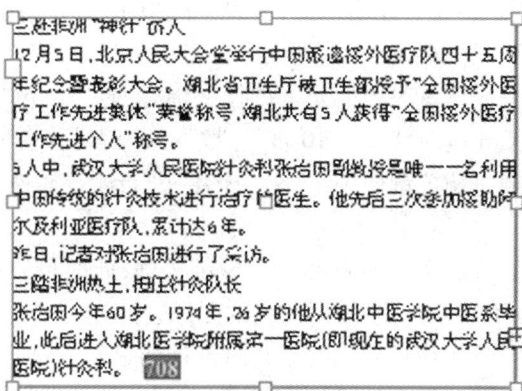

图 5-31 显示剩余文字数

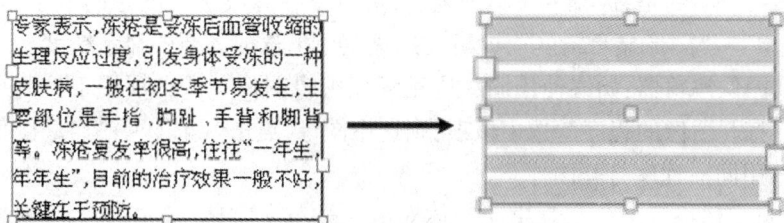

图 5-32 文字粗略显示

⑥保存时检查剩余文字:保存文件时遇到文件里有未排完的文章,则弹出提示。不选中该选项,则保存文件时不检查是否有未排完的文章。

⑦保存或发排时自动删除无文字的后续块:保存或输出文件时,如果文章的后续块为空文字块,则自动删除该空文字块。

(3)单位和步长。排版时默认使用偏好设置里的单位和步长,可以设定的内容包括标尺单位、Tab 键单位、字号单位、排版单位、键盘步长和微调步长。

①标尺单位:即版面上标尺的单位,也可以将鼠标置于标尺上,单击右键,在右键菜单里修改标尺单位。

②Tab 键单位:指定 Tab 键标尺单位,选择"窗口"|"文字与段落"|"Tab 键(Ctrl + Alt + I)",可调出 Tab 键。

③字号单位:指定默认字号单位。

④排版单位:包括字距单位、行距单位、字母间距单位、段落缩进单位(段首、悬挂)、段前/后距单位、左/右缩进、沿线排版中字与线的距离、装饰字、段落装饰的离字距离、分栏的栏间距。

⑤键盘步长:使用键盘对版面元素进行微调时的步长,包括移动光标、微调对象位置等,按下 Ctrl 键时移动 1/10 步长,按下 Alt 键时移动 10 倍步长。

⑥微调步长:通过快捷键微调字形大小/字距/行距等属性时的步长。

(4)图像

①自动带边框:排入图像时自动为图像带边框,此时可以在"边框线宽"编辑框内指定线宽。不选中该选项,则排入的图像边框为空。

②图像显示方式:图像排入飞腾创艺时默认的显示精度,可选择精细、一般或粗略。图像显示精度越高,图像越清晰,但会相应降低操作速度。因此,飞腾创艺对于图像显示精度分了等级,用户可以根据需要选取合适的默认显示精度。

需要说明的是,像排入飞腾创艺后,可以单独修改选中图像的显示精度,选择"显示"→"图像显示精度",即可在二级菜单下选取需要的显示精度。

③图像编辑器:始终使用同一应用程序编辑图像。该选项用于控制从飞腾版面上打开图像的程序。选中该项,则选中图像,点击"编辑"→"启动图像编辑器"后,用同一程序打开图像。

(5)字体搭配。每一款中文字体对应一款英文字体,双击"英文"列表里的某款字体,即可在弹出的字体下拉列表里,修改搭配的英文字体。当选取中英文混排的文字设置字体时,只需要设置中文字体,则英文字体自动设置为对应的英文字体。

(6)字体命令。排版时选中文字,按"Ctrl + F"组合键,弹出"字体字号设置"对话框,在"输入字体号"编辑框里可直接输入字号和字体,例如"10. CY"表示 10 磅彩云字。CY 即为彩云字的字体命令。

①修改字体命令：用户在"字体命令"列表里双击某个字体命令，即可在编辑框内修改字体命令。

②新建命令：单击"新建命令"按钮，在弹出的对话框中的"字体"下拉列表里选择要指定命令的字体，在"字体命令"里设置命令符号。

③删除命令：在"字体列表"里选中某款字体，单击"删除命令"即可删除字体名和对应的字体命令。

④重置命令：单击"重置命令"即可将字体命令恢复到安装后的初始状态。

（7）常用字体。飞腾创艺预留了 6 个快捷键，用户可以指定对应的常用字体，设置字体时使用相应的快捷键即可。

（8）表格。

①单元格分隔符号：表格灌文、导出纯文本或者文本与表格互换时各单元格之间的分隔标记。飞腾创艺默认以文本里的"\&"作为单元格的分隔符。

②文本表格互换行分隔符：版面上的文字块与表格互相转换时每一行的分隔符号。例如选中"换行换段符"作为互换行分隔符号，当文字块转为表格时，文字块内所有换行符和换段符都作为表格行分隔标记处理；当表格转为文字块时，将表格行分隔符号都转为换段符。

③表格灌文时自动加行：默认不选中此项，当表格无法容纳灌入的文字时，表格出现续排标记。选中此项，当表格无法容纳灌入的文字时，将自动增加行或列排入文字。表格横排时在表格结尾处自动增加行，表格竖排时在表格结尾处自动增加列。

④分页表格的选中范围：当一个表格分为多个分页表时，在表格里按"Ctrl + A"选中的单元格范围。选择"当前分页表"，执行"Ctrl + A"时，只选中单元格所在的分页表；选择"整个表格"，执行"Ctrl + A"时，选中整个表格。

⑤快速显示表线接头：当表线为双线或者其他线型时，表线接头需要特殊处理，此处选择是否对接头处进行快速显示。

（9）文件夹设置。

①暂存文件设置：缺省时，飞腾创艺将运行过程中的暂存文件保存在安装路径下的 temp 目录里。用户可以在"暂存文件夹"的编辑框内输入新的保存位置，或点击"浏览"按钮选择新的保存位置。

②文件备份设定：在保存文件的同时，自动在指定路径下另存一份文件，每执行一次保存文件命令，即生成一个备份文件。另存文件的缺省路径为安装路

径下的 document 目录。用户可以通过"另存文件在"修改另存文件的路径,也可以通过"另存文件数量上限"设定另存文件的数量,允许输入 0 ~ 9999 范围内的数值。另外在备份文件所在的路径下还将生成一个 Lastname.TXT 的文本文件记录哪个文件为最后版本。

③输出文件副本设定:在输出文件的同时,另外自动创建该输出文件的副本。例如将当前版面输出为"Founder.PDF",在输出副本所指定的文件夹里同时生成"Founder(副本).PDF"。输出文件副本的缺省路径在飞腾创艺安装目录下,用户可以通过"浏览"更改输出路径和文件夹。

二、版面设置

新的文件开始排版前,首先需要根据版式要求,设定版面大小、版面边距等参数,飞腾创艺还可进行背景格、缺省字属性、输出标记和出血等参数的设置。飞腾创艺还可将版面参数定义为模板,下次使用时直接使用模板即可。

1. 常规

选择"文件"→"版面设置",选择"常规"标签,可以设置版面大小、页面边距、装订次序、纸张方向,单面印刷、双面排版、起始页为右页等参数。参数显示如图 5-33 所示。"常规"选项中的参数与"新建文件"对话框中的基本相似,在此不再赘述。

2. 版心背景格

此对话框中可以设置背景格类型和版心参数,有四种背景格类型:报版、稿纸(如图 5-34 所示)、方格和方点(如图 5-35 所示)。

(1)版心调整类型。方正飞腾创艺提供了两种设置版心的方法。

自动调整版心边距:始终保持"页面大小"不变,当版心大小变化时,自动调整页面边距;当页边距变化时,自动调整版心大小。

自动调整页面大小:根据版心大小和页面边距自动计算页面大小。

(2)背景格类型。在"背景格"类型下拉列表里提示四种背景格:报版、稿纸、方格和方点。在"颜色"下拉列表里可以选择背景格的颜色。当设置为方格和方点时,可以在"水平间隔"和"垂直间隔"编辑框内设置方格和方点的间隔距离。

(3)页面大小。页面在此是整个版面的大小尺寸。

(4)背景格字号。背景格字号是基本的排版单位,决定版心大小的参数,如分栏、行数和行距均以背景格字号为单位。

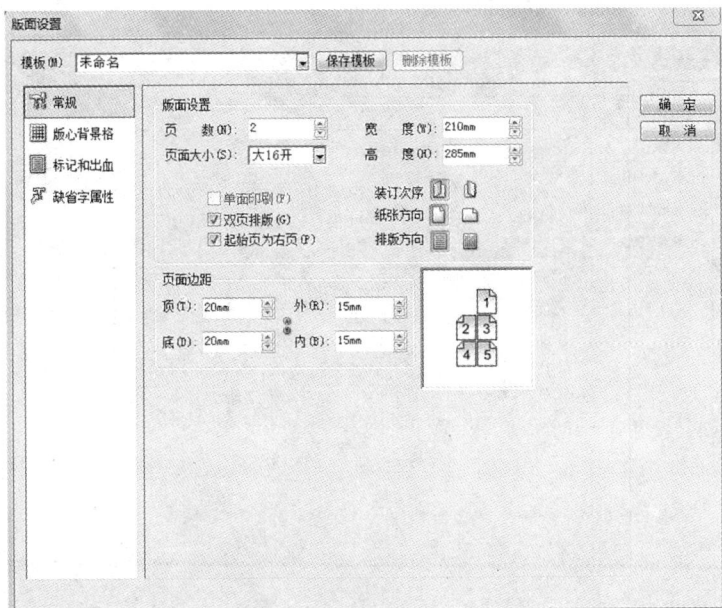

图 5-33　版面设置对话框

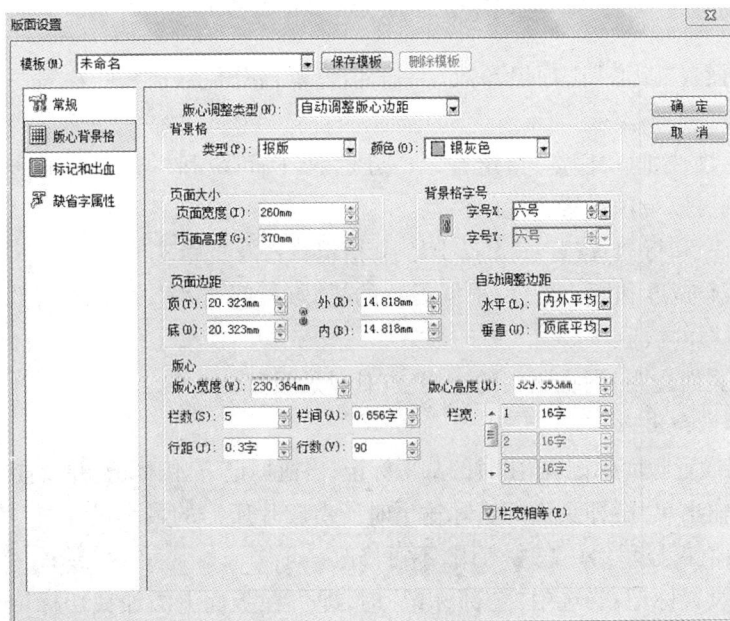

图 5-34　报纸、稿纸背景格

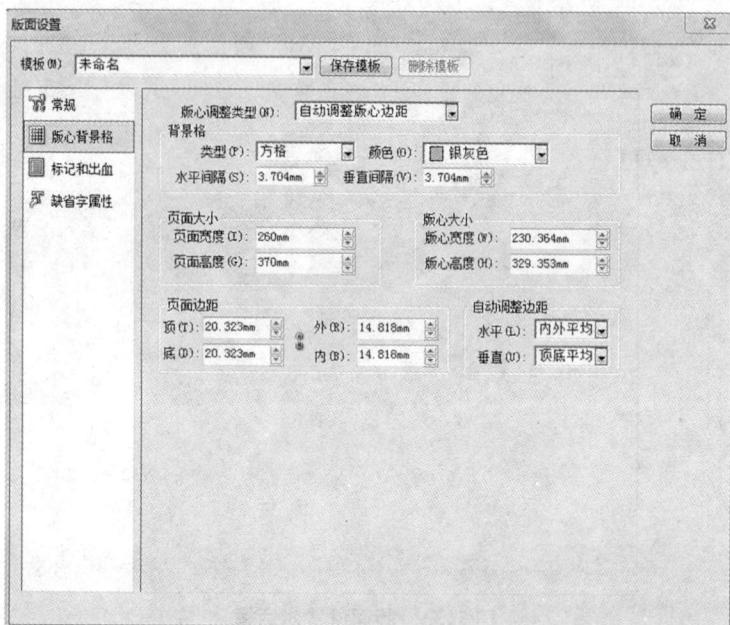

图 5-35　方格、方点背景格

（5）设置"版心"选项组参数。一般由背景格分栏数、栏间、栏宽、行数和行距决定版心大小。

- 栏数、栏间和栏宽：指定背景格分栏数、栏间距和栏宽。若不选中"栏宽相等"，则可以单独设置各栏的栏宽。
- 行距和行数：按背景格字号大小，指定行数及行距。
- 版心宽度和版心高度：根据设置的栏数、栏间、栏宽、行距和行数，自动调整该编辑框的数值。

（6）页面边距：围绕版心的四周空白区域，设置四个值。

3. 标记和出血

可以设置版面标记、输出时的裁切标记、出血标记、套位标记，并设置出血值。

（1）输出尺寸：即页面的实际输出时所占胶片所需的最小尺寸，包括出血在内。该数值仅显示给用户参考用，不可修改。

（2）设置标记：当选中"全部标记"时，即可在版面上添加裁切标记、出血标记和套位标记，各种标记在版面上的位置如图 5-36 所示。

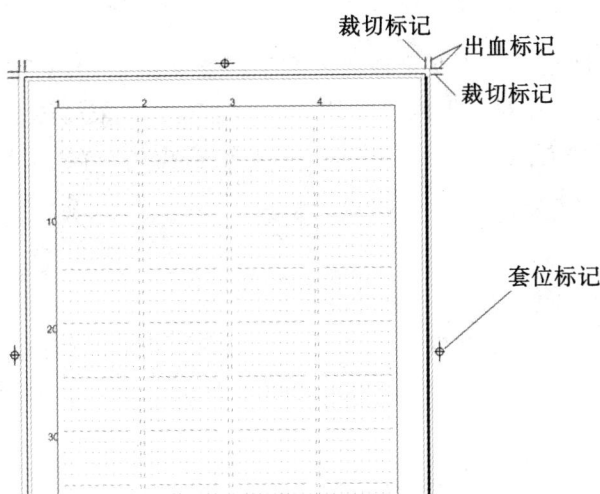

图 5-36　标记

（3）出血：出血是页面输出时向外扩展的部分，当设置出血值为 0 时，出血线与页面边框重合。出血线边框确定了页面的最大输出范围。出血值要根据工厂的生产工艺规范而定，一般出血值设为 3mm。

（4）设置警戒内空：文字警戒线位于页面框的内侧，当参数都为 0 时，与页面边框重合。文字警戒线用于提醒用户文字不要排出警戒线，否则在成品裁切时，由于误差可能导致文字被切掉。警戒内空也要根据工厂的生产工艺规范而定，各种版面线如图 5-37 所示。

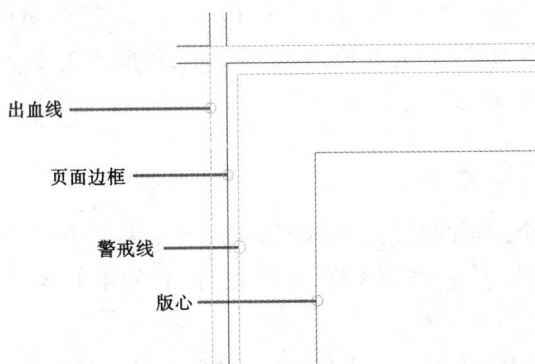

图 5-37　版面线

4. 缺省字属性

缺省字属性是指录入文字或排入文字时文字的初始属性,包括字体、字号等属性。例如,在对话框内将字体设置为小五号报宋简体,则用户在版面上录入的文字缺省值为小五号报宋简体。缺省指用户没有指定,由系统自动设置的属性。

小提示

新建文件时,第一步即要设定版面大小。通过版面设置,可以设定版心大小、边距、页面大小等常规参数,也可以设定版心背景格、标记和出血,以及缺省字属性。

实训 2:设置报纸与杂志版面

实训目的:
- 掌握设置版面基本参数的方法;
- 熟悉报纸与杂志版面设置的异同;
- 了解工作环境设置。

实训内容:

(1)创建报纸版面文件:创建一个双页的报纸版面文件,页面大小为 4 开,正文字体为方正报宋简体,字号为小五号字,栏数为 8 栏、每栏 12 字,栏间距 1 字,行距 0.25 字、行数 108 行。

(2)创建杂志版面文件:创建一个大 16 开,页数为 32 页的杂志版面,正文字体为方正报宋简体,字号为五号,栏数为 2 栏,栏间距 2 字,行距为 0.3 字,行数为 51 行,栏宽为 23 字。

操作步骤:

1. 报纸版面设置

要求创建一个双页的报纸版面文件,页面大小为 4 开,正文字体为方正报宋简体,字号为小五号字,栏数为 8 栏、每栏 12 字,栏间距 1 字,行距 0.25 字、行数 108 行,其步骤如下:

(1)按"Ctrl + N"组合键,打开"新建文件",设置页数为 2,页面大小为 4 开,勾选双页排版,设置纸张方向为竖向,排版方向为横排,其他参数默认,如图

5-38所示。

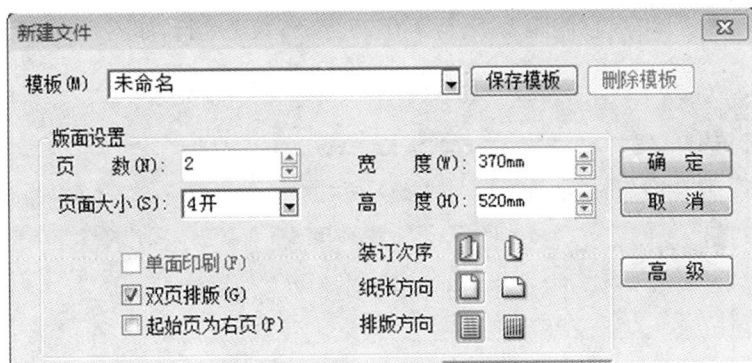

图5-38 "新建文件"对话框

(2)在"页面边距"的四个选项中分别输入数值,在"顶"、"底"中输入46mm,在"外"、"内"中输入21mm,如图5-39所示。

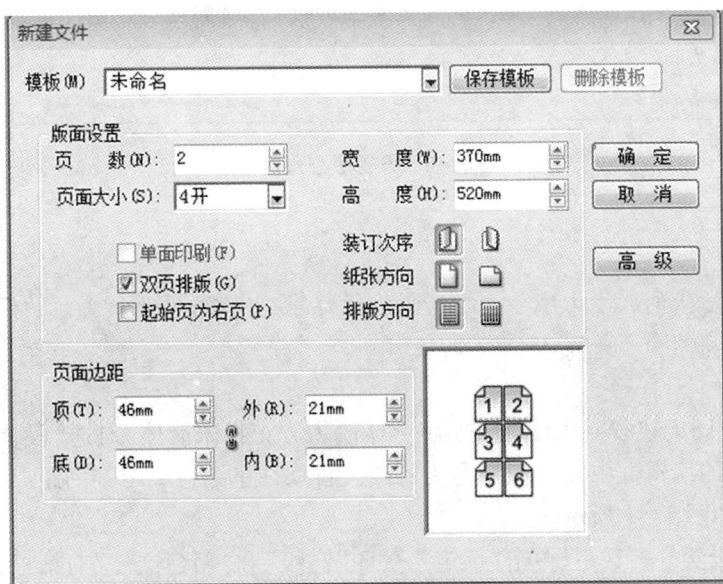

图5-39 设置页面边距

（3）单击"高级"，在"版心背景格"中设置类型为"自动调整版心边距"（即页面大小不变，自动调整版心边距），背景格类型为报版，背景格字号为小五号，栏数设定为8，每栏12字，栏间距1字，行距0.25字，行数108行，如图5-40所示。

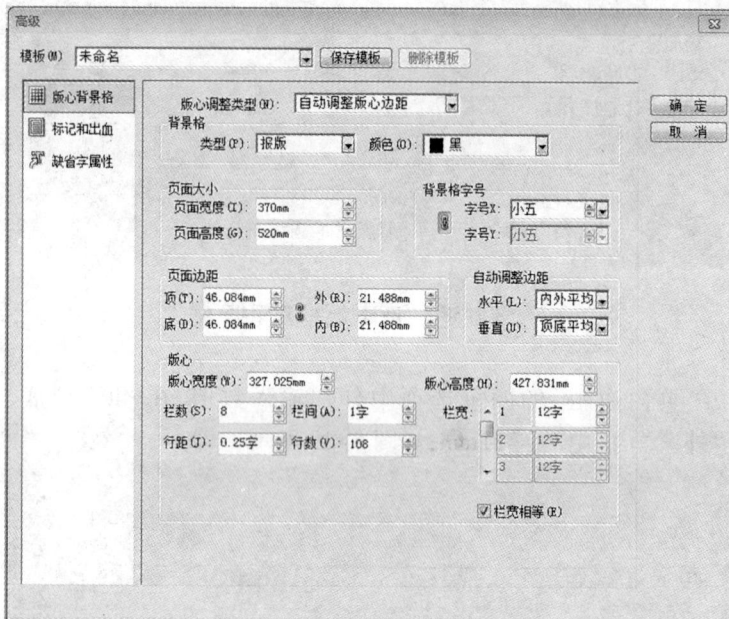

图5-40 设置版心背景格

小提示

报纸版心的大小由字号大小、行数、行距等决定的，因此设置后的版心尺寸与开始设定的会不一致，是相近的值。

（4）单击"缺省字属性"选项，将字体改为方正报宋简体，勾选"段首缩进"，并在后面的编辑框中输入"2"，意为每段段首均往里缩进2个字的距离，其他参数默认，如图5-41所示。

（5）设置好参数后，单击"确定"，关闭"高级"和"新建文件"对话框，完成新建文件的操作。如图5-42所示，得到一个报纸版面的新文件。

2. 杂志版面设置

要求创建一个大16开，页数为32页的杂志版面，正文字体为方正报宋简体,字号为五号,栏数为 2 栏,栏间距为 2 字,行距为 0.3,行数为 51,栏宽为 23 字。

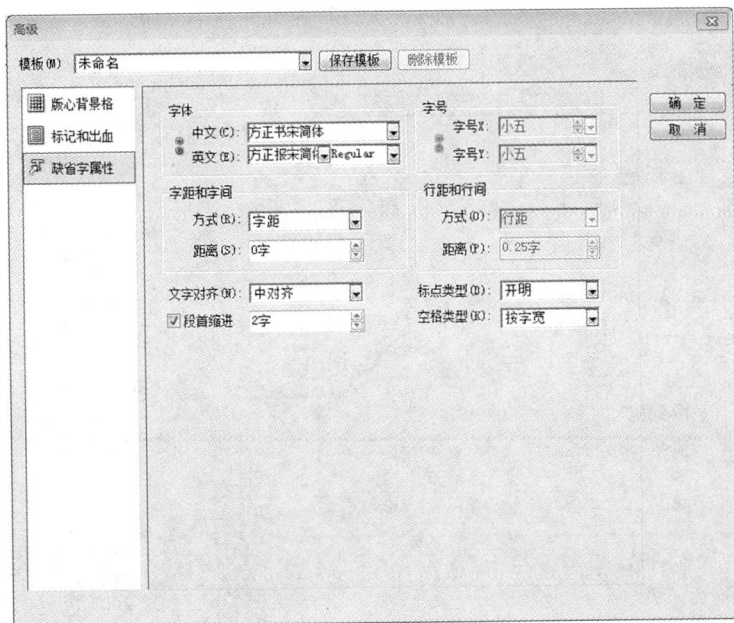

图 5-41　缺省字属性设置

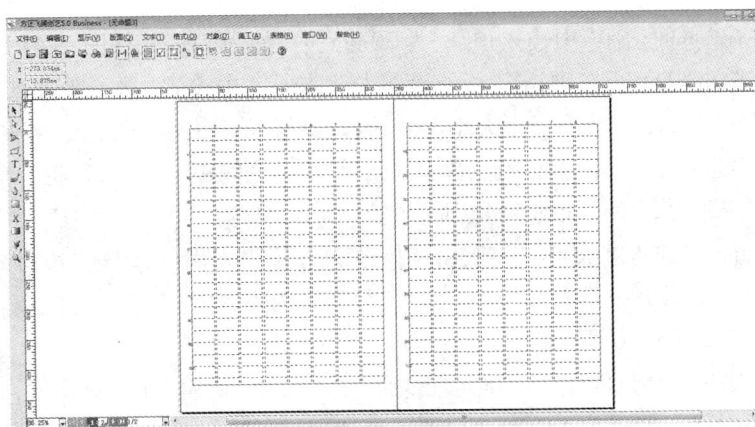

图 5-42　新创建的报纸版面文件

（1）按"Ctrl + N"组合键，打开"新建文件"，设置页数为 32，页面大小为大 16 开，勾选双页排版和起始页为右页，设置纸张方向为竖向，排版方向为横排，其他参数默认，如图 5-43 所示。

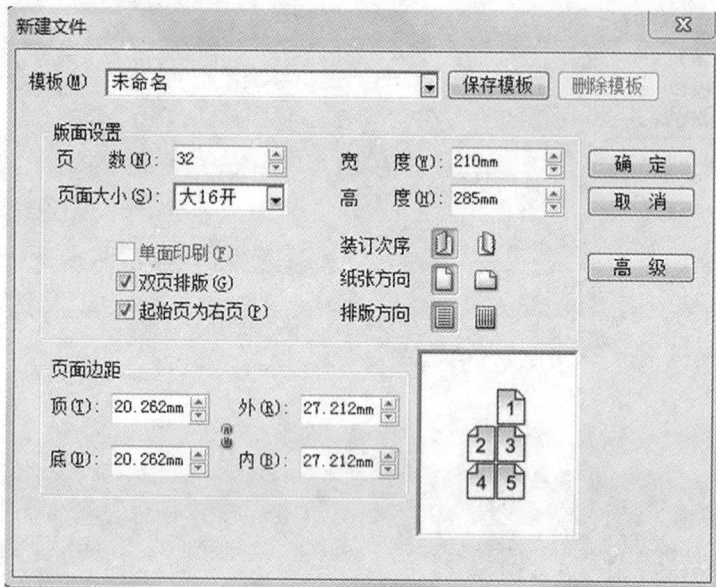

图 5-43　"新建文件"参数设置

（2）在"页面边距"中输入顶、底为 20mm，内、外为 15mm，如图 5-44 所示。

（3）单击"高级"选项，在"版心背景格"选项区中设置"版心调整类型"为"自动调整页面大小"（即版心大小不变，自动调整页面大小），"背景格类型"为稿纸，字号选择五号，在版心的栏数中输入 2，设置栏间距为 2 字，行距为 0.3，行数为 51，栏宽为 23 字，如图 5-45 所示。

（4）单击"缺省字属性"选项，将字体改为方正报宋简体，勾选"段首缩进"，并在后面的编辑框中输入"2"，意为每段段首均往里缩进 2 个字的距离。其他参数默认，如图 5-46 所示。

（5）设置好参数后，单击"确定"，关闭"高级"和"新建文件"对话框，完成新建文件的操作。如图 5-47 所示，得到一个杂志版面的新文件。

（6）选择"窗口"→"页面管理"菜单，或者按 F12 功能键，可打开"页面管理"面板，能够看到创建的杂志文件包含 32 个页面，如图 5-48 所示。

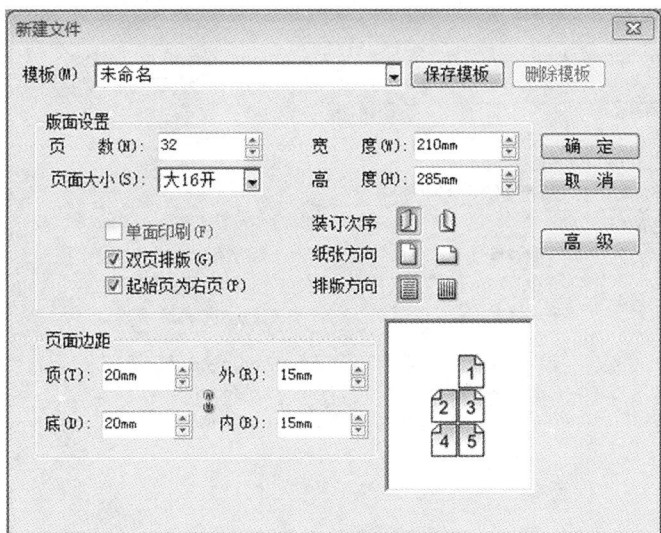

图 5-44 页面边距设置

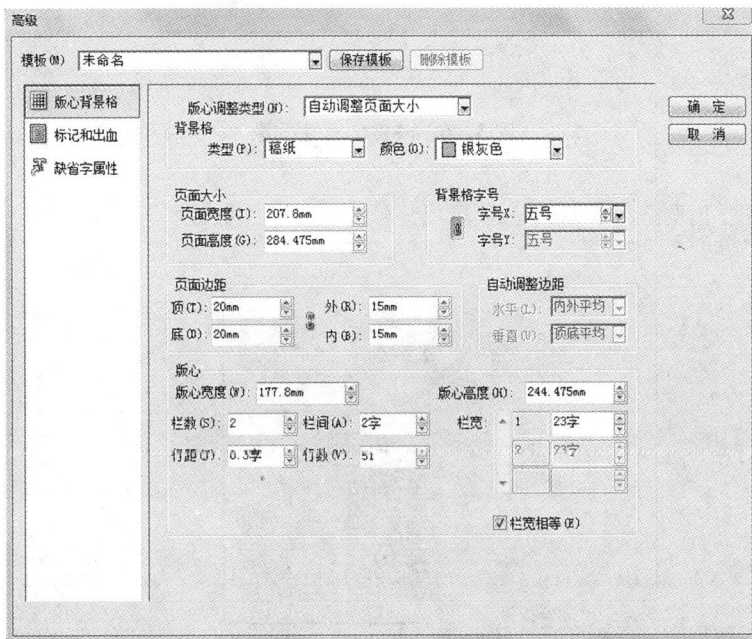

图 5-45 版心背景格参数设置

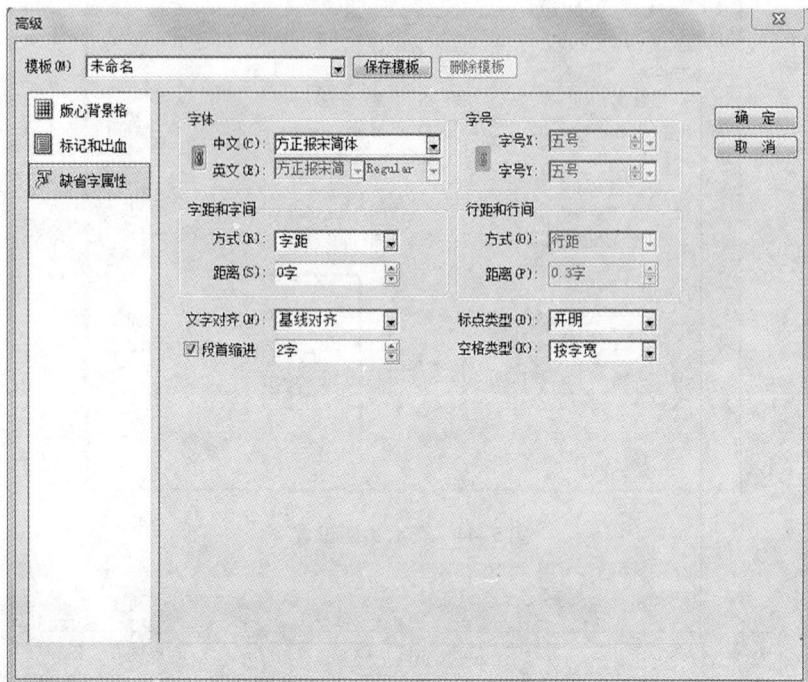

图 5-46　缺省字属性设置

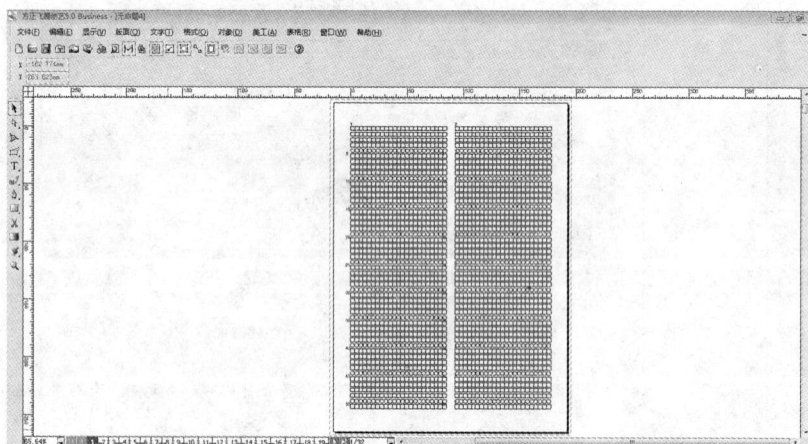

图 5-47　创建的杂志版面文件

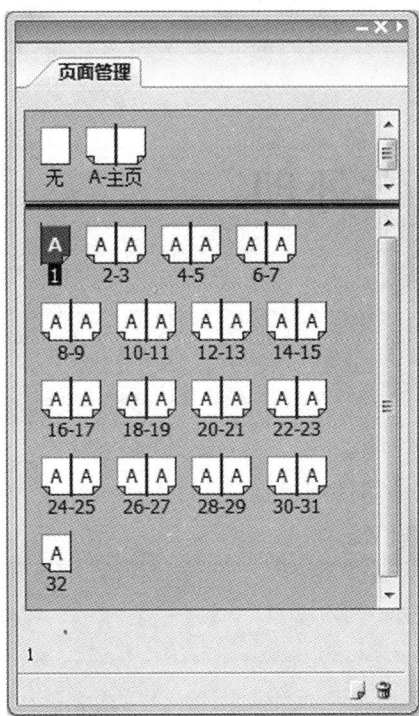

图 5-48　"页面管理"面板

思考与操作

一、思考题

1. 什么是版心,页面边距与版心有何关系?

2. 缩放视图有哪几种方法? 其组合键分别是什么?

3. 如何打开"版面设置"对话框,其设置的内容与"新建文件"对话框一样吗?

二、操作题

1. 创建一个页面大小为 150mm × 90mm、页面方向为横向,页面边距为 15mm 的新文件。

2. 创建一个页面大小为 8 开,正文字体为方正报宋简体六号,栏数为 5,栏间距为 1.5 字,行距为 0.3 字,行数为 90 行,栏宽为 15 字的版面文件。

第六章　文字处理

【内容提要】

- 文字块的生成与编辑；
- 文字的编辑和文字属性的设置；
- 文字特殊效果的设置。

第一节　排入文字

一、排入文字

1. 排入文字的三种方法

文字块是文字排版的载体,我们可以通过以下三种方法在飞腾创艺中排入文字形成文字块。

方法一:单击工具条上的排入文字按钮 ⌴,然后选择文件排入文字。

方法二:用文字工具 T 在版面单击后按住鼠标左键不放,拖拉出一个可以排版的文字块,在文字块中录入文字,或粘贴已经复制过的文字,复制的文字可以是其他软件中的文字。

方法三:可用"Ctrl + D"组合键,将文字文件、Word 等外部文件导入到飞腾创艺里。这个方法最常用,以下作详细讲解。

2. 排入文字的步骤

飞腾创艺支持排入多种格式的文件,包括纯文字文件(＊.TXT)、BD 小样(＊.FBD)、Word 文件(＊.DOC)、Excel 表格(＊.XLS)。对于 Word 文件,飞腾创艺将其转换为纯文本后排入版面,保留 Word 文件中的换行/换段符、Tab 键和空格。对于 Excel 文件,排入版面后,将保留其表格属性,可继续在飞腾创艺里编辑表格。

选择"文件"→"排入",可在二级菜单中选择"小样"、"Word"或"Excel表"。这里我们以排入文字(文字文件 ∗. TXT 和 BD 小样 ∗. FBD)为例,具体介绍排入文字的步骤。

(1)选择"文件"→"排入"→"小样",或快捷键"Ctrl + D",或点击工具条上的"排入文字"图标,弹出"排入小样"对话框,如图 6-1 所示。

(2)选中要排入的文字,设置好参数,可以按住 Shift 键或 Ctrl 键,排入多个文件。

(3)点击"确定"按钮,对话框关闭,版面上出现文字排版光标,鼠标左键点击版面,或在版面拖画出一个文字块,即可将文字排入版面。

图 6-1　"排入小样"对话框

小提示

文字排版光标出现时,如果按住 Ctrl 键点击版心以内的区域,则生成与版心大小相同的文字快,并自动贴齐版心。

"排入小样"对话框参数介绍如下:

● 预览:即显示排入文件的内容。

● 回车(换行)符转换——忽略:排版时忽略文字里的回车符,后面的字符接着回车符前面的内容排。

● 回车(换行)符转换——换行:将回车符转换为飞腾创艺的换行符,回车符后的内容,在下一行中排版。

● 回车(换行)符转换——换段:将回车符转换为飞腾创艺的换段符,回车符后的内容,在下一段中排版。

● 回车(换行)符转换——单元格分隔符:该选项用于表格灌文。默认情况下在进行表格灌文时,回车符是将内容排到下一行表格的标记,选择此处则表示将回车符作为排到下一个单元格的标记。此外还可以在下拉列表中选择其他的单元格分隔符。

● 英文/数字全角转半角:将排入文件中全角英文或数字转换为半角。

● 转为中文标点:此项用于将英文标点转换为对应的中文标点。

● 源码是 GB/BIG5 码:在繁体环境中,该选项为"源码是 GB 码",在简体环境中,该选项为"源码是 BIG5 码",用于保证排入的相应编码的小样文件效果是正确的。

● 过滤段前/后空格:去掉排入文件中段前空格或段后空格。

● 自动灌文:排入文字时,当一页排不下,自动排到下一页。如果页数不够会自动生成新页,直到文字排完为止。该项多用于排版篇幅较大的文章。

● 替换原文章:保持原文字块形状不变,用新文字替换原文字。

小提示

如果未勾选排入小样对话框中的"替换原文章"复选框,在排入文字时,用鼠标单击版面上的文字块或图元时,将弹出"替换/追加"对话框,如图 6-2 所示。选中"替换",将使用排入文字替换原内容;选中"追加",将在原内容后续排新文字;选中"生成新文字块",将生成一个新文字块。

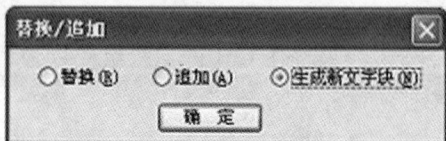

图 6-2 "替换/追加"对话框

小提示

（1）排入文本文件（＊.TXT）时，可以直接从 Windows 资源窗口将文件拖入到飞腾创艺里，自动创建文字块。

（2）可以使用文字工具划版。选择文字工具，按住鼠标左键，在版面绘制排版区域，将版面分割为几个部分，预留文字排版位置，效果如图6-3所示。需要排入文字时，使用选取工具选中文字块，排入文字，或使用文字工具点击到文字块录入文字即可。

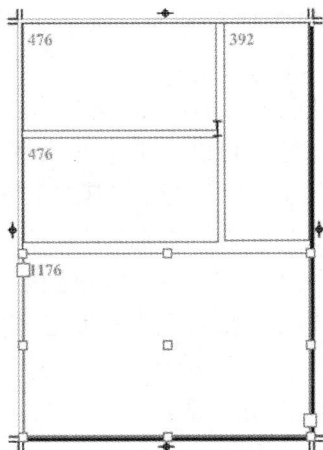

图6-3　用文字工具划版

二、文字块操作

1.认识文字块标记

一篇文章可以分别排在有连接关系的多个文字块内，前面文字块的内容排不下时，剩余文字自动流向后面的文字块。

选中两个连接的文字块，即可以看到文字块的各种标记，如图6-4所示。

小提示

如果看不到标记，可以选择"显示"→"对象边框"和"文字块连接标记"，或者点击工具条上的相应按钮。

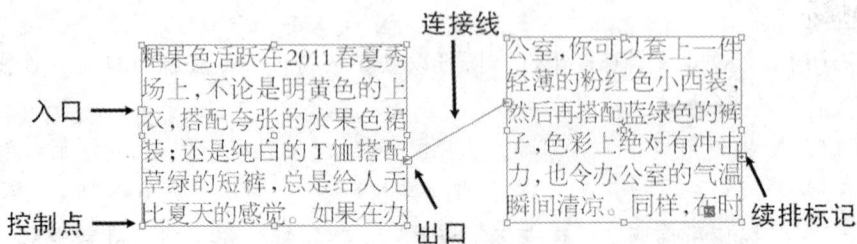

图6-4　文字块连接标记

(1)边框和控制点:选择选取工具,单击文字块,出现文字块的边框线和控制点。文字块的每边都有几个空心小方块,称为控制点。光标置于控制点变成双箭头表示可以对文字块进行改变形状大小等操作。

(2)入口和出口:选中文字块可以看到,每个文字块都有自己的出口和入口标记,在正向横排的情况下,文字块的入口在其左上方,而出口在其右下方。空心的出口代表一篇文章最后一个文字块或此文章仅有这一个文字块。如果"入口"或"出口"带有三角箭头,表示文字块有其他连接文字块。

(3)续排标记:文字块边框上的红色十字标记,称为续排标记,表示文字块太小排不下文章内容,此时,点击续排标记,光标变为排版光标,点击到版面上,或拖出一个文字块,即可生成链接关系的文字块。

小提示

当连续输入无空格的数字时,文字块出现续排标记时,文字块内容为空。这是由于没有空格,无法拆行所致,请按常规语法规范加空格进行处理。

(4)连接线:文字块有连接关系时,选中文字块即可显示连接线,如果看不到,请选择"显示"→"文字块连接",或在工具条上选择相应按钮。

(5)数字显示:空文字块时,将显示文字块可排字数。当文字块有续排内容时,将显示剩余文字数,如果需要取消字数显示,可以选择"文件"→"工作环境设置"→"偏好设置"→"文本",取消"显示文字块可排字数"和"显示剩余文字数"即可。

2.文字块连接

(1)建立文字块连接:选择选取工具,单击文字块出口或入口,光标变成排入状态,移动光标到需要连接的文字块上,此时光标变成连接光标,点击该文字块即可连接起来了。

(2)断开文字块连接的操作方法:

方法一:使用选取工具双击带有三角箭头的入口或出口,则取消文字块间的连接。

方法二:使用选取工具单击带有三角箭头的入口或出口,再将光标移动到有连接关系的另一文字块上,光标变化成断裂状,单击该文字块即可。

(3)改变文字块连接:单击连接线一端(入口或出口),移动到需要连接的文字块,单击文字快即可改变连接。

3.删除文字块

选中文字块,按 Delete 键即可删除该文字块。如果文字块有连接,则仅删除文字块,不删除块内的文字,块内文字自动转到相连的文字块。如需同时删除块内文字,按"Shift + Delete"键即可,用户也可以选择"编辑"→"删除文字块及内容",来进行操作。

4.调整文字块形状

飞腾创艺里的文字块可以调整为任意形状。可以通过下列方式达成。用选取工具和穿透工具、旋转变倍工具对文字块进行任意调整。

(1)使用选取工具进行控制点调整,改变文字块大小。

(2)用 Shift 键调整不规则文字块。用选取工具选中文字块,将光标置于控制点。当光标呈双箭头状态时,按住鼠标左键拖动,即可调整文字块大小,如图6-5所示。

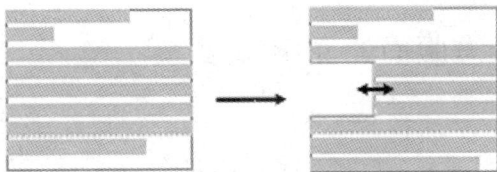

图6-5 用 Shift 键调整文字块

小提示

当文字块边框有同一高度的边线时,按住 Ctrl 键调整边框,同一高度的边同时连动,如图6-6所示。

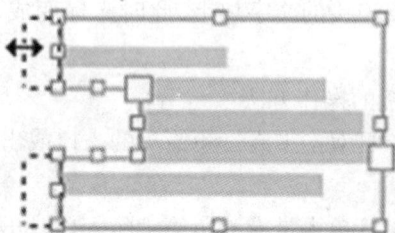

图 6-6　按住 Ctrl 键调整边框

（3）使用穿透工具调整：可在文字块边框上双击，增加控制点。双击已有的控制点则删除控制点。

（4）使用旋转变倍工具对文字块进行倾斜、旋转和变倍操作。具体方法参见下编第四章第一节"三、对象的变倍、倾斜和旋转"相关内容。

小提示

（1）经过调整后的文字块，无论形状是否规则，都可以进行分栏、横排、竖排等操作。

（2）当文字块中的文字没有占满整个文字块区域时，可以双击鼠标左键调整文字块边框大小。若文字框小于文字区域，也可以双击文字块，执行适应操作，纵向展开文字块。对于在图形内排入文字形成的文字排版区域，只有当文字块为矩形时，文字块适应的操作才有效。

实训 1：完成杂志版面的文字排版

实训目的：
- 掌握文字工具 T 的用法以及排入文字的方法；
- 掌握选择、复制、旋转文字块的方法；
- 学会用 Shift 键变形文字块的方法。

实训内容：

在一个杂志版面中排入相应文字，并对文字块进行调整，使其符合整个版面的布局要求。

操作步骤：

（1）打开素材文件夹中"第六章实训1"的文件1，如图6-7所示。

图6-7　打开素材中的飞腾文件

（2）用文字工具T在页面上方画出一个文字框，输入标题文字"新品发布'搅热'器材市场"，并将文字设置为方正黑体简体一号字，方法是在控制面板上选择"字"标签，设置相应的字体和字号。然后双击文字块使文字框和文字大小相适应，如图6-8所示。

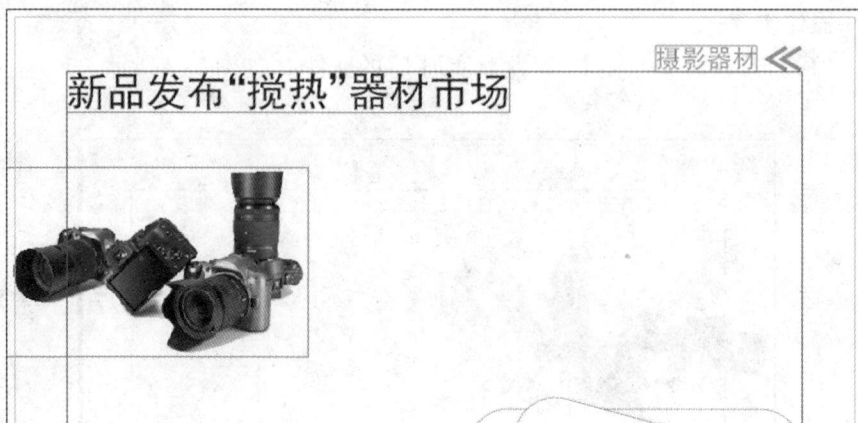

图 6-8　输入标题文字

小提示

　　面板中对象四周的蓝色边框是"对象边框"，如果不需要显示则点击工具条上的"显示对象边框"即可。

　　（3）单击工具条中的"排入文字"按钮，打开排入小样对话框，选中目标文件，单击"打开"。
　　（4）单击"打开"按钮后，光标变成文字图标，然后在版面空白处单击，排入文字，如图 6-9 所示。

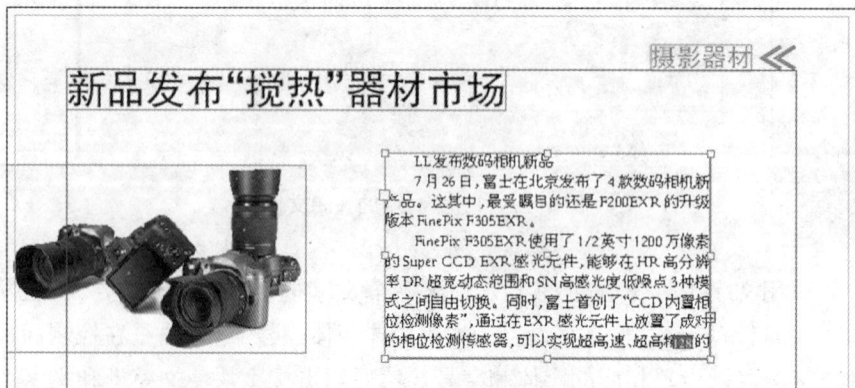

图 6-9　文字块中显示有未排完文字

（5）调整文字框并双击文字块，让未排完文字充分排入，同时将字块调整到需要的形状大小。

（6）将文字块中的标题文字，用文字工具T刷黑并剪切出来，在空白面板处单击，形成一个新的文字框，然后将剪切的文字粘贴进来，如图6-10所示。

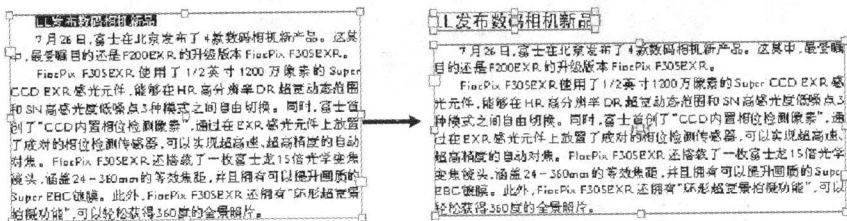

图6-10　将一个文字块一分为二

（7）将新生成文字块中的标题文字设置为四号黑体简体，然后将文字块移动到相应位置，调整好大小，如图6-11所示。

图6-11　调整好后的文字块

（8）依照刚才的程序将第二篇文章导入飞腾创艺，并将标题剪切出来后，同样设置为四号方正黑体简体，如图6-12所示。

（9）对第二篇文章的压图部分文字块进行调整，使其与图片相契合。方法为选中文字块，按住Shift键，然后将光标放置在文字块左下角的控制点上，当光

新品发布"搅热"器材市场

LL发布数码相机新品

7月26日,富士在北京发布了4款数码相机新产品,这其中,最受瞩目的还是F200EXR的升级版本FinePix F305EXR。

FinePix F305EXR 使用了1/2英寸1200万像素的Super CCD EXR感光元件,能够在HR高分辨率、DR超宽动态范围和SN高感光度低噪点3种模式之间自由切换。同时,富士首创了"CCD内图像位检测感差",通过在EXR感光元件上设置了成对的相位检测传感器,可以实现超高速、超精确的自动对焦。FinePix F305EXR 还搭载了一改富士龙15倍光学变焦镜头,涵盖24~360mm的等效焦距,并且拥有可以提升画质的Super EBC镀膜。此外,FinePix F305EXR 还拥有"环形超宽景拍摄功能",可以轻松获得360度的全景照片。

DD发布秋季影像新品

8月10日,松下在上海正式发布VIERA 2010等离子3D电视,推出了全新的TH-P65VT20 和 TH-P50VT20两款新产品,展示着松下会大力进军3D电视机市场,同时,松下也在国内正式发布了3D全高清摄像机TMT750CK,加大了对3D影像的推广力度。

此次发布的VT20系列3D等离子电视拥有600Hz的刷新率,彻底解决了动态影像的拖尾问题,同时,等离子电视还具有高动态清晰度的优势,在欣赏普通2D画面时也能保持均匀的1080线的分辨率,与目前市场上已经出现的3D成器电视相比,VT20系列3D等离子电视运用了降低重影技术,针对左右眼的影像并不重叠,实现更真实的精度。为了提供丰富的片源,松下还发布了一款型号为DMP-BDT300的蓝光3D播放器。

TMT750CK则是首部第一台民用3D全高清摄像机,采用在低照度下也能获得良好层次感的3MOS系统和透镜型的混合防抖技术,并能利用VW-CLT1 3D转换镜头实现3D动态影像拍摄,它与VT20系列3D等离子、BDT300蓝光3D播放器一起构筑的松下3D,将让影像拥有前所未有的画面震撼力。

图 6-12 将第二篇文章排入版面中

标呈双向箭头时,按下鼠标左键并向文字块内拖动,至合适位置后释放鼠标和按键,文字块形状随鼠标拖动方向而改变。随后再调整另外一个角的文字块,直到完全与图片相适合,如图 6-13 所示。

(10)依照上述步骤对第三篇文章进行导入和编辑,然后将标题和正文同时选中,用工具箱中的旋转变倍工具 ,将其旋转 15 度,得到如图 6-14 所示结果。

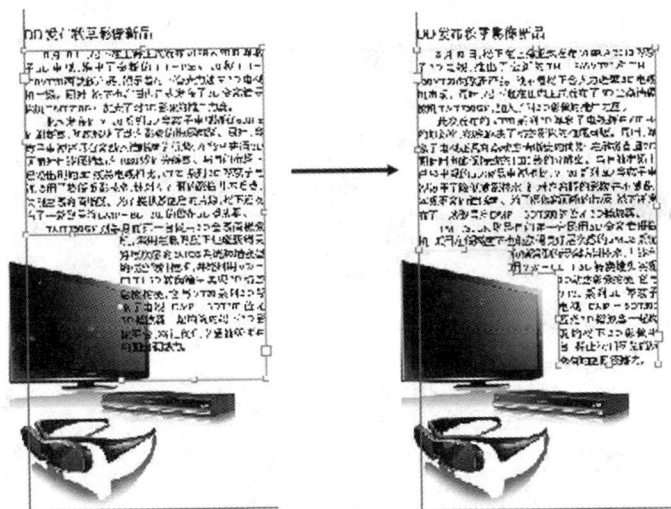

图 6-13　用 **Shift** 键变形文字框

图 6-14　将文字块旋转

(11)将文字排完后,检查调整文字块,最后得到如图 6-15 所示版面。

图 6-15　文字排完后的效果

第二节　文字属性和文字特效

一、文字属性

1. 文字属性的设置

在飞腾创艺中可通过"文字属性"浮动窗口、控制面板、"文字"菜单三种方

式进行文字属性的设置,具体方法如下:

(1)通过"文字属性"浮动窗口:选择"窗口"→"文字与段落"→"文字属性",如图6-16所示。可完成字体字号设置、字距、行距设置等一系列的文字操作,在文字属性面板下拉菜单中还可设置倾斜、旋转、加粗等效果,右侧右向箭头下拉菜单中可以自定义各种参数。

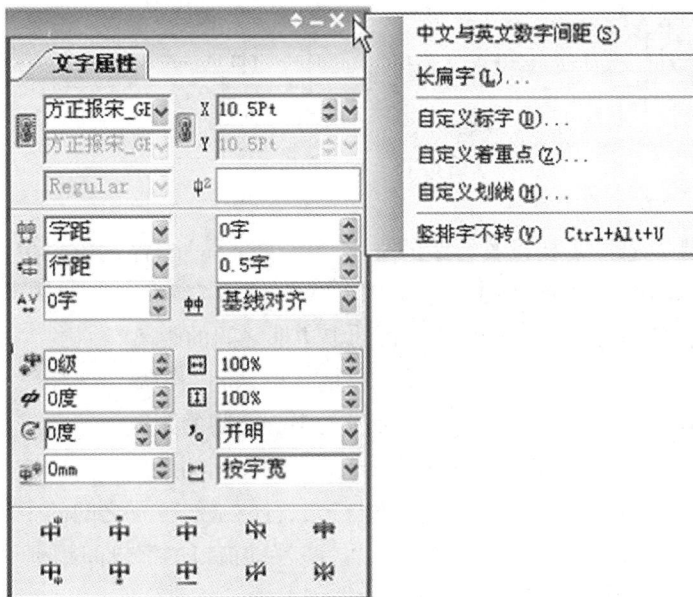

图6-16　文字属性浮动窗口

(2)通过控制面板操作:选择"窗口"→"控制窗口",用文字工具选择文本后,控制窗口会有调整文字属性的窗口出现,如图6-17所示。

图6-17　文字属性控制面板

(3)通过"文字"菜单方式也可对文字属性进行设置。

2.字体、字号、字距、行距、字母间距、文字对齐的设置

(1)字体。用户可以在字体下拉列表里选择字体,或直接在字体编辑框内

输入字体。如果按下字体连动按钮,则英文字体按照中文字体自动搭配,但是英文字体不影响中文字体。

(2)字号。用户可以在字体下拉菜单里选择文字的 X、Y 字号,或在编辑框输入字号。如果按下字号连接按钮,则 XY 字号连动。

(3)字距。使用文字工具选中文字。在"文字属性"浮动窗口里,单击"字距"下拉菜单,选择字距类型,如图 6-18 所示。

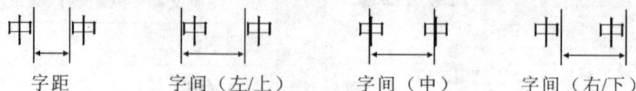

图 6-18　字距和字间

(4)行距。选中需要设置行距的文字,在"文字属性"浮动窗口里,单击"行距"下拉菜单,选择行距类型。

- 行距:第一行的下边框与第二行的上边框之间的距离。
- 行间(顶):第一行的顶侧与第二行的顶侧之间的距离。
- 行间(中):第一行的中心与第二行的中心之间的距离。
- 行间(底):第一行的底侧与第二行的底侧之间的距离。
- 行间(基线):第一行的基线位置与第二行的基线位置之间的距离。

(5)字母间距。选中文字,在"文字属性"浮动窗口的字母间距框里,设置字母(包括拉丁字母与数字)之间的间距值即可。

(6)文字对齐。在文字大小不一样的情况下,可采用文字对齐的方法进行对齐,有上对齐、中对齐、下对齐、基线对齐的方式,如图 6-19 所示。

图 6-19　文字对齐

3. 标点类型和空格类型

(1)标点类型:开明、全身、对开、居中、居中对开。全身、开明和对开为简体中文用法,繁体版本仅提供居中和居中对开。

（2）空格类型:指将空白字符按照指定的字宽设定进行空格宽度处理,共9种,系统默认为按字宽。

　　按字宽:实际字体中空格的宽度。

　　全身空:设置空格宽度与汉字宽度相同。

　　二分空:设置空格宽度为汉字宽的1/2。

　　三分空:设置空格宽度为汉字宽度的1/3。

　　四分空:设置空格宽度为汉字宽度的1/4。

　　五分空:设置空格宽度为汉字宽度的1/5。

　　六分空:设置空格宽度为汉字宽度的1/6。

　　七分空:设置空格宽度为汉字宽度的1/7。

　　八分空:设置空格宽度为汉字宽度的1/8。

　　细空格:设置空格宽度为英文字母 M 宽度的1/24。

　　数字空格:设置空格宽度为当前数字 0 的宽度。

　　标点空格:设置空格宽度字体逗号的宽度。

4.统一属性和恢复文字属性

（1）统一属性。统一属性是指将选中区域内的文字统一为选中区域内的第一个字的属性。选中文字,然后再选择"编辑"→"统一文字属性",或者单击文字控制窗口的"统一属性"按钮,选中文字的属性将与选中区域内的第一个文字相同。

（2）恢复文字属性。指取消单独对文字所设置的属性,统一将选中文字恢复为缺省文字属性。选择"编辑"→"恢复文字属性"或者在控制窗口选择"恢复文字属性"按钮。

5.格式刷

格式刷用于复制文字属性和段落属性。在工具箱中选择格式刷,点击到文字中,按住鼠标左键拖选需要复制属性的文字,然后松开鼠标;将格式刷选中需要作用属性的文字,松开鼠标,则将复制的属性粘贴到目标文字。在使用过程中,按 Esc 键,则回复到清空状态,可以再次复制属性。

6.给文字添加颜色

给文字添加颜色的方法可参见第七章色彩应用第一节"三、为对象着色"。

二、文字特效

1.艺术字

选中文字,选择"窗口"→"文字与段落"→"艺术字"或选择"文字"→

"艺术字",在艺术字面板中可对文字添加立体、重影、勾边和空心效果。下面示范的是双重勾边效果的制作,如图6-20所示。

图6-20　双重勾边效果

示例操作步骤:

输入文字"春江花月夜"→将字号字体设置为一号方正黑体简体→颜色设置为绿色(C:50M:0Y:100K:0)→打开艺术字设置面板→选择"勾边"(一重勾边+二重勾边)→设置参数(一重勾边2mm白色,二重勾边0.5mm绿色)。

2. 装饰字

选中文字,选择"窗口"→"文字与段落"→"装饰字"或选择"文字"→"装饰字",在装饰字面板可将文字置于菱形、心形等边框内,修饰文字。如图6-21所示,添加了菱形方框,并设置了底纹的效果。

示例:装饰字

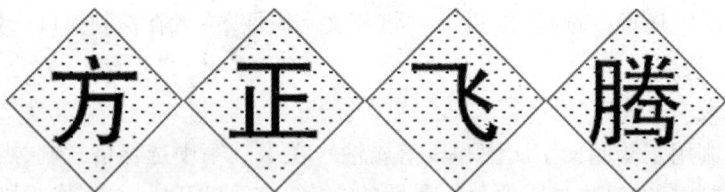

图6-21　装饰字

3. 文裁底

文裁底是指用文字裁剪文字块底纹或背景图,实现文字的特殊效果。

选中文字块,选择"美工"→"背景图",给文字添加背景图。然后选择"文字"→"文裁底",则文字块中的文字对背景进行裁剪。若要去取消文裁底效果,可以选中文字块,取消"文裁底"即可,如图6-22所示。

示例：文裁底

图 6-22 文裁底

4.转为曲线

通过文字转曲将文字转为图元,可以设置各种图形效果,如图 6-23 所示。

选中文字块,选择"美工"→"转为曲线",即可将文字转为曲线。之后可以填色、制作透视效果,也可以使用穿透工具编辑节点制作异型字。以下是几种效果的制作讲解:

(1)透视文字:转为曲线后使用工具箱中的"透视工具",点击曲线文字块,拖动节点,可制作透视文字效果,如图 6-24 所示。

(2)立体阴影:选择"窗口"→"立体阴影",可添加立体阴影效果,如图 6-25 所示。

(3)异型字:转为曲线后使用工具箱中穿透工具,点击文字,出现曲线控制点,拖动节点即可调整文字形状。双击节点可清除节点,双击曲线可增加节点,如图 6-26 所示。

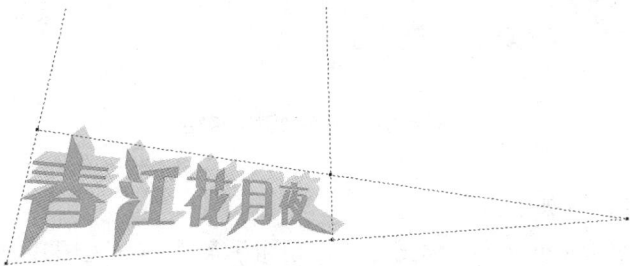

图 6-23 文字转曲

图 6-24 透视文字

图 6-25　添加立体阴影

图 6-26　异型字

示例操作步骤如下：

输入文字"春江花月夜"→设置字体为粗倩体→将文字转为曲线（选择"美工"→"转为曲线"）→用穿透工具将文字加工成异型字→给文字添加立体阴影（选择"美工"→"立体阴影"）→使用工具箱中的"扭曲透视"将文字做成透视效果。

5. 文字块裁剪路径

文字块可以作为裁剪路径，用文字来裁剪其他块，以实现某些特殊效果。飞腾创艺中文字块和图元块都能设置裁剪路径，如图 6-27 所示。

图 6-27　文字块裁剪路径

示例操作步骤如下：

输入文字"December"→设置为方正超粗黑简体→导入图片放置在文字块下方，如图 6-28 所示→选中文字块，选择"美工"→"裁剪路径"→将图片与文字成组,图像被文字块裁剪,如图 6-29 所示。

图 6-28　文字块与图像重叠

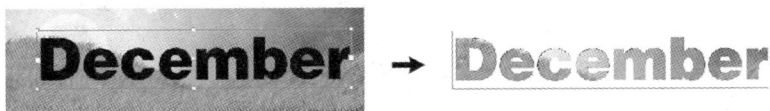

图 6-29　文字块裁剪图片

小提示

　　利用穿透工具,单击图像文字,可以选中被裁剪的图像,单击并拖动鼠标,可以移动图像的位置,从而改变文字的填充效果。

6. 文字打散

　　选中文字块→打开"文字"菜单→选择"文字打散",可将一个文字块分成单独文字块,如图 6-30 所示。

图 6-30　文字打散

三、输入特殊符号

1. 使用方正动态键盘

安装了飞腾创艺后,可以在输入法菜单中选择"方正动态键盘",输入特殊符号。如图6-31所示,在动态键盘的状态条上单击图标(图中标圆圈处),即可选择码表。也可以点击放大按钮或缩小按钮,缩放码表。点击三角按钮,则可以选择前后码表,点击最小化按钮,可以暂时收起动态键盘。

图6-31 方正动态键盘

2. 使用"特殊符号"浮动窗口

选择"窗口"→"文字与段落"→"特殊符号",在下拉列表里可选择特殊符号,包括"常用符号"、"乐谱音符"、"棋牌符号"、"其他符号"、"748汉字"等。

一般来说,将文字光标插入到文字中,然后在"特殊符号"窗口里点击符号图标即可。分数码、阿拉伯数码、中文数码和附加字符的插入方法比较特殊,我们以分数码为例,介绍插入的方法。

在"选择类型"里选择"分数码",如图6-32所示。将文字光标定位到需要插入符号的位置;选择"分数类型"为"斜分数",在"数值"编辑框内输入"1/8";点击插入按钮或按Enter键,即可在版面上插入分数码。

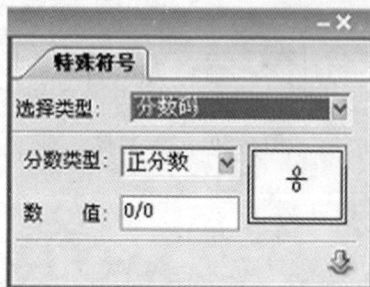

图6-32 分数码

小提示

复制、剪切和粘贴文字的组合键分别是：Ctrl + C（复制）、Ctrl + X（剪切）、Ctrl + V（粘贴）。

四、文字的编辑

1. 全半角转换

在飞腾创艺里可以将字母、标点由全角转为半角，或者由半角转全角。使用文字工具选取一段文字，或者使用选取工具选中文字块，在菜单"文字"→"全半角转换"的二级菜单中，选择相应选项，即可完成全半角转换。

2. 大小写转换

在飞腾创艺里可实现英文字符的大小写转换。选中文字或文字块，单击菜单"文字"→"大小写转换"，在二级菜单中选择大小写转换方式：全部大写、全部小写、词首大写、句首大写。

- 全部大写：将选定范围内英文字符全部转换为大写。
- 全部小写：将选定范围内英文字符全部转换为小写字符。
- 词首大写：将选定范围内，每一个单词的第一个字符大写，其他字符小写。
- 句首大写：将选定范围内，每一个句子的第一个字符大写，其他字符小写。

3. 查找/替换

飞腾创艺中的"查找/替换"功能，不但可以查找中文字、英文字、特殊符号等字符，而且提供高级查找，可查找具有指定文字属性的字符，按颜色查找还可以查找文字样式、段落样式等特殊格式。使用查找/替换，可一次性替换某种样式或文字属性，避免了许多重复性的工作。

此外，飞腾创艺"查找/替换"的范围广泛，可以在一个打开的文档范围内查找，也可以在多个打开的文档中进行查找/替换工作。

（1）选择"编辑"→"查找/替换"，或按快捷键"Ctrl + Shift + F"，弹出"查找/替换"对话框，单击"高级"按钮，如图 6-33 所示。

（2）在"查找"编辑框中输入需要查找的字串，在"替换"编辑框中输入需要替换的字串。

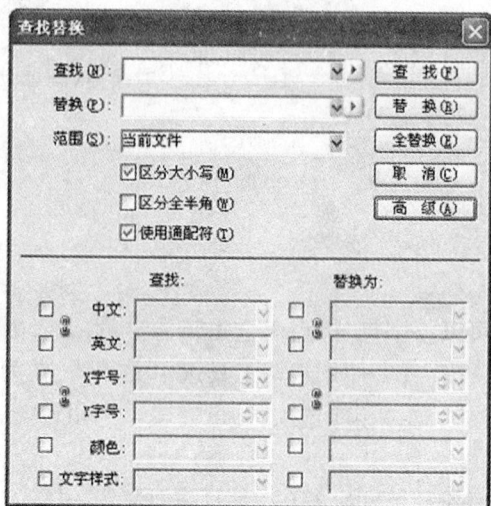

图6-33 查找/替换对话框

小提示

• 飞腾创艺支持特殊字符的查找,用户可以点击"查找"、"替换"三角按钮,在菜单里选择特殊字符,如"换行符"、"换段符"、"Tab键"。也可以手动输入特殊字符,书写方式为:Tab键(^t)、换行符(^l)和换段符(^p)。

• 查找替换字符不能超过20个中文字(包括换行、换段符等特殊符号在内)。

• 可以按通配符查找。符号"?"表示可以用任意一个字符代替;符号"*"表示该地方可以被多个字的内容代替。要当做通配符使用必须选中"使用通配符"选项,否则将"?"和"*"只当做字符进行查找。

(3)选择"查找范围":

• 当前文章:查找光标所在的文章,包括所有续排或连接关系的文字块。

• 到文章末:查找从光标当前位置到文章末尾的所有字符。

• 到文章首:查找从光标当前位置到文章开始的所有字符。

• 当前文件:查找当前打开的文档,包括文档中的所有文章。

(4)设置"区分大小写"、"区分全半角"、"使用通配符"来限制查找字符的范围,精确地查找字符。

●区分大小写：选中此项，只查找大小写完全匹配的字串。不选中，查找时忽略大小写。

●区分全半角：选中此项，只查找全\半角完全匹配的字串。不选中，与"查找字串"内容相同的全半角字符都查找。

●使用通配符：选中此项，"＊"和"?"作为通配符进行查找；不选中，"＊"和"?"作为字串进行查找。

(5)单击"查找/替换"对话框内的"高级"按钮，弹出查找的高级选项。设置查找替换的字符属性，包括：字体、字号、颜色(命名颜色)、样式。

(6)完成设置后，可以单击"查找"按钮，开始查找，找到的查找范围内第一个字串。

(7)单击"替换"按钮，则替换当前查到的字串。如果只想执行查找操作，可以跳过这一步。

(8)继续查找替换，可以反复进行上述(6)、(7)步的操作。

(9)如确信需要替换当前查找范围内的所有字串，按"全替换"按钮一次完成替换。

(10)完成查找替换后，选择"取消"，则退出"查找\替换"对话框。

实训2：美化时尚杂志版面

实训目的：
●掌握文字控制面板和"文字属性"面板的使用。
●掌握"艺术字"和"装饰字"面板的用法。
●掌握"文裁底"、"通字底纹"等命令的用法。
●了解文字颜色的设置方法。

实训内容：
对时尚杂志的一个版面进行美化。

操作步骤：
(1)打开素材文件夹中"第六章实训2"的文件1，如图6-34所示。利用文字工具T在版心右上角输入栏目名称"Fashion Design"，并在控制面板英文字体处选择"超粗黑简体"(或通过"窗口"→"文字与段落"→"文字属性"进行设置)，字号为四号。然后分别选中"F"和"D"，将字号设置为二号。然后在"文字"菜单下打开"艺术字"面板，将文字设置为"空心字"，如图6-35所示。

层叠的雪纺纱呈现自然的垂坠效果，贴身的针织裙略显灵动神韵，银色手镯与日月童遥相呼应。

香槟色的斜肩式晚礼装搭配简洁的饰品，让你宛若女神般高贵和优雅。从左肩延伸至右下摆的大幅垂式褶皱，在修身的同时，也带来强大气场。

连身裙：L11D638408 RMB 2280元
枚红上衣搭配白色短裤，清爽明媚。无分割式
设计上衣极具特色，胸前的自然褶皱，带来悦目动感

图 6-34 打开素材文件

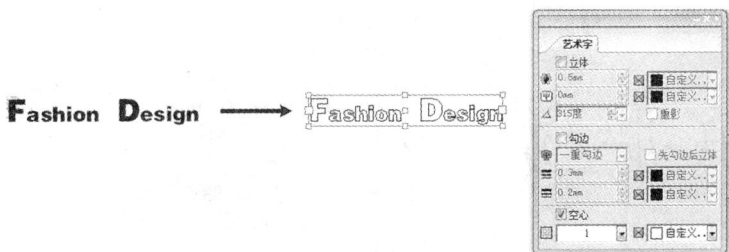

图6-35　将文字设置为空心字

（2）用文字工具 T 输入文字"Beauty"和"扮靓"，为英文单词选择一种好看的字体即可，中文词组"扮靓"设置为方正粗倩简体。两者在同一个文字框中，然后用"文裁底"命令制作图像字。方法是首先选中文字框，然后选择"美工"→"背景图"，勾选"背景图"，选择素材图片导入，选择"拉伸"，其他设置默认即可。然后选择"文字"→"文裁底"，则得到如图6-36所示的图像字。

图6-36　应用"文裁底"制作图像字

小提示

　　可按住 Shift 键连续选择多个文字块，或用鼠标框选的方法来选中一个或多个文字块。

　　（3）用文字工具 T 在版面上生成"希腊褶皱"文字块，设置为初号方正报宋简体。然后选择"文字"→"装饰字"，打开装饰字面板，选择装饰类型为椭圆，字与线的距离为2.5mm，线型为0.3mm的点线，设置参数如图6-37所示。

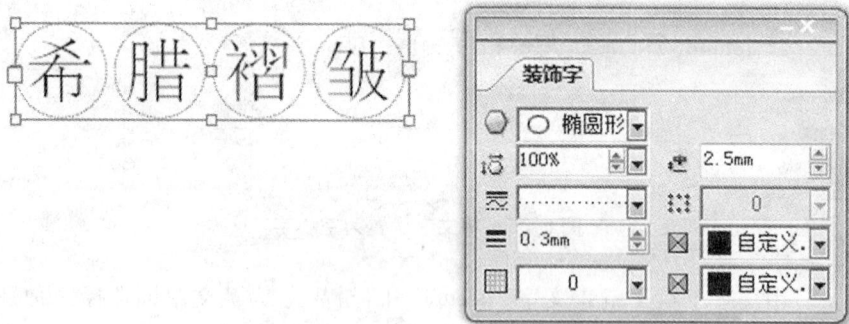

图 6 - 37　装饰文字

（4）用文字工具 T 在版面上生成"女神范儿"文字块,设置为小特号方正黑体简体;并将文字刷黑,在控制面板处将文字设置为 140% 的扁字,如图 6 - 38 所示。

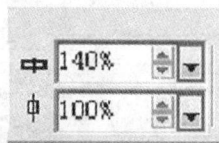

图 6 - 38　扁字设置

（5）将设置好的文字块纵向并列放置到正文文字块上方,调整好位置。

（6）选择工具箱中的"颜色吸管"工具,在图片上任一位置点击一下,这时吸管变成半黑状,表明图片中的颜色被复制,然后将吸管在目标文字上刷一下,文字颜色与图片颜色变成一致。依此方法将"FashionDesign"和"女神范儿"设置为和图片颜色相近的色彩,如图 6 - 39 所示。

（7）选中页面底部的文字块,选择"窗口"→"文字与段落"→"通字底纹",给文字添加通字底纹。选择单行通字底纹,边框类型为矩形,底纹类型为 1 号,添加自定义颜色为 M30,如图 6 - 40 所示。至此,时尚杂志的美化工作完成,成品如图 6 - 41 所示。

连身裙：L11D638408　RMB 2280元
枚红上衣搭配白色短裤，清爽明媚。无分割式设计上衣极具特色，胸前的自然褶皱，带来悦目动感

图 6-39　用颜色吸管复制图片色彩后的文字

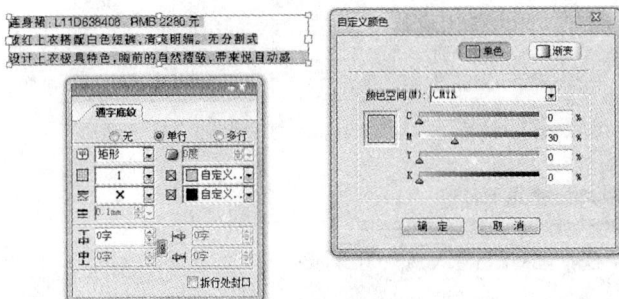

图 6-40　通字底纹效果

Fashion Design

Beauty

扮靓

希 腊 褶 皱

女神范儿

　　层叠的雪纺纱呈现自然的垂坠效果，贴身的针织裙略显灵动神韵，银色手镯与日月童谣相呼应。

　　香槟色的斜肩式晚礼装搭配简洁的饰品，让你宛若女神般高贵和优雅。从左肩延伸至右下摆的大幅垂式褶皱，在修身的同时，也带来强大气场。

连身裙：L11D638408　RMB 2280元
枚红上衣搭配白色短裤，清爽明媚。无分割式
设计上衣极具特色，胸前的自然褶皱，带来悦目动感

图 6-41　美化后的时尚杂志版面

思考与操作

一、思考题

1. 改变文字块的方法有哪几种?

2. 如何续排和连接文字块?

3. 用选取工具与用旋转变倍工具调整文字块有何区别?

4. "艺术字"面板可以给文字制作哪几种效果?

5. 请用文裁底、裁剪路径、文字转曲这几种方法来制作图像字,看看有何异同。

二、操作题

将"方正飞腾"这四个字分别制作出图像字、空心字、立体阴影、异形字、加心形边框的效果。

第七章　文字排版与段落属性设置

内容提要

- 文字排版,包括文本分栏、排版方向、对位排版、沿线排版、图文互斥等命令的用法。
- 利用"段落属性"面板来设置段落属性。

第一节　文字排版

一、分栏

飞腾创艺可对文字块设置分栏数、栏间距、分栏方式和栏线。选中文字块,选择"格式"→"分栏",然后设置参数,参数设置好后点击确定。

分栏对话框各选项的含义如下:

1. 分栏方式

选择"自定义",按设定的参数分栏;选择"自动",则系统自动按照版心背景格的栏数和栏间距分栏。通过背景格分栏,可以实现栏宽不等的分栏效果。如图 7-1 所示。通过选择"文件"→"版面设置",可设置版心背景格属性。

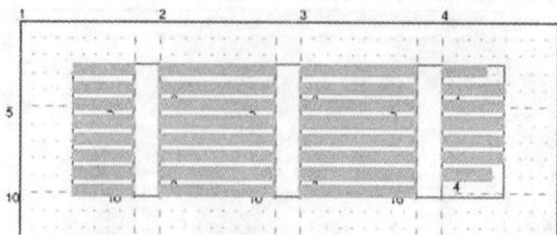

图 7-1　自动分栏

2. 应用于整篇文章

选择此项,则对整篇文章分栏,如图7-2所示;不选此项,则仅对当前选中的文字块分栏,如图7-3所示。

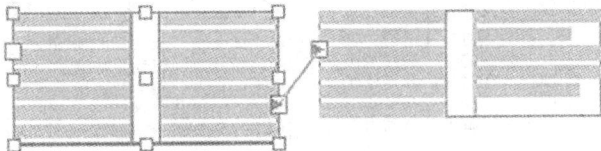

图7-2 勾选应用于整篇文章

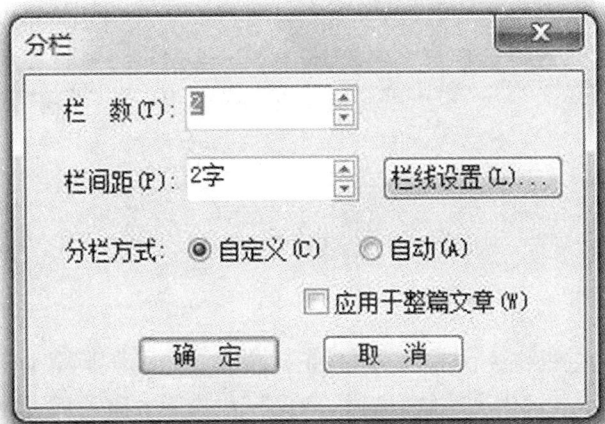

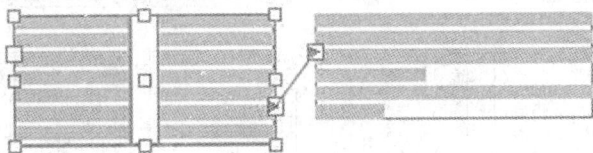

图7-3 不勾选应用于整篇文章

3. 栏线设置

单击"栏线设置",可以选择栏线线型、线粗细、颜色等。如果需要取消栏线,可以在"栏线"下拉列表中选择"空线"。如图7-4所示,两栏间设置了波浪线栏线。

糖果色活跃在2011春夏季场上，不论是明黄色的上衣，搭配夸张的水果色裙装；还是纯白的T恤搭配草绿的短裤，总是给人无比夏天的感觉。如果在办公室，你可以套上一件轻薄的粉红色小西装，然后再搭配蓝绿色的裤子，色彩上绝对有冲击力，也令办公室的气温瞬间清凉。同样，在时尚的春夏季场，圆点、条纹、苹果和心形的图案与鲜艳的色彩组合在一起，可爱摩登之余带

来的视觉冲击更加强烈，简约而美丽。

在选择墨镜方面，黑发或是深棕发色的女孩，脸上的颜色不宜太沉重，比较适合粉紫或是渐层淡色系的墨镜。

在发色上选择金或橘铜色系的女孩，所选择的墨镜颜色应较冷，以免无法突显造型的重点。薄荷蓝或橄榄绿都是不错的选择。

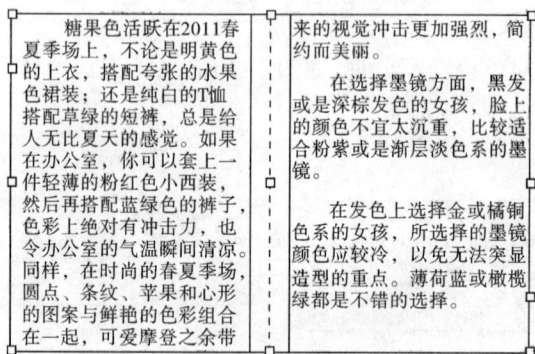

图7-4 设置栏线

小提示

如果没有选中版面上任何文字块，设定"分栏"参数，则该参数作用于以后所有新建的文字块。例如，不选中版面上任何文字块，在"分栏"对话框里设定"栏数"为2栏，则排入文字或使用文字工具录入文字时，将自动生成一个2栏的文字块。

二、排版方向

方正飞腾创艺提供4种排版方向：正向横排、反向横排、正向竖排、反向竖排，如图7-5所示。选中文字块，选择"格式"→"排版方向"，或者点击工具条上的排版方向按钮，如图7-6所示。

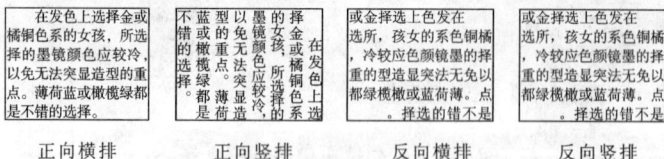

| 正向横排 | 正向竖排 | 反向横排 | 反向竖排 |

图7-5 排版方向

图7-6 工具条中的排版方向按钮

三、对位排版

对位排版可以迫使文章里的行与文章背景格的行对齐。该功能主要用于分栏文字块,当文章中某些段落调整了行距时,两栏的文字可能不在一条线上,这时可以用对位排版,迫使每一行文字与背景格每一行对齐,从而达到两栏文字整齐排列的效果,如图7-7所示。

首先选中文字块,然后选择"格式"→"对位排版",展开的菜单中各项含义如下:

(1)逐行对位:文章每一行都排在文章背景格的整行上。

(2)段首对位:文章中每段的第一行排在文章背景格的整行上,其他行可以不在文章背景格上。

(3)不对位:取消"逐行对位"和"段首对位",恢复文章自然排放。

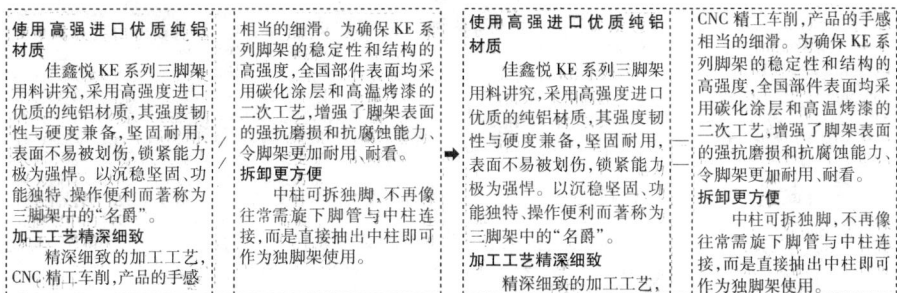

图7-7 对位排版效果

四、在图形内排入文字

飞腾创艺可以在任意的图形内排入文字,有录入和排入文字两种方式。

1. 录入文字

选择文字工具,按住"Alt + Ctrl"键,然后点击图元块内部区域,即可转换为一个可以输入文字的排版区域。

2. 排入文字

选中一个图元块,排入文字,这时版面上出现文字排版光标,将鼠标点击到该选中的图形内即可将文字排入图形内(注意光标一定要在图元块内部点击)。图形排入文字后,也可以像普通文字块一样进行分栏、对位排版等操作。

小提示

排入图元的文字块,也可调整文字块内空,例如当图元的线型设置较粗时,文字与边框之间的距离就需要调整,这样才会不影响阅读。这时可选中图元,点击右键选择"文字块内空",如图7-8所示,该例设置了3mm的内空。

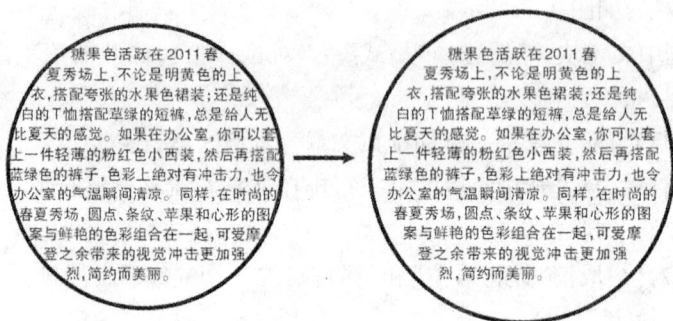

图7-8 调整圆形文字块内空

五、沿线排版

选择"沿线排版"工具,直接点击到图元上输入文字,即可形成沿线排版效果,如图7-9所示。注意鼠标在靠近图元边线时,右下角出现"+"时再点击鼠标,才可进行沿线排版。

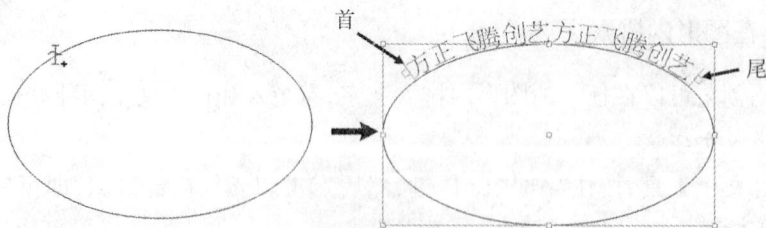

图7-9 沿线排版

用选取工具选中沿线排版的图元,在文字区域出现首尾标记,如图7-9所示,将光标置于尾标记上,注意请尽量靠近标记竖线,按下鼠标,拖动尾标记到需要的位置。单击控制面板中的"撑满"按钮,可实现如图 7-10 所示的效果。

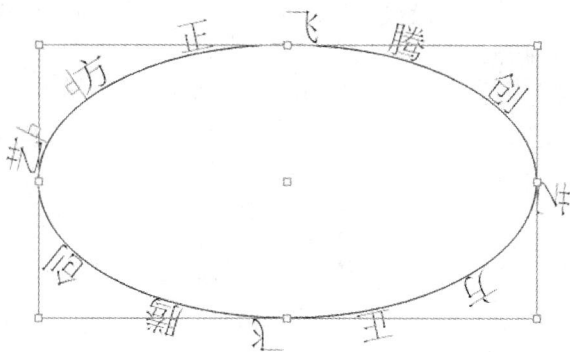

图 7-10　沿线撑满排版

示例:沿线排版,如图 7-11 所示

图 7-11　沿线排版示例

示例操作步骤:

①选择工具箱中的直线工具,绘制一根直线。

②选择"穿透"工具,将直线"变曲",通过调整控制点,将直线变成"S"形,

如图 7-12 所示。

③用"沿线排版"工具,点击 S 曲线,并输入文字"特别献给热爱生活的你 ABCDE"。选择"格式"→"沿线排版",勾选"隐藏线",则沿线排版中的线条被隐藏。如图 7-13 所示。

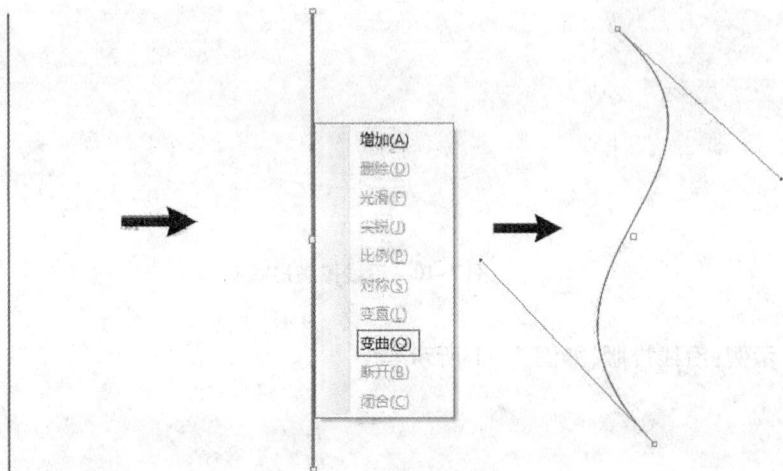

图 7-12　直线变曲

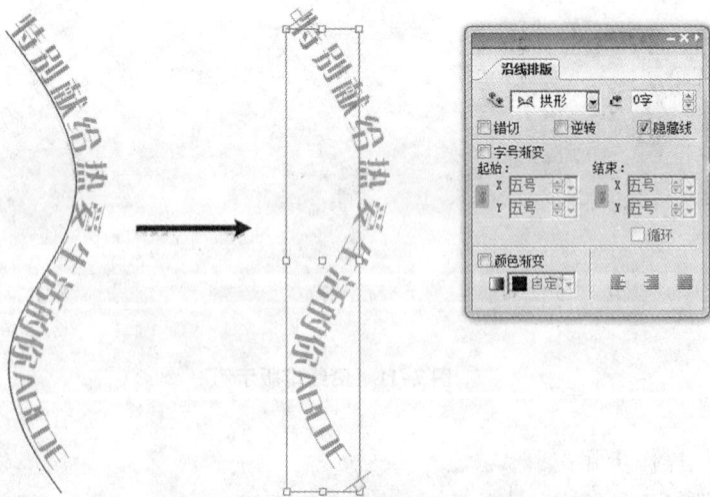

图 7-13　沿线排版隐藏线

④将沿线排版的对象复制两次,并用"旋转变倍"工具 ,将其进行旋转,如图 7-14 所示。

⑤选择"美工"→"透明",分别设置不透明度,左边的对象为 30%,右边的对象为 70%,如图 7-15 所示。

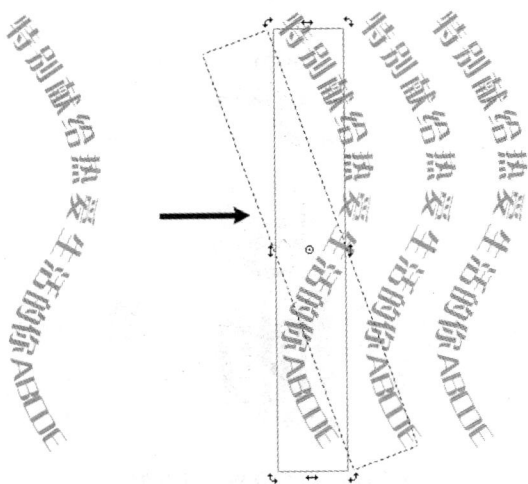

图 7-14　复制并旋转对象

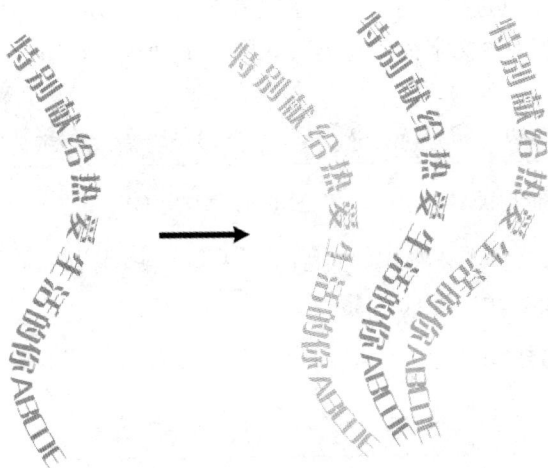

图 7-15　设置不透明度

六、文字裁剪勾边

当文字块压图元或图像上时,我们可以用文字裁剪勾边命令,对压图的文字进行勾边,以此来突出文字。下面我们一起完成如图 7-16 所示例子的操作。

示例:文字裁剪勾边

图 7-16　文字裁剪勾边示例

示例操作步骤:

(1)用选取工具选中文字块(文字设置为特大号方正粗圆简体),选择"美工"→"裁剪勾边"→"文字裁剪勾边",如图 7-17 所示。

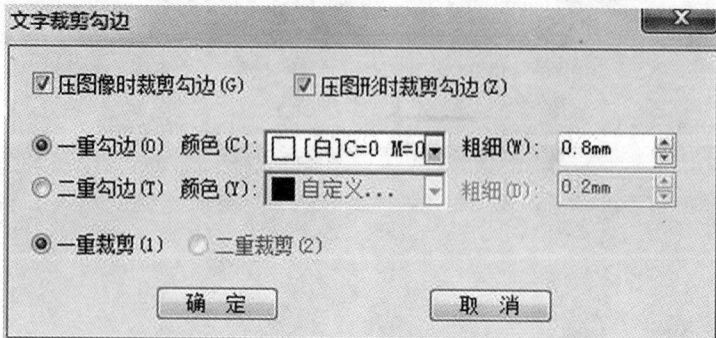

图 7-17　文字裁剪勾边

（2）选择"压图像时裁剪勾边"，当文字块压图像时勾边；选择"压图形时裁剪勾边"，则当文字块压图形时勾边。也可同时选中两个选项。

（3）选中"一重勾边"，设置勾边颜色为白色，粗细为 0.8mm，则得到示例图效果，如图 7-18 是文字未做裁剪勾边和应用了裁剪勾边后的对比图，我们明显看出应用了勾边后文字更加醒目清晰。

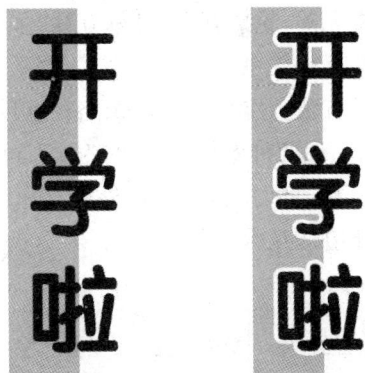

文字未勾边　　　　　文字裁剪勾边

图 7-18　文字未勾边与裁剪勾边的对比图

（4）选中"二重勾边"，可为文字添加二重勾边效果，二重勾边为 0.3mm 的黑边，效果如图 7-19 所示。此时如果选中"一重裁剪"，则清除文字不压图部分的一重勾边；选中"二重裁剪"，则清除文字不压图部分的全部勾边。

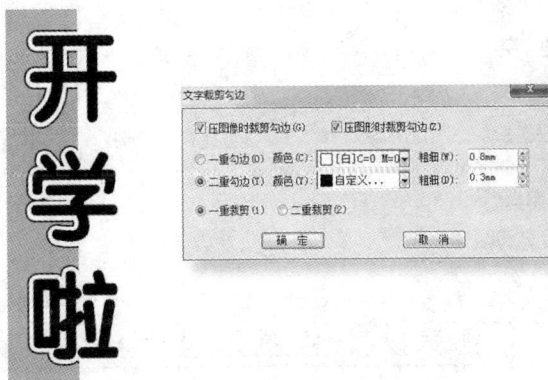

图 7-19　二重勾边＋一重裁剪

七、图文互斥

可以设置文字与图像或图元混排的效果,有轮廓互斥和外框互斥两种效果。

用选取工具选中图像,选择"格式"→"图文互斥",打开图文互斥对话框,如图 7-20 所示。也可选中图片,点击右键打开"图文互斥"对话框。

1. 图文关系

有三种图文关系:图文无关、轮廓互斥、外框互斥,如图 7-21 所示。

• 图文无关:取消图文互斥关系。

• 轮廓互斥:当图像带有裁剪路径时沿图像路径互斥。选择轮廓互斥时,下方选项"轮廓类型"里可以实现两种效果:"裁剪路径",可实现沿图像路径互斥;"外边框",则沿图像外框互斥,此时的效果与"外框互斥"效果相同。

• 外框互斥:沿图像外边框互斥。

图 7-20　图文互斥

图文无关　　　　轮廓互斥　　　　外框互斥

图 7-21　三种图文关系

2. 文字走向

有三种文字走向：分栏串文、不分栏串文或不串文。

3. 边空

边空是互斥图像与文字之间的空白距离，通过调整边空距离可以使图文的整体视觉效果更好，如图 7-22 所示，右图的边空调整为 4mm，这样更有利于文字的阅读。

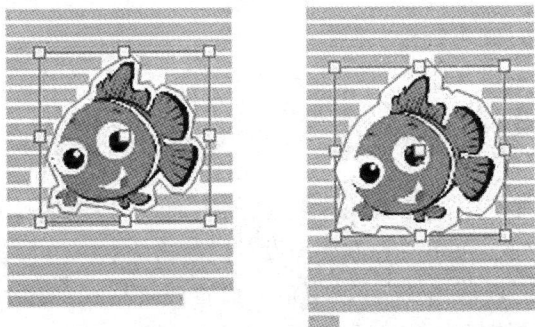

图 7-22　边空调整前后对比

4. 轮廓类型

选择"轮廓类型"，用法参见轮廓互斥。

小提示

对于带路径的图像，完成互斥设置后，可以选择穿透工具，调整互斥路径，如图 7-23 所示。双击节点可删除节点，双击曲线可添加节点。

图7-23   调整互斥的路径

5. 文不绕排

设置了"文不绕排"的文字块，当遇到设置了图文互斥的图像时，不参与互斥。

例如，在一篇文章中排入图像，设置图文互斥，这时候又需要在图像上加标题，由于图像设置了图文互斥属性，标题文字无法压在图像上，此时可以选中标题文字块，设置文不绕排属性。首先"用选取工具选中文字块"，然后选择"格式"下拉菜单中的"文不绕排"即可。

第二节   段落属性及段落装饰

我们可以首先选中需要设置的段落，然后通过"段落属性"浮动窗口、"段"控制窗口或者"格式"菜单三种方法来设置段落格式。

方法一：通过"段落属性"浮动窗口来设置段落格式。选择"窗口"→"文字与段落"→"段落属性"来调出"段落属性"浮动窗口，如图7-24所示。

方法二：通过段落控制窗口来设置段落属性。使用文字工具选中文字，单击控制窗口顶端的"段"，即可切换到段落控制窗口，如图7-25所示。

方法三：通过"格式"主菜单来设置段落属性。使用文字工具选中文字，选择"格式"，可以设置段落格式、段首大字等段落属性，如图7-26所示。

值得注意的是，设置段落格式前，首先要指定需要设置的段落：

(1)将文字光标插入文字，则调整的是光标所在段落的段落属性；

(2)选中文字，是给选中文字所在的段落设置段落属性；

(3)选中文字块，则是为文章内所有段落设置属性。

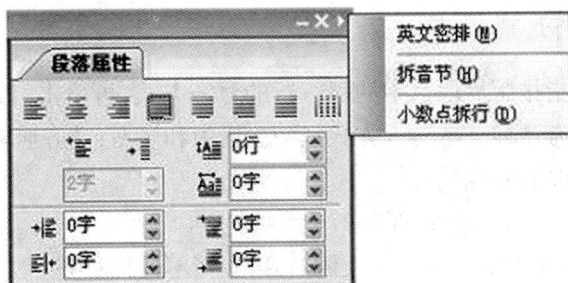

图 7-24　段落属性

图 7-25　段落控制窗口

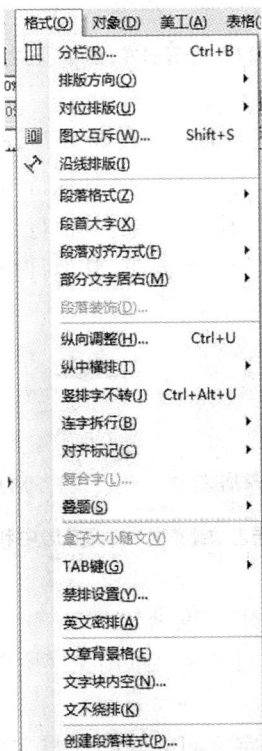

图 7-26　"格式"菜单下的段落属性设置

177

一、段落对齐方式

对齐方式是指排版后段落中的每一行的对齐方式,可单击"段落属性"浮动窗口上的按钮。有这样一些对齐方式:居左、居中和居右;端齐居左、端齐居中和端齐居右;撑满和均匀撑满。

(1)居左、居中和居右,如图 7-27 所示。

居左:每一行文字都以文字块左侧对齐,右侧不进行对齐。

居中:每一行文字作为整体置于在文字块中间。

居右:每一行文字都以文字块右侧对齐,左侧不进行对齐。

居左   居中   居右

图 7-27 段落居左、居中、居右对齐

(2)端齐居左、端齐居中和端齐居右,如图 7-28 所示。

端齐居左:每段最后一行为居左效果,其他行为两端对齐效果。

端齐居中:每段最后一行为居中效果,其他行为两端对齐效果。

端齐居右:每段最后一行为居右效果,其他行为两端对齐效果。

居左   端齐居左   端齐居中   端齐居右

图 7-28 居左、端齐居左、端齐居中和端齐居右

(3)撑满和均匀撑满,如图 7-29 所示。

撑满:所有行的左右端都对齐文字框内文字所能达到的左右边缘,文字之间的间距均匀分布。

均匀撑满:行中的所有文字之间的间距和与文字框内文字所能达到的左右边缘的距离均匀分布。

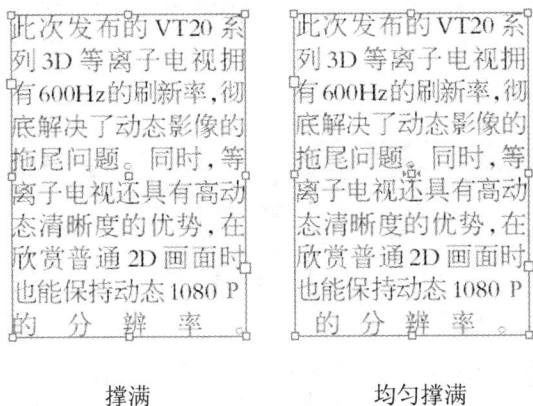

撑满　　　　　　　　均匀撑满

图7-29　撑满和均匀撑满

二、段首缩进和段首悬挂

1.段首缩进

选中文字块,或将文字光标插入段落,在"段落属性"浮动窗口上,单击"段首缩进"按钮,激活编辑框,输入缩进值。如图7-30所示,设置段首缩进值为"2字"。

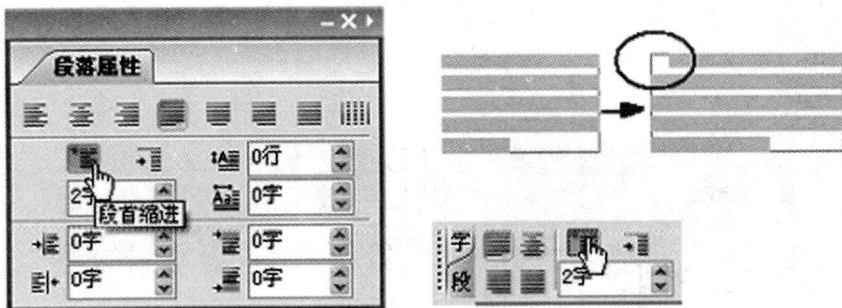

图7-30　段首缩进

2.段首悬挂

选中文字块,或将文字光标插入段落,在"段落属性"浮动窗口上单击"段首悬挂"按钮,在编辑框内输入数值即可。如图 7-31 所示,选中文字块,设置段首悬挂值为"2 字"。

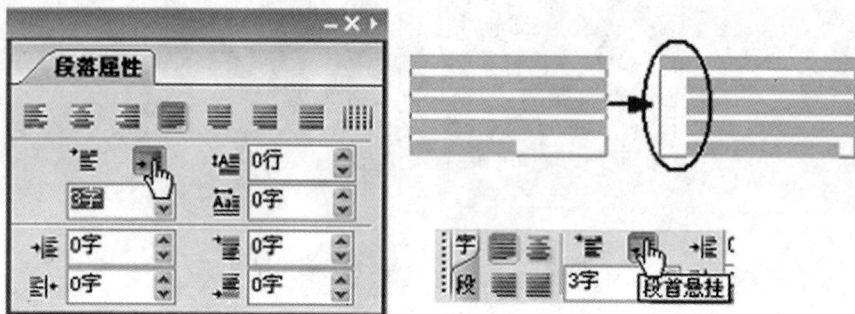

图 7-31　段首悬挂

小提示

需要取消段首缩进时,单击"段首缩进"或"段首悬挂"按钮即可。

三、段首大字

段首大字的设定包括设定段首大字所占行数和设定段首大字字数,这两个参数均应为整数。如图 7-32 所示,将文字光标插入第 1 段,在"段落属性"浮动窗口里设定段首大字高"2 行",字数"2 字"。

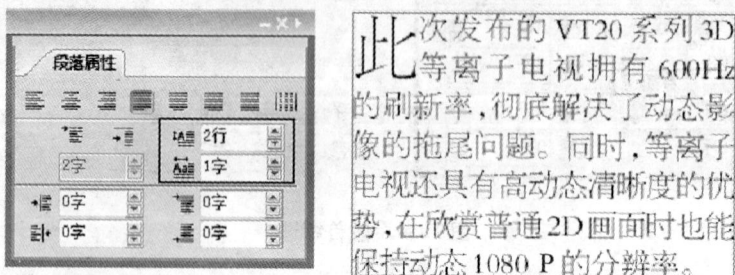

图 7-32　段首大字

四、段落装饰

段落装饰主要用于制作小标题中常见的前后装饰线、上下划线、外框以及底图等效果,仅作用于段落。

选中文字或将文字光标插入段落,单击菜单"格式"→"段落装饰"→"装饰类型",激活相应的设置选项。在设置过程中可选中"预览"选项,及时查看设置效果。单击"确定"按钮,完成段落装饰的设置。可以选择的类型有:前后装饰线、上/下划线、外框/底图。

1. 前后装饰线

在"装饰类型"下拉列表里选择"前后装饰线",为段落添加左右装饰线,如图 7-33 所示。

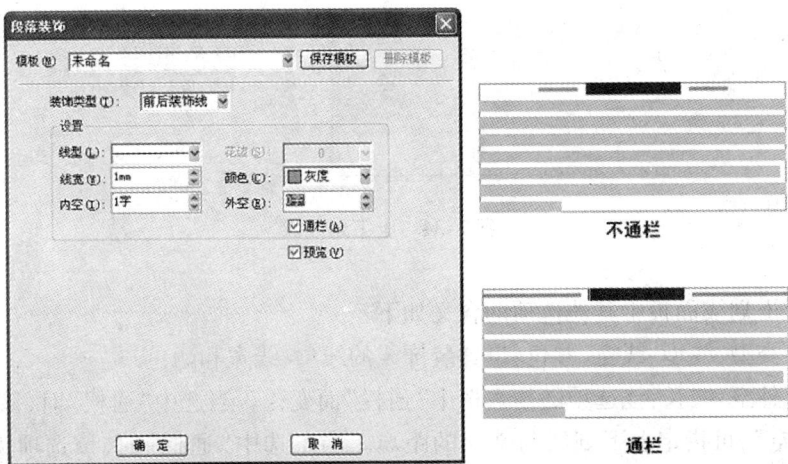

图 7-33 前后装饰线

前后装饰线面板中其他选项的含义如下:

- 线型、线宽、颜色:设置装饰线的线型、线宽和颜色。
- 内空:设置装饰线与文字的间的距离。
- 外空\线长:该选项随是否选中"通栏"而变化。当选中"通栏"时,该选项为"外空",可指定前后划线与文字的距离;当不选中"通栏"时,该选项为"线长",可指定划线长度。

● 通栏:选中通栏,则前后线撑满整行,此时可以设置内空和外空值;不选择通栏,可以设置内空和线长。

2.上下划线

在"装饰类型"下拉列表里选择"上下划线",设置段落上方或者下方的划线,如图 7-34 所示。

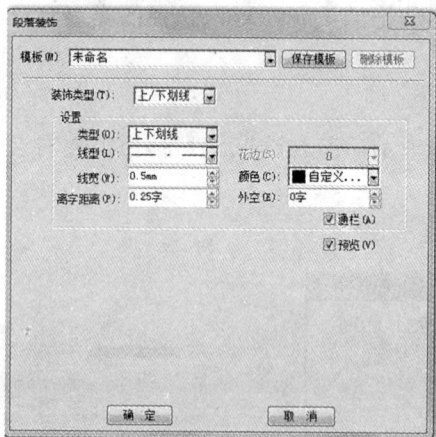

图 7-34　上下划线

上下划线面板中其他选项的含义如下:

● 类型、线型、线宽、颜色:设置装饰线的线型、线宽和颜色。

● 外空\线长:该选项随是否选中"通栏"而变化。当选中"通栏"时,该选项为"外空",可指定上下划线与文字的距离。当不选中"通栏"时,该选项为"线长",可指定划线超出文字长度的数值。

● 离字距离:上下划线距文字的距离。

● 通栏:选中通栏,则前后线撑满整行,此时可以设置内空和外空值。不选择通栏,可以设置内空和线长。

3.外框/底图

在"段落装饰"里选择"装饰类型"为"外框/底图",为选中段落设置外框、铺设底纹或底图,如图 7-35 所示。

(1)外框:

● 线型、花边、线宽、颜色:设置装饰线的线型、线宽和颜色。

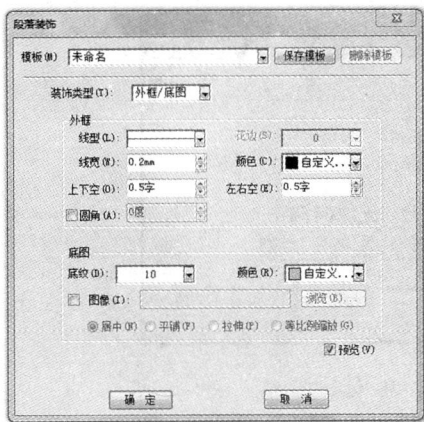

图 7-35   外框/底图装饰

- 上下空、左右空：设置外框距文字的距离。
- 圆角：矩形外框角的弧度。

（2）底图：

- 底纹、颜色：为段落铺上底纹，并设置底纹颜色。
- 图像：为段落铺上底图。选中"图像"，激活"居中"、"平铺"、"拉伸"、"等比例缩放"选项，可以设置图像铺底效果。

五、纵向调整

纵向调整可使段落或文字块在指定的占位高度内排版。段落纵向调整特别适合于文章中的小标题，尤其是分栏中的小标题的排版。

将文字光标插入段落，选择"格式"→"纵向调整"，如图 7-36 所示，在"总高"编辑框内输入数值，指定段落占位高度。在"方式"下拉列表里选择排版方式：

居上、居中、居下：段落在"总高"区域内居上、居中或居下排列。设定总高为"2 行"，效果如图 7-37 所示。当设定为"居上"时，还可以在"上空"编辑框内设定段前距。

撑满和均匀撑满：当段落有多行时，将多行文字在指定的总高范围内撑满排列。设定总高为"4 行"，撑满和均匀撑满效果如图 7-38 所示。

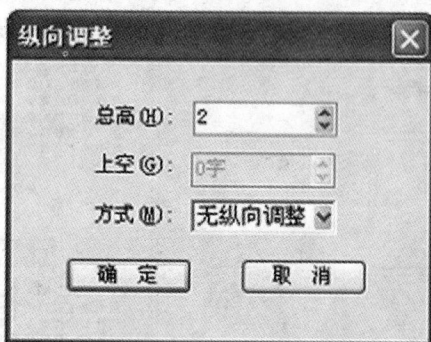

图 7 -36　纵向调整

居上　　　　　　　居中　　　　　　　居下

图 7 -37　纵向调整方式中的居上、居中、居下

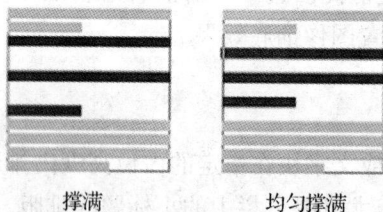

撑满　　　　　　　均匀撑满

图 7 -38　撑满和均匀撑满

六、连字拆行

1.拆音节

对英文字母进行拆音节操作,即在英文单词转行时,自动按音节拆行,并添加连字符。在"段落属性"浮动窗口的扩展菜单中选择"拆音节";也可在主菜单中选择"格式"→"连字拆行"→"拆音节"即可。

2.小数点拆行

飞腾创艺可以通过小数点拆行命令,在段落转行时允许带有小数的数字从小数点处拆行。在"段落属性"浮动窗口的扩展菜单中选择"小数点拆行";也可通过菜单"格式"→"连字拆行"→"小数点拆行"即可。

实训:汽车杂志版面排版

实训目的:

● 掌握图文互斥、沿线排版命令;

● 掌握段落设置;

● 掌握缩放字号、分栏、逐行对位排版。

实训内容:对汽车杂志版面进行文字和段落排版。

操作步骤:

(1)打开素材文件夹中"第三章实训"的文件 1,如图 7-39 所示。首先制作栏目名称,用文字工具 T 输入栏目名称"汽车知识",设置为四号方正黑体简体。然后在工具条单击"正向竖排",改变文字排版方向为竖向,如图 7-40 所示,将文字块移动到蓝色矩形条上对齐。

图 7-39　打开素材文件

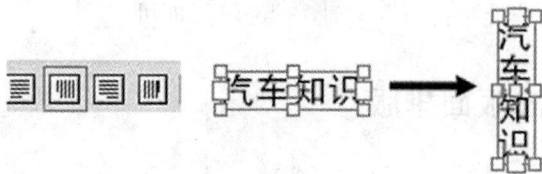

图 7-40　文字正向竖排

(2)制作好栏目名称后,方可进行文章的版面编排。单击工具条上的"文字排入"按钮 或使用 Ctrl + D 组合键,导入文字文件。分别将文字刷黑选中,通过"剪切"、"粘贴"命令,将文字块拆分成三个文字块:标题、引导语和正文。

①排正文。将正文文字块选中,单击"格式"→"分栏",将文字块分两栏,栏间距为 2 字。然后使用"Ctrl + A"组合键选文字,单击控制面板的"段"标签,选择"段首缩进"2 字,或者选择"窗口"→"文字与段落"→"段落属性",将段落属性对话框打开,选择"段首缩进"2 字,如图 7-41 所示。

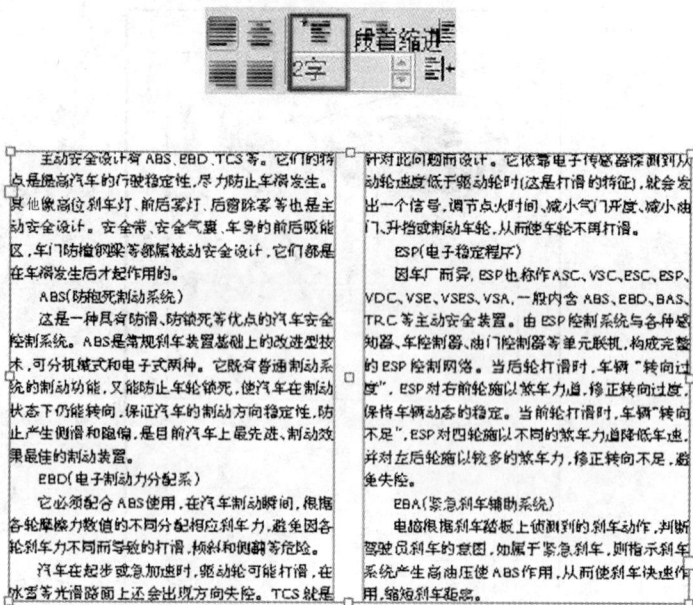

图 7-41　正文文字段首缩进 2 字

选择"窗口"→"文字与段落"→"段落样式",打开"段落样式"面板,然后单击面板底部的"新建样式"按钮,单击右键选择"编辑样式",对段落的属性进行设置。在"基本文字样式"中进行如图7-42所示的设置。在"段落纵向调整"中将总高设置为3行,如图7-43所示。

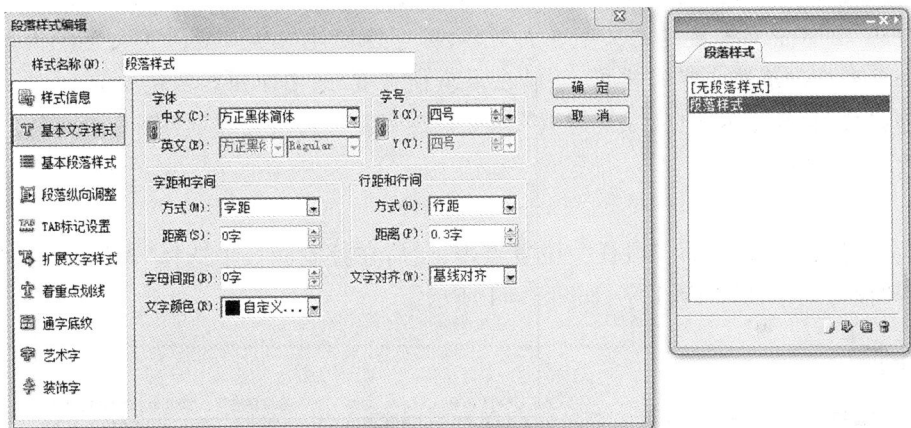

图7-42　段落样式中的基本文字样式设置

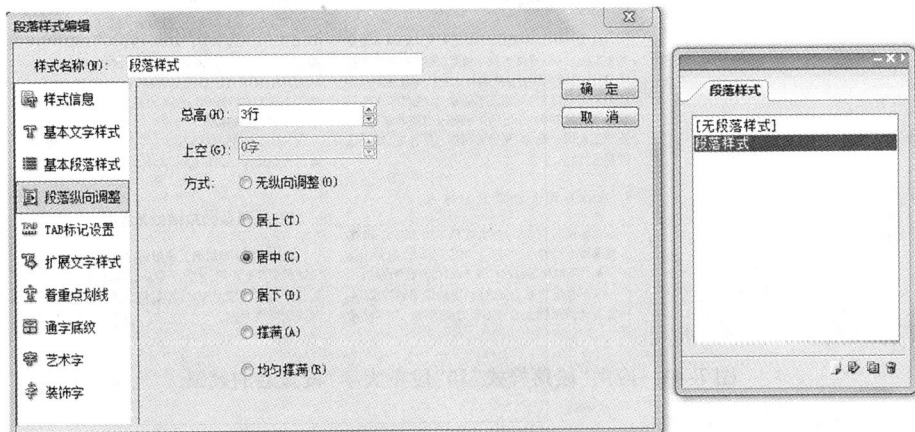

图7-43　段落样式中的段落纵向调整设置

将正文中的小标题分别刷黑,单击新建的"段落样式",将该样式一一应用到目标对象上。

小提示

创建"文字样式"

我们可以直接创建并定义样式。不选中任何文字,单击"文字样式"面板选择"新建样式",在其中定义样式名称,设置文字的基本和特殊属性,单击确定即可创建文字样式。利用文字工具 T 选中要应用文字样式的文字,然后在"文字样式"面板中双击新建的文字样式名称,即可将创建的样式应用于文字。如果不希望修改某些文字的样式,可以在修改样式前,选中应用样式的文字,在"文字样式"面板中双击"无文字样式"即可。还可单击面板底部的"编辑样式",修改文字属性。

将光标在正文第一段任一位置点击,然后在控制面板中选择"段"标签,选择"段首大字高"2 行,1 字,如图 7-44 所示。

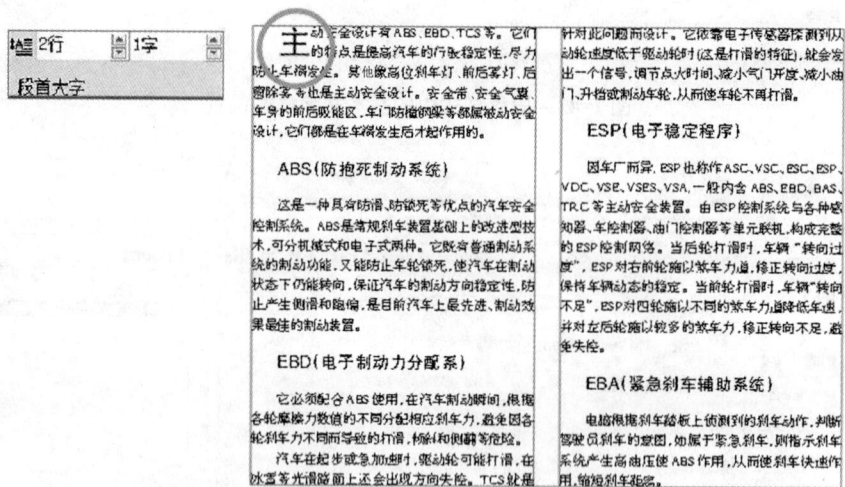

图 7-44 应用"段落样式"和"段首大字"设置后的效果

正文文字排好后,现在进行图文混排。将素材中的汽车图片选中,选择"格式"→"图文互斥",在面板中设置图文关系为"轮廓互斥"、文字走向为"分栏串文",边空设置为 4 mm,轮廓类型为"裁剪路径",相关参数设置如图 7-45 所示。

将图片放置到正文中,调整文字块和图片位置,使两者获得最佳互斥形状,效果如图 7-46 所示。

图 7-45　图文互斥设置

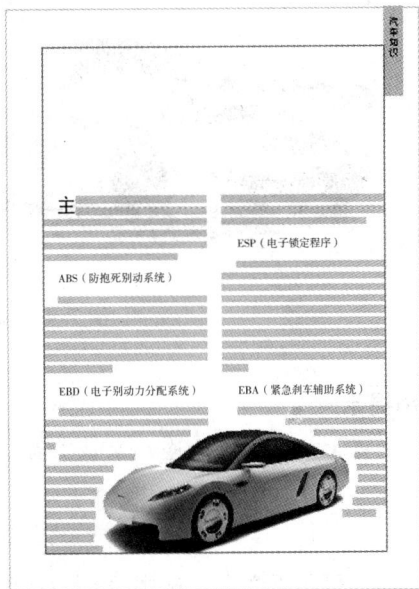

图 7-46　图文互斥后的效果

小提示

对带有裁剪路径的图像执行图文互斥后,利用"穿透工具"单击图像可显示互斥路径上的节点,通过拖动节点可以调整互斥路径形状,双击节点,可以删除节点,在互斥路径上无节点的位置双击,可以在双击处增加节点。

②对标题进行沿线排版。将版面上方图片放置到正文上方,利用"沿线排版"命令,将标题沿汽车顶部的弧线进行排版,字体设置为黑体,然后选择"格式"→"沿线排版",将沿线排版面板打开,勾选"隐藏线",效果如图 7-47 所示。

③对引导语进行排版。选中右侧的圆,然后选择文字工具 T,按住 Ctrl 和 Alt 键,将光标在圆内点击,这时光标在圆内闪烁。然后将引导语文字复制粘贴到圆内,将文字设置为五号黑体简体。

图 7-47　标题文字沿线排版

小提示

　　在图形内排入文字的另外一种方法是,选中图形,然后点击"排入文字",然后将光标在图形内点击,这时文字自动排入图形内。

　　将引导语文字块选中,单击右键,选择"文字块内空",进行如图 7-48 所示设置。这样文字与文字块之间将出现一定间隔,有利于文字的阅读。至此,该版面的文字排版就完成了,效果如图 7-49 所示。

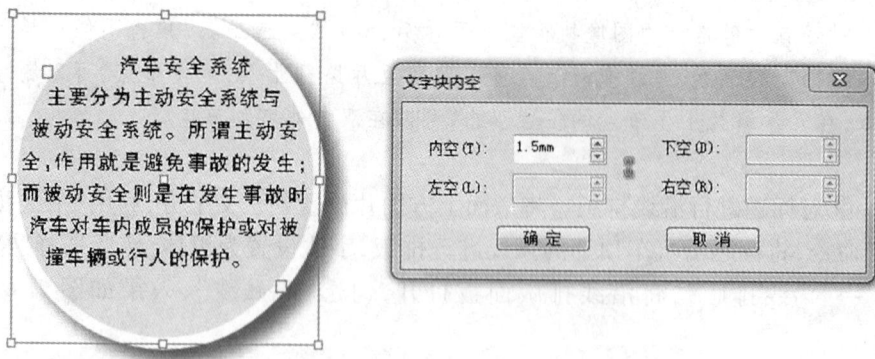

图 7-48　设置文字块内空

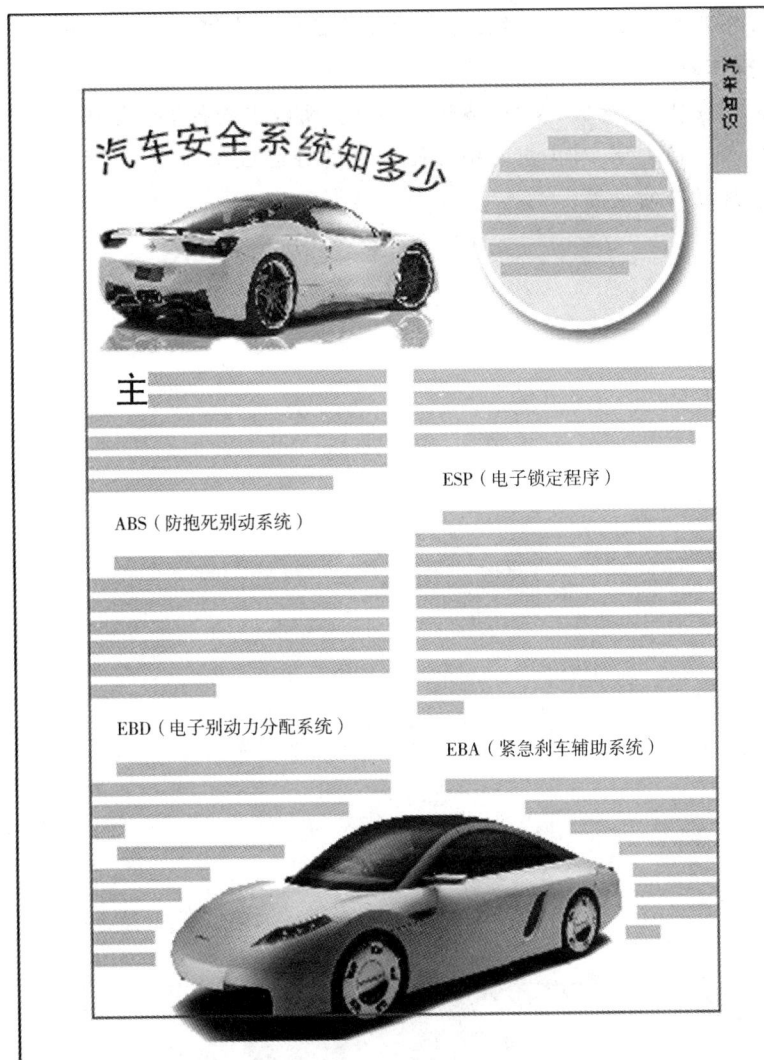

图7-49　完成后的版面效果

思考与操作

一、思考题

1.对位排版一般在什么情况下应用？如何应用？

2.图文关系有哪几种？它们之间有何区别？

3. 文字裁剪勾边命令一般在什么情况下应用？应用的效果如何？

二、操作题

1. 分别在矩形、椭圆、菱形、多边形、直线、曲线上进行沿线排版。

2. 排入一篇文章，对文中的小标题分别进行前后装饰线、上下划线、外框及底图等段落装饰的设置。

第八章　对象操作与图形操作

内容提要

- 掌握如何利用飞腾创艺进行对象的对齐、成组、锁定等相关命令的操作。
- 掌握飞腾创艺中图形的绘制、线型与花边的设置以及路径运算等相关命令的操作。

第一节　对象操作

一、对象的基本操作

对象是飞腾创艺的基本元素,包括文字块、图元、图像和表格等。

对象操作很多方法都比较简单,在之前的操作中都已经讲到了,这里我们再介绍几种飞腾创艺里比较实用的几种功能。

1. 选中对象

选中对象包括选中一个对象、选中多个对象和全选,这里作如下介绍:

(1)选中一个对象。用选取工具单击要选择的对象,对象呈选中状态,即四周的控制点显示。如图 8-1 所示,分别是图元、文字块和图片被选中时的状态。

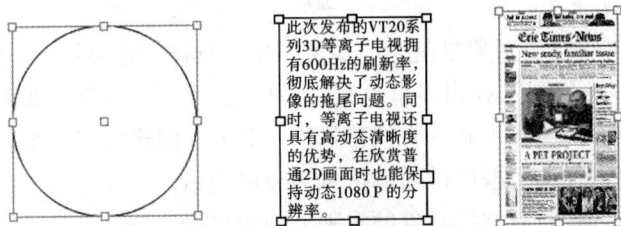

此次发布的VT20系列3D等离子电视拥有600Hz的刷新率,彻底解决了动态影像的拖尾问题。同时,等离子电视还具有高动态清晰度的优势,在欣赏普通2D画面时也能保持动态1080P的分辨率。

图 8-1　选中对象

（2）选中多个对象。选中多个对象有两种方法：

● 用 Shift 键：用选取工具选中一个对象，然后按住 Shift 键，同时单击其他对象。

● 框选法：用选取工具，按住鼠标左键拖动，在虚线框内的对象皆被选中，如图 8-2 所示。

图 8-2　框选法

（3）全选。选择"编辑"→"全选"，在二级菜单里选择以下选项：

● 全选（Ctrl + A）：选中所有物件。

● 选中页内块：一次性选中页内所有物件，包括部分内容在页面上的物件。

● 选中页外块：一次性选中辅助版上的所有物件。

2. 移动对象

（1）使用鼠标移动对象：用选取工具单击要移动的对象，当光标为 ✥ 形状时，可以拖动对象。

（2）使用控制窗口移动对象：在对象窗口中的 X、Y 坐标的编辑框中输入 X/Y 坐标数值，以达到定位移动对象的目的。

3. 多重复制

多重复制可将选中对象复制生成多个对象。具体操作方法为，选中对象，选择"编辑"→"多重复制"，弹出多重复制对话框，然后设置参数。如图 8-3 所示，这是选择了重复 4 次，水平和垂直偏移量均为 20mm 的椭圆多重复制。

● 复制数目：在编辑框中键入欲拷贝对象的份数。

● 水平偏移量：新复制的对象的水平方向偏移量。

● 垂直偏移量：新复制的对象的垂直方向偏移量。

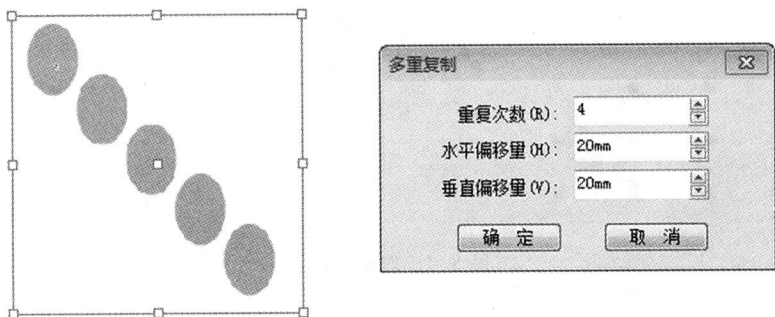

图 8-3　多重复制

二、调整对象大小

1. 使用鼠标

应用选取工具,单击对象,光标移动到控制点上呈双箭头形状时,按住鼠标左键拖动即可改变对象大小。

2. 使用对象控制窗口

应用选取工具单击对象,光标点击到对象窗口中,通过控制窗口中的宽度 W 和高度 H 值来改变对象大小。

小提示

调整对象大小时,按住 Shift 键进行等比例缩放,按住 Ctrl 键,则以正方形或正多边形进行缩放。

三、对象的变倍、倾斜和旋转

应用工具箱中的旋转变倍工具 ,或者通过控制窗口相应的编辑框可以精确地设置对象的倾斜、旋转和变倍。

1. 变倍

变倍是指对象的任意缩放。具体方法为,选取旋转变倍工具,单击一次要改变大小的对象,对象呈现实心控制点,向缩放方向拖动变倍控制点,当达到所要求的变倍比率时,释放鼠标,如图 8-4 所示。

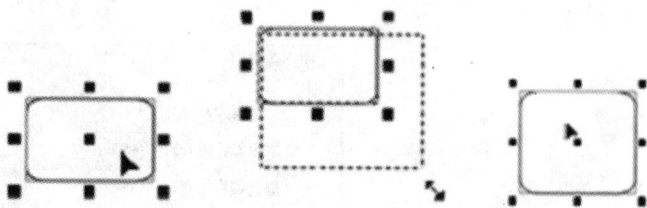

图8-4　对象变倍

按住 Ctrl 键变倍,是以对象中心为基准点,任意缩放对象;按住 Shift 键变倍,则是以对象中心为基准点,等比例缩放对象。

2. 倾斜

选取旋转变倍工具,单击两次要倾斜的对象,拖动倾斜控制点(中间的两个控制点),当倾斜到所要求的角度时,释放鼠标左键,如图8-5所示。

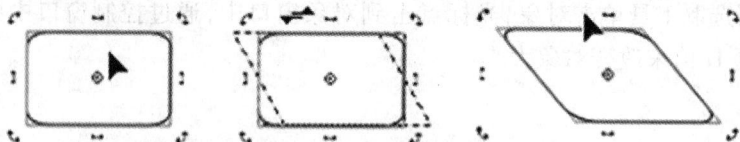

图8-5　对象倾斜

3. 旋转

旋转时是以旋转中心为原点的,对象的旋转中心可以移动到任意需要的位置。方法为选取旋转变倍工具,单击两次要旋转的对象,显示控制点,向要旋转的方向拖动旋转控制点(4个角上的控制点分别为 ↲ ↳ ↰ ↱),当旋转到所要求的角度时释放鼠标左键,如图8-6所示。

单击旋转中心并拖动鼠标,可移动旋转中心的位置。如果移动旋转中心后,再次重新选中此对象,其旋转中心会自动回到对象原来的中心。

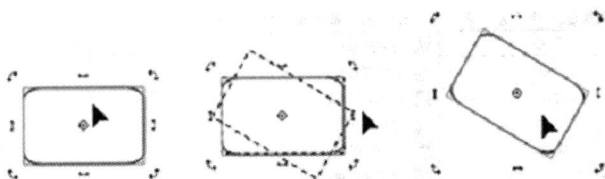

图 8-6　对象旋转

四、撤销/恢复操作

在误操作时进行取消复原,飞腾创艺提供无限制的复原、取消复原操作,通过选择"编辑"→"撤销(Ctrl + Z)/恢复(Ctrl + Y)",即可执行复原、取消原操作。

如果选项是置灰的,则证明所做操作是不能被撤销或恢复的。请确保计算机上有足够的内存空间,如果超出设置的内存空间,则不支持撤销/恢复操作。

五、重复操作

此功能可快速执行上一次应用过的操作,可以重复的操作包括:字体字号、行距对话框、纵向调整、颜色面板、线型与花边、底纹、阴影、透明和羽化。

方法为选中对象1,设置效果,然后选中对象2,选择"编辑"→"重复操作",即可重复对象1之效果。

六、对齐

在飞腾创艺中提供了使多个对象以特定的基准对齐排列的功能。具体方法为,选择选取工具,选中多个对象,选择菜单"对象"→"对齐"二级菜单中某一对齐方式,或者单击控制面板中的对齐方式图示,来选择对齐方式,如图8-7所示。

需要注意的是,对齐是以最后选中的对象为基准对象,对齐时,所有对象与基准对象对齐,选中对象时,基准对象的中心点有特殊标记。使用框选法选中多个对象时,则默认以版面上最新创建的对象为基准对象,此时可以点击其他对象的中心点,改变基准对象。

(1)左对齐、右对齐、顶端对齐和底端对齐,如图8-8所示。

(2)左右边齐和上下边齐,如图8-9所示。

(3)横向中齐和纵向中齐,如图8-10所示。

(4)中心对齐,如图8-11所示。

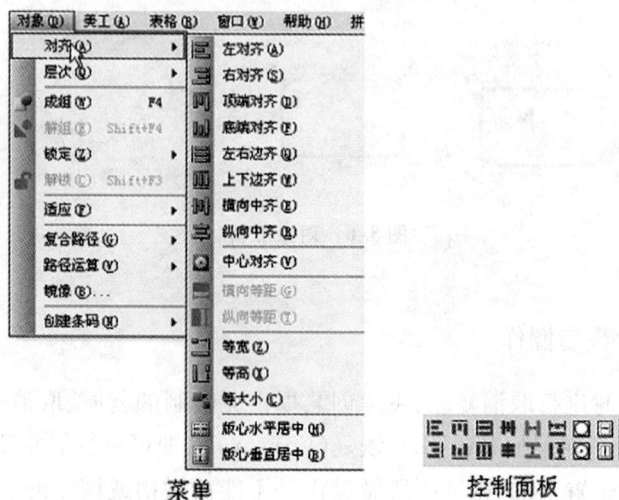

菜单   控制面板

图 8-7   对齐菜单

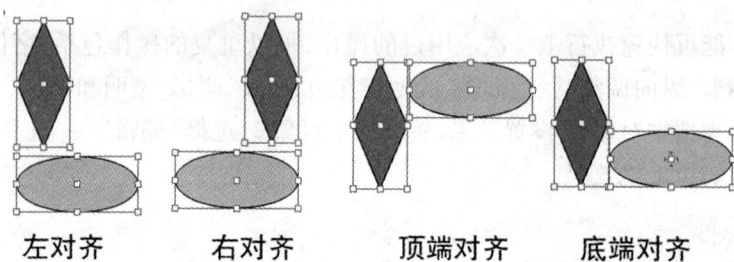

左对齐   右对齐   顶端对齐   底端对齐

图 8-8   左对齐、右对齐、顶端对齐和底端对齐

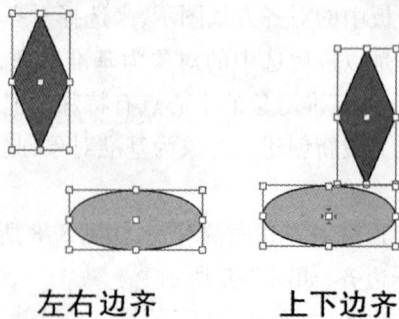

左右边齐   上下边齐

图 8-9   左右边齐和上下边齐

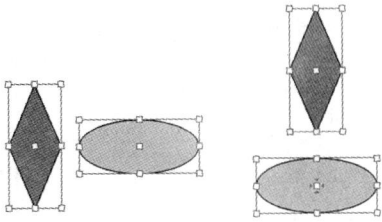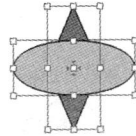

横向中齐 纵向中齐 中心对齐

图 8-10 横向中齐和纵向中齐 **图 8-11 中心对齐**

（5）横向等距和纵向等距，如图 8-12、图 8-13 所示。

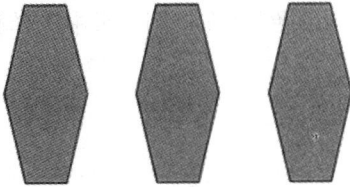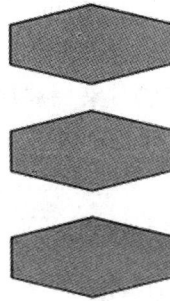

图 8-12 横向等距 **图 8-13 纵向等距**

（6）等宽、等高和等大小，如图 8-14 所示。

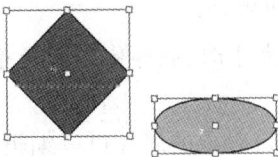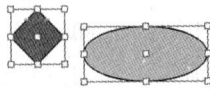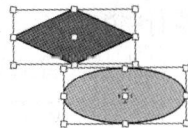

等宽 等高 等大小

图 8-14 等宽、等高和等大小

（7）版心水平居中和版心垂直居中，如图 8-15 所示。

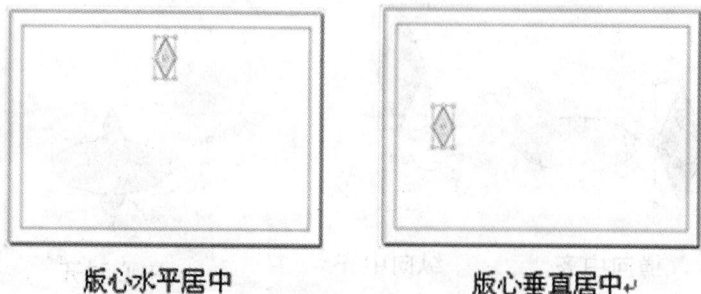

版心水平居中　　　　　　　　版心垂直居中

图8-15　版心水平居中和版心垂直居中

七、对象层次

在飞腾创艺中,在同一层上多个重叠的对象之间有一定的层次关系,可以根据需要调整对象之间的层次关系。具体方法为,用选取工具选中要改变层次的对象,选择菜单"对象"→"层次",在二级菜单中选择;也可以在选中对象后,在右键菜单中选择相应选项;还可以在选中对象后,在控制面板中选择相应的层次选项 。

八、锁定和解锁

锁定命令可确保已经编辑好的对象形状或位置不被修改。具体方法为,应用选取工具,选中准备锁定的对象,选择 F3(普通锁定)或 Ctrl + F3(编辑锁定),或者单击控制面板上的锁定图示 进行锁定操作。选中准备解锁的对象,选择 Shift + F3,或者单击控制面板上的解锁图示 即可解锁。

执行"锁定"命令后,当改变该对象的位置或大小时,版面中的鼠标指针会变为一把小锁。普通锁定和编辑锁定的含义如下:

(1)普通锁定(F3):仅锁定对象的位置和形状,对象的属性可以编辑,例如设置图元的线型或底纹,增加或删除文字,设置文字的属性,复制、粘贴对象等,但不能剪切对象。

(2)编辑锁定(Ctrl + F3):即更彻底的锁定,除了锁定对象的位置和形状外,还锁定了所有编辑功能,仅能进行复制、粘贴的操作,粘贴后的对象不再有锁定的特性。

九、成组和解组

可以将几个对象成组成一个对象,将该组对象作为一个整体进行操作,这样可以实现对多个对象同时进行操作等功能。对象成组后,根据需要还可以解组。

1. 成组

应用选取工具,按住 Shift 键,逐个单击选中要成组的对象,或用框选法选中多个对象。选择"对象"→"成组",或单击控制窗口中的成组图示 ，即可成组。成组后的对象可以如普通对象一样进行编辑,如用户可以移动位置、改变大小,可以进行变倍、倾斜、旋转等操作。成组后,对单个对象进行操作的方法如下:

(1)用穿透工具单击单个对象。

(2)使用选取工具双击单个对象;选中单个对象后可以设置对象的属性、颜色、改变对象大小等。如果要移动单个对象的位置,则选中单个对象后拖动对象中心即可。

2. 解组

应用选取工具单击准备分离的成组对象,然后选择"对象"→"解组(Shift + F4)",或单击控制窗口中的解组图示 。需要注意的是,对象的成组可以分阶段成组,对应于分阶段成组的块,它的解组也同样是一步步地解组的。

十、镜像

镜像是指对象按设置的基准线(点)进行水平、垂直等方向的翻转。具体方法为:应用选取工具选中对象,然后选择"对象"→"镜像",弹出"镜像"对话框,如图 8-16 所示,选择"镜像基准点(线)产生方式"。

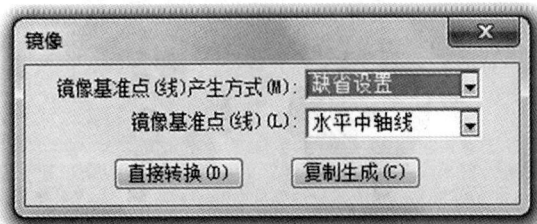

图 8-16　镜像对话框

● 缺省设置：以对象自身为基准。选择此项后，需要在"镜像基准线"里接着选择以对象的某部分作为基准线。

● 自定义：选择自定义后，无需选择"镜像基准线"，直接点击"直接转换"或"拷贝生成"，使用鼠标在版面上自定义镜像的基准线（点），即可完成镜像。

选择"镜像基准线"。在"基准线（点）产生方式"内选择"缺省"时，可进一步在"镜像基准线"内选择具体以对象哪一部分作为镜像的基准。

● 水平中轴线：以通过对象中心的水平线为基准生成镜像。

● 垂直中轴线：以通过对象中心的垂直线为基准生成镜像。

● 中心：以对象的中心为基准生成镜像。

● 左边线：以对象的左边线为基准生成镜像。

● 右边线：以对象的右边线为基准生成镜像。

● 上边线：以对象的上边线为基准生成镜像。

● 下边线：以对象的下边线为基准生成镜像。

单击"直接转换"按钮或"拷贝生成"按钮，生成镜像。"直接转换"是一种翻转效果，在特定位置生成镜像对象，不保留原对象。"拷贝生成"表示原有对象保持不变，同时产生镜像对象。

另外，控制窗口上列出了几个镜像的常用按钮，可以快速实现镜像。如图 8-17 所示，该对象分别进行了右边线镜像、下边线镜像的操作。

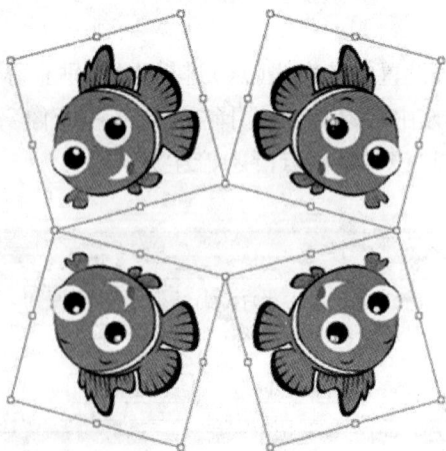

图 8-17　镜像命令

十一、捕捉

捕捉就是对象移动或缩放时,可以捕捉某些标识,即自动吸附并贴靠某个标识。捕捉的功能在于可以方便地对对象进行准确的定位。在飞腾创艺中,提供以下几种对象捕捉方式:捕捉页边框、捕捉标尺、捕捉背景格、捕捉提示线。此外,飞腾创艺还提供了快速取消/恢复捕捉的功能。下面分别介绍这些功能:选择菜单"版面"→"捕捉",捕捉选项如图8-18所示。

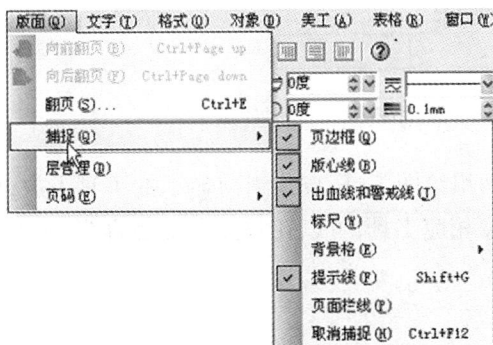

图8-18　捕捉菜单

(1)捕捉页边框。设置捕捉页边框后,当对象移动到页面边框及版心附近时,或在缩放对象时将缩放点移动到页面边框及版心边框时都会产生吸附效果,自动贴近边框线。

(2)捕捉版心线,即对象自动贴近版心线。

(3)捕捉出血线和警戒线,即对象自动贴近出血线和警戒线。

(4)捕捉标尺。一般来说,随着对象的移动或缩放,在标尺上始终都能看到虚线轨迹,显示对象移动或缩放的位置。当设置捕捉标尺后,只有当对象移动到标尺刻度线位置时,才会在标尺上显示移动痕迹。

(5)捕捉背景格。在之前的章节中我们讲过,飞腾创艺背景格有版心背景格和文章背景格。选择工具条上版心背景格图标▦,可以显示或隐藏版心背景格。捕捉背景格可以使对象的排版严格按照背景格的格式来排版,避免了随意性排版造成的失误。

具体操作方法为,选择菜单"版面"→"捕捉"→"背景格"→"捕捉背景格

（Ctrl＋G）"，对象的缩放和移动操作将以背景格的单位宽度和高度为单位，根据设定的值整字、整行、半字的移动（选中"捕捉背景格"后，可选"捕捉整字"，"捕捉整行"或"捕捉半字"，以字或行为单位捕捉）。

（6）捕捉提示线。与捕捉页面边框线类似，对象在靠近提示线时，自动吸附提示线。

（7）捕捉页面栏线。该选项用于设置文字块边框捕捉版心背景格的栏边线，便于文字块贴齐版心栏线排版。

第二节　图形操作

一、图形的绘制及基本编辑

在工具箱里有两组绘图工具，按住当前显示的工具不放，即可展开工具组，如图 8-19 所示，选取相应工具，可以在版面上绘制直线、矩形、圆形、菱形、多边形、曲线。

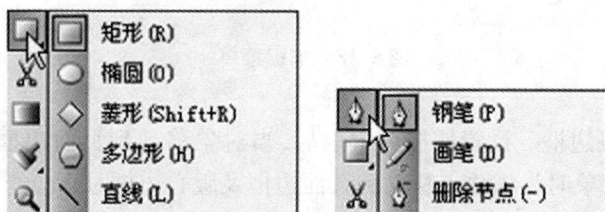

图 8-19　绘图工具

1. 绘制直线

单击工具箱中的直线工具，进入绘制线段状态，此时光标变成 ✚。在任意位置单击，该点即为线段的起点，按住鼠标不放，拖动鼠标到线段终点，释放鼠标即可生成直线。

绘制过程中，按住 Shift 键，分别朝水平、上下、斜角方向拖动，将分别产生水平、垂直或倾斜角度为 45°的线段。如图 8-20 所示：

任意角度　　　水平　　　45度　　　垂直

图 8-20　不同角度的直线

2. 绘制矩形

(1)矩形。选择工具箱中的矩形工具,进入绘制矩形状态,此时光标变成 。将光标移至待绘制矩形的左上角位置单击,并按住鼠标左键不放,拖动鼠标到矩形的右下角。释放鼠标左键,即可生成矩形。

在绘制过程中,按住 Shift 键,系统自动生成一个正方形,如图 8-21 所示。

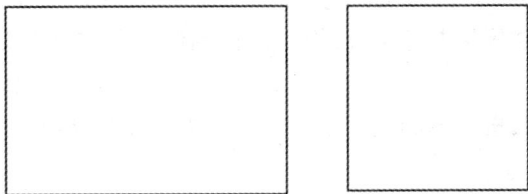

图 8-21　绘制矩形

(2)隐边矩形。隐边矩形是不显示矩形的某边,该操作对矩形有效。

操作方法为:先选中矩形,选择"美工"→"隐边矩形",弹出对话框;然后选择要隐藏的边,选中"预览"可实时查看设置效果。如图 8-22 所示,该矩形隐藏了左边线。

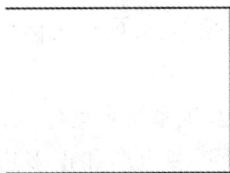

图 8-22　隐边矩形

（3）矩形分割。矩形分割可以将一个矩形平均分为几个大小相等的矩形。操作方法为：选中要分割的矩形，然后选择"美工"→"矩形分割"，弹出对话框，然后在对话框中设置相应参数，如图8-23所示。

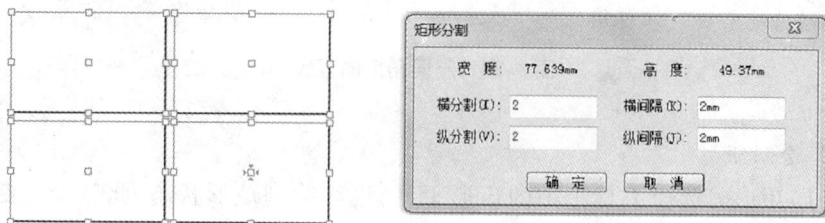

图 8-23　矩形分割

3. 绘制椭圆、菱形、多边形

（1）椭圆。选择工具箱中的椭圆工具，光标变成 ，将光标移至待绘制的椭圆的左上角，按住鼠标左键不放，拖动鼠标到椭圆右下角。松开鼠标左键，即可生成椭圆。

在绘制过程中，按住 Shift 键，自动生成正圆，如图8-24所示。

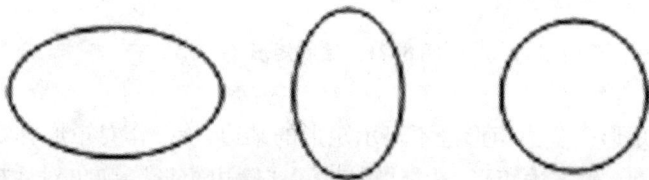

图 8-24　绘制椭圆

（2）菱形。选择工具箱中的菱形工具，光标变成 。将光标移至待绘制的菱形的左上角位置，按下鼠标左键不放，拖动鼠标左键到菱形右下角。松开鼠标左键，系统生成菱形。

在绘制过程中，按住 Shift 键，则系统自动生成正菱形，如图8-25所示。

（3）多边形。飞腾创艺可绘制多边形和正多边形，并可以指定多边形的边数和角。选择工具箱中的多边形工具，双击多边形工具，弹出"多边形设置"对

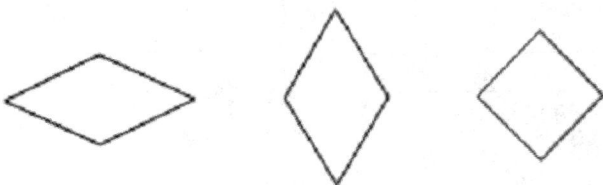

图 8-25　绘制菱形

话框,如图 8-26 所示。设置多边形边数,以及内插角度数,点击"确定"后进入绘制多边形状态,光标变成🖰,即可进行绘制。

在绘制过程中,按住 Shift 键,则系统自动生成正多边形。

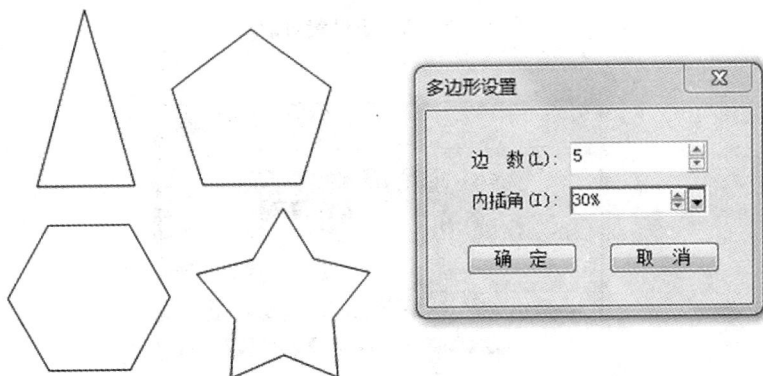

图 8-26　绘制多边形

4.角效果和块变形

(1)角效果。飞腾创艺可以对矩形或其他图元设置角效果。根据选中的图元是否为矩形,选择"美工"→"角效果",弹出不同的设置对话框。如图 8-27 所示,是选择矩形后设置角效果的对话框,以及各种不同的角效果。选择"效果"后,激活四角设置选项,分别对应矩形四个角。在高度和宽度编辑框内指定圆角 X 轴方向和 Y 轴方向的长度值;当选中"宽高相等"时,宽度与高度联动;如果选中"四角连动",其他角也相应连动。选中"使用百分比",则"高"和"宽"的值用百分比表示,单击"确定"即可完成设置。

图 8-28 所示的是其他图元的角效果设置对话框。

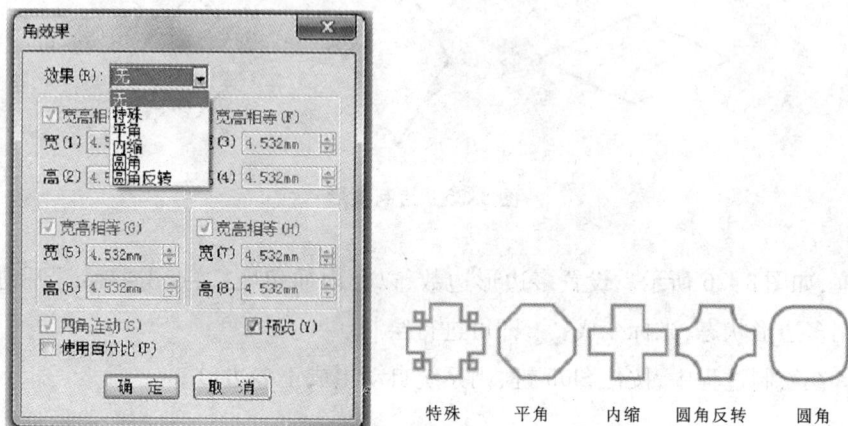

图 8-27　角效果设置对话框

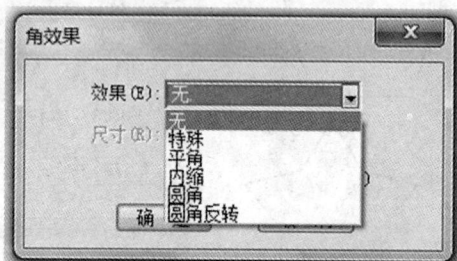

图 8-28　其他图元的角效果设置对话框

（2）块变形。此功能可以将任意图元、文字块和图像快速转为矩形、菱形、椭圆、多边形、对角直线、曲线。

操作方法为，用选取工具选中图元（文字块、图像），选择"美工"→"块变形"，在二级菜单中选择需要的类型：矩形、菱形、椭圆、多边形、对角直线、曲线。

5．画笔工具

使用画笔可绘出任意形状的图元，从工具箱钢笔工具组中选取画笔工具，在版面的任意位置按下鼠标左键，就确定了曲线的起点。在版面拖动鼠标，系统根据鼠标的移动，自动绘制贝塞尔曲线。松开鼠标左键将结束绘制，光标所在点即是曲线的终点，如图 8-29 所示。

需要说明的是,双击画笔工具,弹出"画笔工具"精度设置的提示框,可以设置高、中、低三种精度,默认为高精度。另外,画笔可实现续绘功能,把画笔工具移动到一不封闭曲线端点,则可在此端点处续绘此曲线。

图 8-29　画笔绘制曲线

6. 钢笔工具

钢笔工具可用来绘制贝塞尔曲线或折线。还可以在已有的曲线或折线的端点处接着绘制。使用续绘功能,也可以连接两条非封闭的曲线或折线。

(1)绘制折线。将钢笔工具点击到版面上,设置第一个点。松开鼠标左键,移动到第二个位置点击,即可在两点之间形成直线,同时,我们将两个单击点称为节点。在绘制过程中,按 Esc 键可以删除上一个节点。依次在其他位置单击鼠标创建新节点,绘制连续直线。将光标移至起点位置,当光标呈 形状时单击鼠标,得到一个封闭图形并结束绘制。如图 8-30 所示,是钢笔工具绘制折线。

需要说明的是,利用钢笔工具绘制图形时,除了单击起点结束绘制外,在任意位置双击鼠标左键或单击鼠标右键均可结束绘制。另外,在绘制过程中按住 Shift 键,可绘制水平、垂直或 45°的直线。

图 8-30　钢笔绘制折线

(2)绘制贝塞尔曲线:

①将钢笔工具点击到到版面上,并按住鼠标左键,拖动鼠标,即可设置第一个点。

②松开鼠标左键,到第 2 个点按下鼠标左键,同时在版面上拖动,调整切线

的方向及长短,即可调整曲线的弧度。

③松开鼠标左键,到第3个点按上述第(2)步拖动鼠标即可绘制连续曲线,如图8-31所示。在绘制过程中,按Ctrl键可以将光滑节点变为尖锐节点。尖锐节点表示调整切线时仅调整节点一边的曲线;光滑节点表示调整切线时节点两边的曲线同时调整。

④结束绘制。双击鼠标左键或单击鼠标右键即可结束绘制。

图8-31 钢笔绘制曲线

小提示

双击鼠标左键或单击右键即可结束绘制。绘制封闭曲线时,将终点与起点重合即可。

(3)续绘。钢笔工具能续绘非封闭贝塞尔曲线或折线,当光标变为 🖊+ 时可以续绘,如图8-32所示。

图8-32 续绘

小提示

选中曲线或节点,在右键菜单里可以进一步编辑贝塞尔曲线。

（4）编辑贝塞尔曲线。完成贝塞尔曲线的绘制后,可以使用穿透工具选中曲线,继续编辑曲线。

选择穿透工具,单击要修改的贝塞尔曲线,将显示出该曲线的节点。将穿透工具移到节点上,选中节点即可拖动节点;穿透工具移到节点之间的曲线上,即可拖动曲线;穿透工具移到切线上,即可调整切线方向和曲线弧度,如图8-33所示。需要注意的是,选中曲线或节点,在右键菜单里还可以进一步编辑贝塞尔曲线。

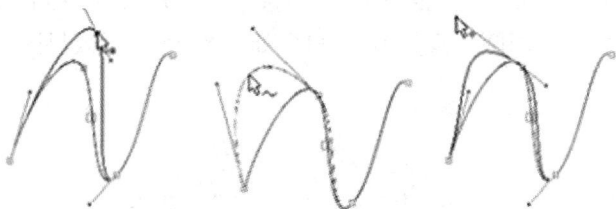

图8-33 编辑贝塞尔曲线

7.路径运算和复合路径

（1）路径运算。在飞腾创艺中,选中多个图元执行图元的路径运算,即可得到另一个图元。路径运算也适用于图元与图像的运算。

操作方法为,选中多个图像,然后选择"对象"→"路径运算",在二级菜单里选择运算类型,包括并集、差集、交集、求补和反向差集,效果如图8-34所示。

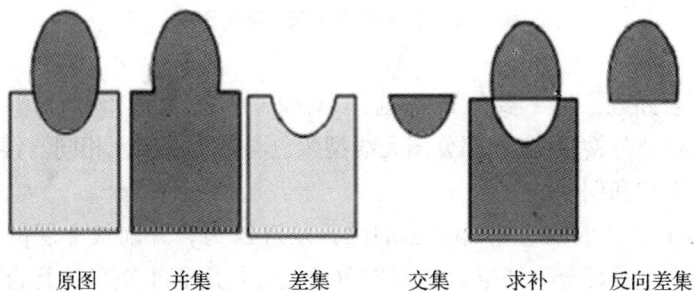

原图　　　　并集　　　　差集　　　　交集　　　求补　　反向差集

图8-34 路径运算的类型

小提示

原来的几个图元运算后形成一个独立的图元,最终图元的属性在做并集、交集、求补或反向差集时取上层图元的属性,在做"差集"运算时取下层图元属性,与选中先后顺序无关。

示例操作步骤:

①绘制一个圆,并填充颜色,然后绘制一个小些的园,与其进行圆心对齐。

②将两者同时选中,选择"对象"→"路径运算"→"差集",得到圆环。

③将圆环放置到一张图像下方,同时选中圆环和图像,选择"对象"→"路径运算"→"交集",使用圆环修剪图像,得到如图 8-35 所示效果图。

图 8-35　制作圆环图形并裁剪图片

(2)复合路径。选中多个图元,选择"对象"→"复合路径"后合并成为一个图元块,重叠部分镂空,其他部分图元线型颜色与最上层图元相同。镂空有两种情况:奇层镂空和偶层镂空。

①奇层镂空。奇层镂空合并后的图元块底纹为合并前最上层的图元的底纹,图元间未重叠部分为镂空。如图 8-36 所示,是由若干矩形执行奇层镂空后所得效果。

②偶层镂空。偶层镂空合并后的图元间重叠部分为镂空,图元间未重叠部分的底纹颜色与合并前最上层的矩形颜色相同。如图 8-37 所示,是由若干矩形执行偶层镂空后所得效果。

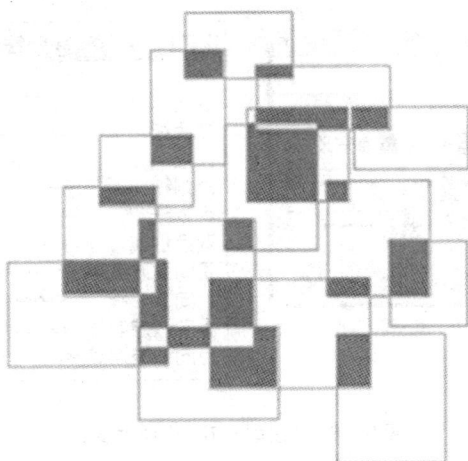

图 8-36　奇层镂空

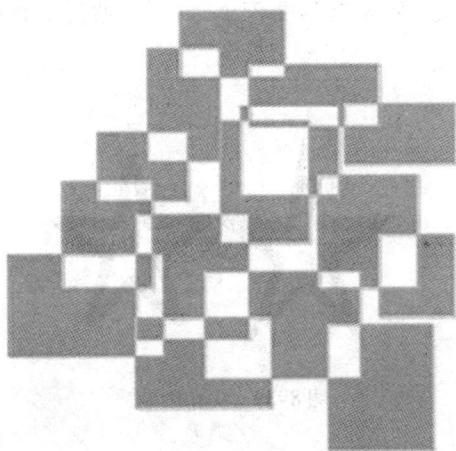

图 8-37　偶层镂空

二、线型、花边和底纹

1. 线型

选择"窗口"→"线型与花边",弹出"线型与花边"浮动窗口,如图 8-38 所示。选中要设置花边的图元,在窗口里选择需要的设置选项即可。

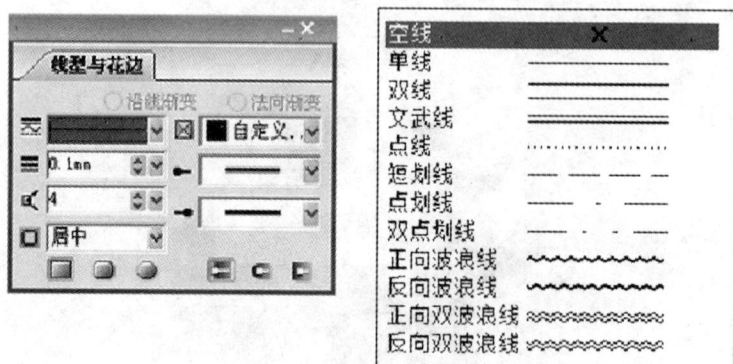

图8-38 "线型与花边"浮动窗口

通过窗口可以设置线型、线宽、颜色、尖角限制、前后端点等项目,这里讲解其中几种设置:

①尖角限制:当线框转角处角度较小时,可以通过尖角幅度,控制尖角的长度,如图8-39所示。

图8-39 尖角限制

②前端点和后端点:一般在绘制直线时用得多。如图8-40所示,图上方为前后端点做相应设置的线段,下方为圆头线段。

图8-40 前后端点设置

③交角类型 ▢ ◗ ◯ ：设置线框交角类型为尖角、圆角或折角，如图
8-41所示。

交角　　　　圆角　　　　折角

图8-41　线框交角类型

④端点角效果 ▢ ◖ ▢ ：设置线型端点为平头、圆头或方头。

需要提醒的是，线框的常用操作"线型"、"线宽"和"线宽方向"，也可以通
过控制窗口设置，如图8-42所示。

图8-42　通过控制窗口设置线型

2. 花边

选择"窗口"→"线型与花边"，弹出"线型与花边"浮动窗口，选中需要设置
花边的图元，在线型下拉列表里选择"花边"，如图8-43所示。单击花边图案，
或者在"编号"编辑框内输入花边的编号，即可为所选图元设置花边效果。

小提示

花边不能作用于椭圆或曲线。

3. 底纹

选中图元，选择"窗口"→"底纹"，或在选中图元的右键菜单里选择相应选
项，弹出"底纹"浮动窗口，如图8-44所示。用鼠标单击底纹图案，或者在"编
号"编辑框内输入底纹对应的编号，即可将底纹作用于所选图元。在"颜色"下
拉列表里设置底纹颜色。

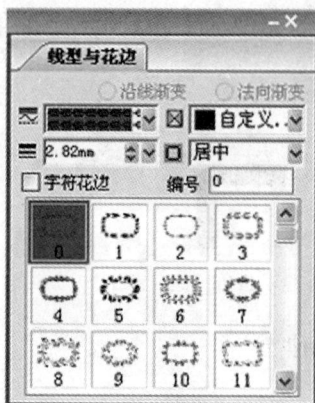

图 8-43 "线型与花边"浮动窗口

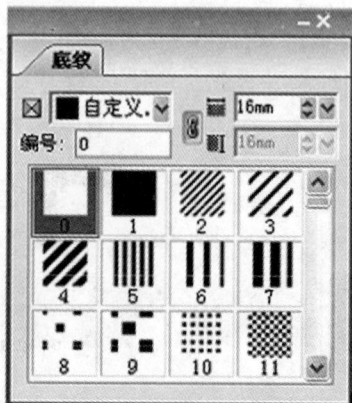

图 8-44 "底纹"浮动窗口

三、图元勾边

图元勾边分为直接勾边和裁剪勾边两种,以下分别介绍。

1.直接勾边

直接勾边可以在图元边框线的内外两侧同时勾边,并可以设置勾边线的颜色和粗细。

选中需勾边的图元,选择"窗口"→"图元勾边",弹出"图元勾边"浮动窗口,在"勾边类型"下拉列表里选择"直接勾边",浮动窗口如图 8-45 所示。直接勾边效果如图 8-46 所示,该三角形的内外两侧同时进行了勾边。

图 8-45 "图元勾边"浮动窗口

图 8-46 三角形的直接勾边效果

还可以在"勾边内容"下拉列表里选择"一重勾边"或"二重勾边"。一重勾边在原线框内外添加一层边框,二重勾边可以在一重勾边的基础上再加一层边框。

2.裁剪勾边

裁剪勾边即当勾边的图元压在图像或图元上时,保留压图部分的勾边效果,裁剪掉不压图部分的勾边效果。当图元压图时,往往不能清晰地显示图元轮廓,此时可以使用裁剪勾边功能对压图部分的图元勾边,给图元添加与底图色差较大的边框,以突出图元。

选中要裁剪勾边的图元,选择"窗口"→"图元勾边",在"图元勾边"浮动窗口的"勾边类型"下拉列表里选择"裁剪勾边",如图8-47所示。

图8-47　在"图元勾边"浮动窗口选择裁剪勾边

有以下几个问题需要说明:

(1)勾边对象:选中"图像",则图元压在图像上时有勾边效果;选中"图形",则图元压在图形上时才会有勾边效果。实践操作时可同时选择,以节约操作时间。

(2)勾边内容:选择"一重勾边"或"二重勾边"。如图8-48所示,上方图元执行的是一重勾边,下方两图元执行的是二重勾边。

(3)一重裁剪和二重裁剪:选中"二重勾边"时,此选项被激活,选择"一重裁剪"即裁剪掉不压图部分第二层勾边效果;选择"二重裁剪",即裁剪掉不压图部分全部勾边效果。如图8-48所示,下方两个图元分别执行的是一重裁剪和二重裁剪。

四、素材库

为了将版面上排好的对象保存起来,供今后工作时调用,飞腾创艺提供了素

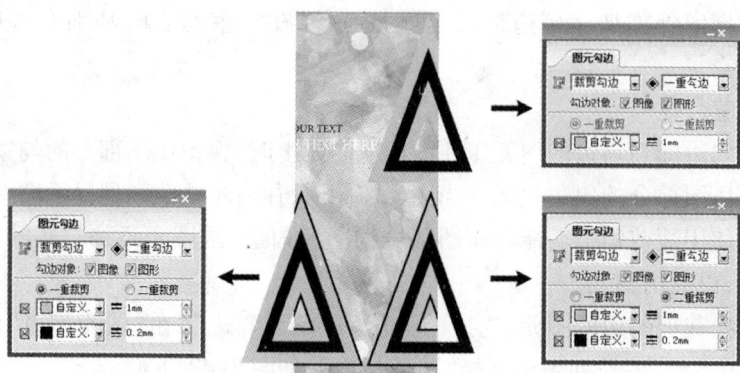

图 8-48　一重勾边和二重勾边

材库管理工具。对象将被保存为 *.odf 类型的库文件。日后需要调用该对象时，可以随时在素材库窗口中打开库文件，将保存的对象拖到版面上直接使用。

选择"窗口"→"素材库"，弹出"素材库"浮动窗口，如图 8-49 所示。

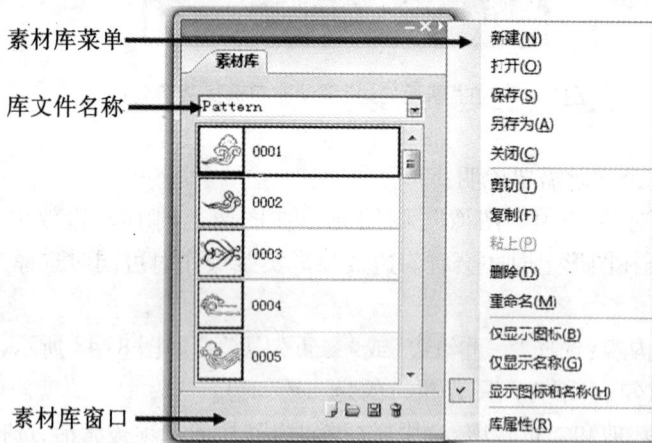

图 8-49　"素材库"浮动窗口

1. 对象的出库、入库

新建或打开一个素材库，选中版面上的对象，按住鼠标左键，拖入素材库窗口，弹出"新建素材"对话框，输入对象名，点击"确定"，完成对象入库。需要使用时,选中素材库窗口中的对象,拖入版面即可。

2.使用飞腾创艺自带的 odf 库

飞腾创艺自带的素材库,包括古典图案、服装模板、时尚人物、剪纸、简单图标和边角6大类。点击"素材库"浮动窗口下方的"打开素材库"按钮,选择一个 odf 文件,点击"打开"即可使用。

实训:制作广告宣传单

实训目的:

- 掌握图形绘制,特别是钢笔工具的使用,以及底纹的填充方法。
- 掌握对齐、成组、块变形、角效果、图框适应、线型与花边等命令的使用方法。
- 熟悉矩形分割命令的应用。

实训内容:制作蛋糕店广告宣传单。

操作步骤:

(1)打开素材文件夹中"第四章实训"的文件1,在页面下方绘制如图 8-50 所示的矩形边框。然后将矩形框选中,选择"美工"→"矩形分割",将矩形分割对话框打开,选择如图 8-51 所示的参数,将矩形分割成横向为 5 个、纵向为 3 个的若干小矩形。

图 8-50 绘制矩形边框

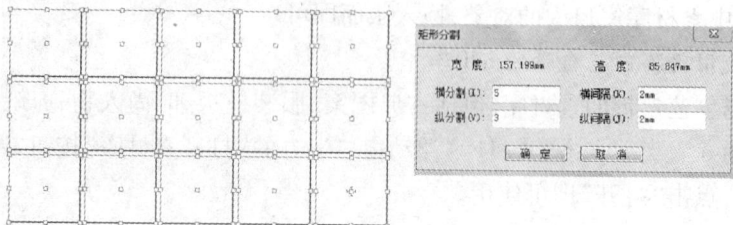

图 8-51　矩形分割设置

（2）框选所有小矩形，选择"美工"→"线型与花边"，打开"线型与花边"面板，设置 0.5mm 的单线，颜色自定义为 30% 灰色，参数如图 8-52 所示。

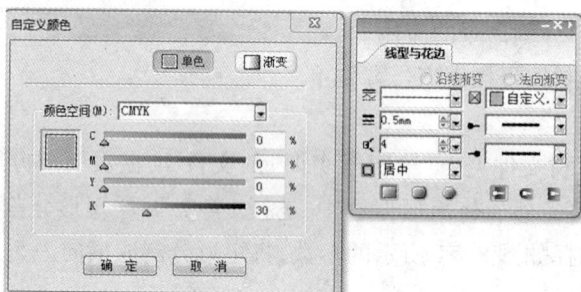

图 8-52　线型与花边设置

（3）框选所有小矩形，选择"美工"→"块变形"→"圆角矩形"，将直角矩形全部修改成圆角矩形。然后选择"美工"→"角效果"，将圆角的宽高设置为 6mm，设置参数如图 8-53 所示。

图 8-53　角效果设置

（4）单击其中一个小矩形,然后单击工具条上的"排入图像"按钮 ,选择一张图像排入小矩形框内。然后选择"对象"→"图框适应"→"图适应框",或者直接单击控制面板上的"图适应框"按钮 ,使图像完全按照矩形框的大小形状排入。采用同样的方法,可对其他矩形框内排入图像,效果如图8-54所示。

图8-54　在小矩形框内分别排入图像

（5）选中其他未排入图像的矩形,选择"窗口"→"颜色",将颜色面板打开,选择"底纹"颜色设置,给未排入图像的矩形添加底纹颜色,参数为:$C = 0$,$M = 0$,$Y = 30$,$K = 0$。

（6）使用文字工具T,生成两个文字块,分别输入文字"品尝"和"真正香浓美味",然后选中文字框,选择文字排版方向为"正向竖排"。

（7）更改文字属性。用文字工具 T 选中"品尝",设置为小初号方正黑体简体;用文字工具 T 选中"真正香浓美味",设置为小一号方正黑体简体,文字颜色设置如图 8-55 所示。

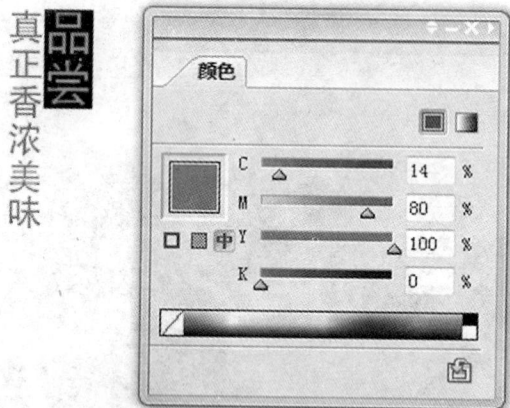

图 8-55　文字颜色及对齐设置

（8）将两个文字块同时选中,执行"顶端对齐"和"左右边齐",然后点击"成组"。

（9）将版面右侧的两个小矩形块删除,将成组后的文字块移动到矩形方阵右侧,效果如图 8-56 所示。

图 8-56　将文字块放入矩形方阵右侧

（10）用文字工具 T 输入文字"无限美味　尽在佳美"，然后将文字排版方向调整为"正向竖排"，将文字设置为四号方正隶变繁体字，然后将文字块放置到正中间的矩形块中，与矩形块执行"中心对齐"，效果如图 8-57 所示。

图 8-57　在中间的矩形块中放置广告语

（11）下面对版面进行图形装饰。将横轴的标尺 0 刻度调整到版面上方线处，在间隔 10mm、20mm、30mm 处分别从上方标尺处拉出三根提示线，如图 8-58 所示。

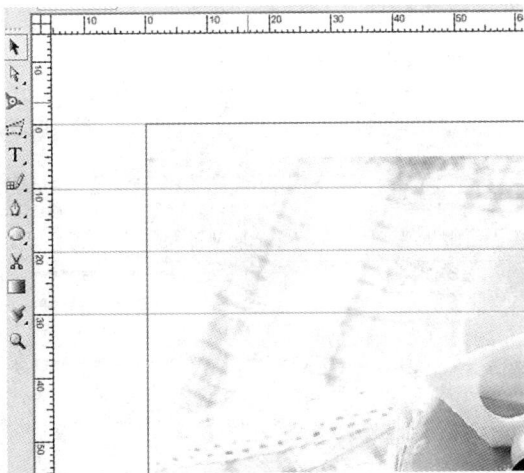

图 8-58　拉出提示线

（12）在提示线的辅助下，利用钢笔工具绘制波浪线，长度贯穿整个版面的宽度，如图 8-59 所示。

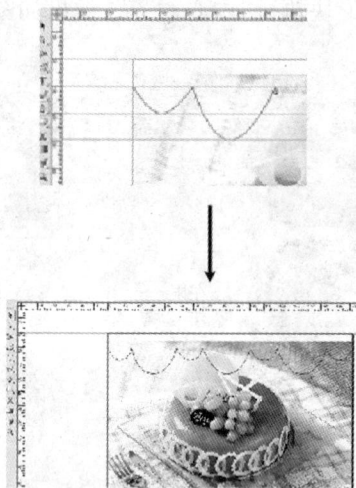

图 8-59　用钢笔绘制图形

（13）选中绘制好的图形后，选择"美工"→"底纹"，打开底纹面板，参数设置如图 8-60 所示，选择 5 号底纹，宽高设置为 4mm，颜色为 M=70、Y=100。然后选中对象，选择"美工"→"阴影"，打开阴影面板，设置不透明度为 50%，XY 的偏移量为 1mm，设置好参数后，得到效果如图 8-61 所示。至此，蛋糕店广告宣传单的制作就完成了，效果如图 8-62 所示。

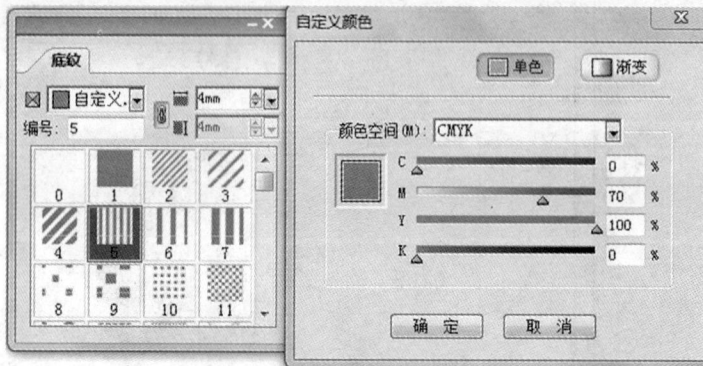

图 8-60　设置底纹参数

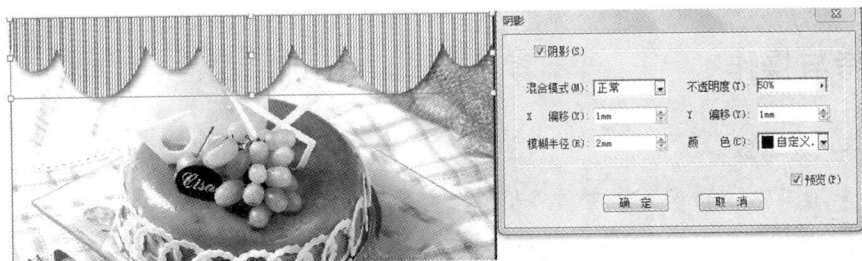

图 8-61 设置底纹及阴影

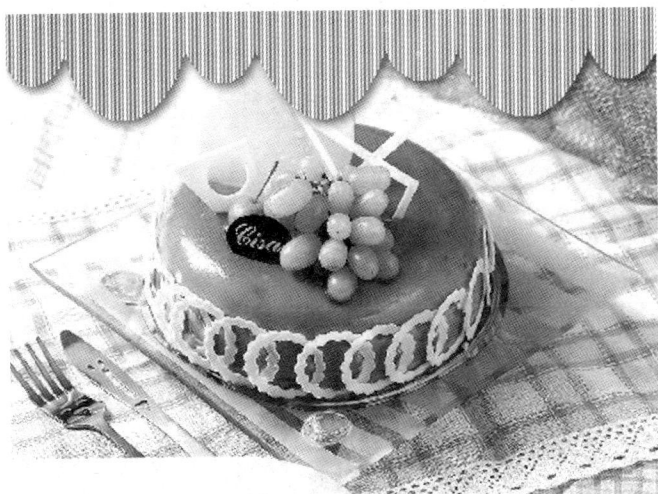

图 8-62 制作完成的广告宣传单

思考与操作

一、思考题

1. 在方正飞腾创艺中如何选中多个对象？有哪几种方法？

2. 调整对象大小时，按住什么键可进行等比例缩放？

3. 用钢笔工具绘制图形时，结束绘制应如何操作？

4. 完成贝塞尔曲线的绘制后，使用什么工具可继续编辑曲线？

5. 什么是图元勾边的直接勾边和裁剪勾边？它们有何区别？

二、操作题

1. 下图是四个等大小的图形，应用哪几种对齐方法可以得到如图所示的对齐效果？

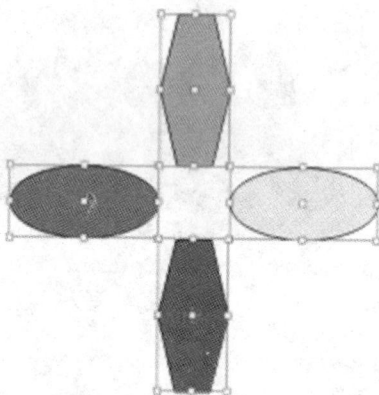

2. 下图主要应用了对齐和成组命令，试操作得到如图所示的效果。

3.下图主要应用了矩形分割命令,除此之外还应用了什么命令才得到如图所示的效果? 试操作之。

4.利用路径运算制作如图所示的"甲壳虫"汽车。

第九章　图像处理

内容提要

- 如何在方正飞腾创艺中排入图像,并进行裁剪、缩放等操作。
- 如何进行图像勾边、图像去背等操作。
- 如何为图像添加阴影、羽化、透明和转为阴图等特殊效果。

第一节　图像的基本操作

一、排入图像

单击标准工具条中的"排入图像"按钮 ,弹出"排入图像"对话框,如图9-1所示。选中需要排入的图像(可以按住 Ctrl 键或 Shift 键选取多个图像,一次性排入版面)。选中"预显",可显示选中图像。在预览区域下方点击"检视图像信息"按钮,即可查看图像原始信息。单击"确定"按钮即可进入排入图像状态 ,有以下几种方法将图像排入。

(1)直接单击排入。将光标在版面的合适位置单击即可按原图大小排入图像。

(2)拖画鼠标排入。按住鼠标左键,鼠标在版面拖画,则可以按照拖画区域排入图像。按住 Shift 键,则可以等比例排入图像。

(3)将图像排入画框。将光标点击到图框上,即可将图像排入图框。此外,首先选中图框,然后进行"排入图像"操作,也可以将图像排入到图框内。

需要注意的是,排入图框的图像还可选择"图适应框"或"框适应图"来调整图像与图框的关系。选择"对象"→"图框适应",有四种选择:"图居中"意为将图像放在边框的中心位置,"框适应图"意为边框的大小与图像相同,"图适应框"意为图像与边框的大小形状相适应,"图按最小边适应"意为图形按照最小边适应边框。图 9-2 所示是"图框适应"的按钮。

图 9-1 排入图像

图 9-2 图框适应

小提示

如果在文件设置里选中"不使用 RGB 颜色",如图 9-3 所示,当排入的图像是 RGB 颜色时,系统弹出提示对话框,如图 9-3 所示,选择"是",允许排入图像;选择"否",不排入图像。用户可以选中"允许使用 RGB 颜色",则以后排入 RGB 颜色的图像时不再弹出提示。也可以通过"文件"→"工作环境设置"→"文件设置"→"常规"取消"不使用 RGB 颜色",修改设定后也可允许排入 RGB 颜色的图像。需要说明的是,飞腾创艺支持排入 8 种类型的图像格式:TIF、EPS、PSD、PDF、BMP、JPG、PS、GIF。有关 CMYK 模式和 RGB 模式的相关介绍,请详见第十一章色彩应用的第一节。

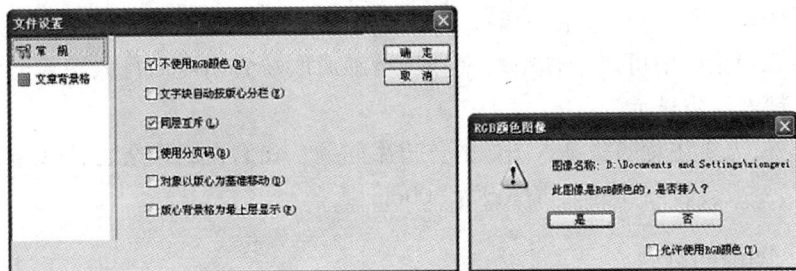

图 9-3 不使用 RGB 颜色

小提示

选择"文件"→"工作环境设置"→"偏好设置"→"图像"→"自动带边框"，则图像排入时默认带黑色边框。

二、图像的基本编辑

1. 调整图像大小

（1）整体调整图像大小。使用选取工具选中图像，将光标置于控制点拖动即可调整图像大小，按住 Shift 键可等比例调整。

（2）用穿透工具调整图像大小。使用穿透工具选中图像，将穿透工具置于节点上，按下鼠标左键拖动，即可调整图像大小，如图 9-4 所示。也可以切换到选取工具，将选取工具置于图像控制点，拖动即可。

图 9-4 穿透工具调整图像大小

2. 图像显示精度

飞腾创艺提供选择图像显示精度分级的功能，以便在图像的显示效果和显示速度之间做出取舍。精度越高，显示越清晰，但显示速度较慢。

具体操作方法为，选中一幅或多幅图像，在右键菜单中选择"图像显示精度"，在二级菜单中可以选择粗略、一般、精细或取缺省精度。排入图像时默认按缺省精度品质显示。

另外，需要注意的是排入图像的分辨率问题。我们在制作杂志、DM 宣传品图片时，一般会将图片的分辨率设为 300dpi。

三、图像的裁剪

对图像进行裁剪可以有多种方法，可以通过图像裁剪工具、剪刀工具进行裁

剪,或者用裁剪路径裁剪图像,还可以用钢笔工具裁剪图像。以下分别作介绍:

1. 裁剪工具

从工具箱里选取图像裁剪工具 ,单击图像,拖动图像边框控制点,即可裁剪图像,如图9-5所示。此外,按住 Ctrl 键,使用选取工具拖动图像边框控制点也可以裁剪图像。

图9-5　使用裁剪工具裁剪图片

2. 剪刀工具

剪刀工具可以沿工具划出的曲线分割图元或图像。方法是双击剪刀工具 ,弹出剪刀工具对话框,可以设计剪刀工具的精度,精度越高,剪刀轨迹越光滑。具体使用方法有以下几种:

(1)画线:在图像上画出分割线即可裁剪图像。

(2)点剪:将剪刀工具置于图像边框上,当光标变化时,单击边框,设置第一个断点,然后点击第二条边框,设置第二个断点;以两点之间的直线为分割线,裁剪图像。

(3)扣洞:用剪刀工具在图像内画出封闭区域时,即可提取图像中部区域。

3. 用裁剪路径裁剪图像

用裁剪路径裁剪图像,是指将图元设置为裁剪路径,与图像一起执行成组命令,如图9-6所示。裁剪的步骤如下:

(1)选中需要作裁剪路径的图元,选择"美工"→"裁剪路径",即可将图元设置为裁剪路径。

231

（2）将需要被裁剪图像与图元重叠放置，在右键菜单里选择"成组"。

（3）使用穿透工具选中图像，即可移动图像，调整图像在边框内的显示区域。

值得一提的是，除了图元可以裁剪图像外，也可以使用文字块裁剪图像，从而取得丰富的文字效果。

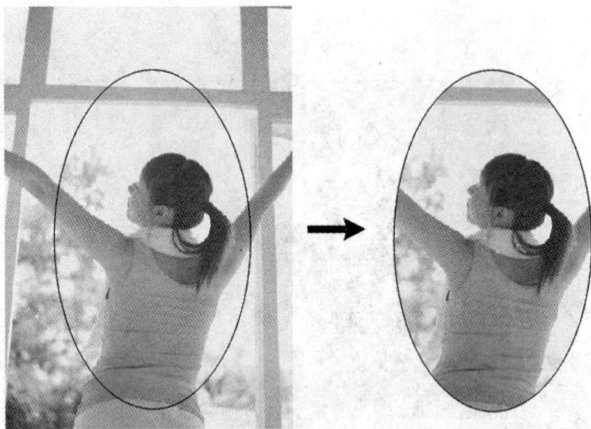

图9-6　用裁剪路径裁剪图像

4. 用钢笔工具裁剪图像

当图像色彩复杂时，需要使用钢笔工具勾图，配合裁剪图像的功能可将图像轮廓勾画出来。具体操作步骤如下：

（1）选择钢笔工具，沿图像轮廓勾画封闭路径。

（2）使用选取工具，同时选中图像和路径，选择"美工"→"裁剪图像"，即可裁剪图像。

小提示

（1）用钢笔工具勾画出的封闭轮廓，可以与其他图形一样，在其中排入文字。如图9-7所示，就是在一个用钢笔工具勾画的啤酒瓶图形中排入文字的效果（用 Ctrl + Alt 组合键可在图形内排入文字）。

（2）将用钢笔工具勾好的图像可与文字发生图文互斥（轮廓互斥），如图9-8所示，先将人物的轮廓勾画出来，然后与文字进行轮廓互斥。

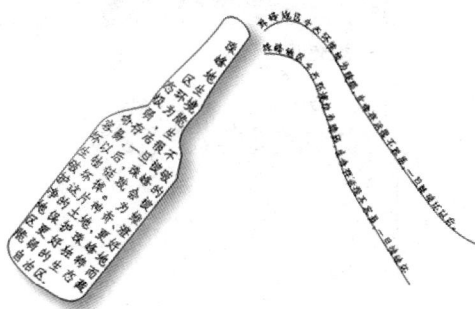

图 9-7　在图形中排入文字

图 9-8　图文互斥

四、图像管理

通过图像管理窗口可以查看图像状态,当版面上缺图或更新图像时,将自动弹出图像管理窗口,显示缺图或已更新。选择"窗口"→"图像管理",弹出"图像管理"浮动窗口,如图 9-9 所示。

通过图像管理面板可以查看图像状态,编辑和更新排入的图像。有如下三种状态:

(1)正常:表示图像排入后没有被删除、更改路径或者做任何修改。

(2)缺图:表示图像在排入后,源图像或路径已经被移动、删除或改名了,飞

233

图 9-9　图像管理

腾创艺无法找到该图像。

（3）已更新：提示用户图像文件修改过，飞腾创艺已经将改动结果自动更新到版面上。此时用户可以点击"更新"按钮，将图像状态调整为"正常"。点击"全部更新"按钮，则将所有"已更新"状态的文件改为"正常"状态。

当图像文档更名后，需要重设图像，否则将报缺图。在图像管理窗口内选中图像，单击窗口底部的重设按钮，弹出"排入图像"对话框。选择重设的图像，点击"打开"，弹出"重设图像"对话框，如图 9-10 所示。"按原图属性设定"表示按即将导入的图像原始大小导入版面；"按之前版内图像属性设定"表示图像按照版面内图像的大小、缩放、旋转等属性导入。

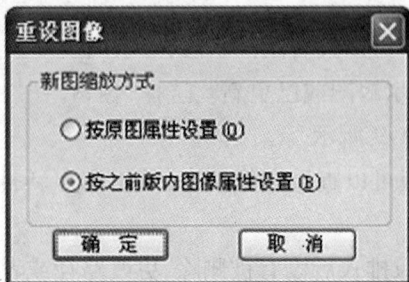

图 9-10　"重设图像"对话框

234

小提示

　　在飞腾创艺中排入的图像都是以链接方式排入,即在飞腾创艺文件中保存的仅仅是图像文件的路径。因此,排入图像后,用户最好不要改变源图像路径、名称等,否则会导致版面中的图像失效。因此最好将图像文件与飞腾文件保存在同一文件夹下,则移动该文件夹位置不会使图像失效。

五、启动图像编辑器

　　此功能可方便用户直接从飞腾激活第三方图像处理软件,修改版面上的图像,修改结果将自动更新到版面上。

　　首先选中一幅图像,选择"编辑"→"启动图像编辑器",或在右键里选择。处理好图片后保存,在飞腾创艺里自动会更新图像的处理结果。

小提示

　　如何在 Photoshop 里保存图像路径,然后导入方正飞腾创艺中? 具体操作方法是首先在 Photoshop 里给图像勾画路径,然后选择"保存路径"→"剪贴路径",这样将图片导入飞腾创艺中可自动带入路径。

第二节　图像勾边与图像去背

一、图像勾边清除背景图

　　当图像背景单一时,或者与主体对比度相差较大时,可以使用图像勾边直接清除背景图。

　　操作方法为,选中带背景的图像,选择"美工"→"图像勾边",在对话框中设置临界值和容忍度,操作过程中可点击预览,查看效果,调整参数。如果需要清除图像勾边效果,恢复原图,则选中图像,取消"图像勾边"选项即可。如图 9-11 所示,该图将图片的白底清除掉了。

二、图像去背

　　当图像背景比较复杂,或者需要截取图像某一部分时,可以使用图像去背命

图 9-11　图像勾边清除背景图

令。首先在图像上框选择需要取到的图像范围,界定去背区域,然后使用"自动去背"。选择"美工"→"图像去背"→"框选区域",然后将光标置于图像上框选择需要去背的区域,再选择"美工"→"图像去背"→"自动去背"。

　　如果图像周围有多余的部分未去掉,可以选择穿透工具,点击图像,可以看到图像的裁剪路径,使用穿透工具拖动节点可裁剪掉多余的部分。

小提示

　　对自动去背效果不满意时,可以重新选择"美工"→"图像去背"→"框选区域",则图像恢复原貌,可重新操作。

三、将裁剪路径转为边框

　　使用选取工具选中带裁剪路径的图像,在右键菜单里选择"将裁剪路径转为边框",即可将图像裁剪路径转为边框。

　　图像的裁剪路径可以是排入飞腾创艺的图像自带的路径,也可以是在飞腾创艺里对图像执行"图像勾边"和"图像去背"后,形成的图像裁剪路径。

　　如图 9-12 所示,就是执行了图像勾边命令后将裁剪路径转为边框,并填充颜色后形成图片剪影效果的图片,具体操作步骤如下:

　　(1)选中已执行"图像勾边"操作的图像,在右键菜单里选择"将裁剪路径转为边框"。

　　(2)使用选取工具选中图像,为图像设置单线,即可看到图像边框。

　　(3)鼠标点击到空白处,即图像处于非选中状态。选择穿透工具,点击图像,即可选中图像,然后按 Delete 键删除图像,仅保留边框。

　　(4)使用选取工具选中边框,在色样浮动窗口里设置底纹颜色为黑色,即可形成图片的剪影效果。

图 9-12　将裁剪路径转为边框

四、图片的阴影、羽化、透明和转为阴图

选择"美工"菜单下的"阴影"、"羽化"、"透明",可美化图片,还可将图像转为类似照片底片的效果(PDF/PS/EPS 格式的图像不能转为阴图),选择"美工"→"转为阴图"即可,如图 9-13 所示。

阴影　　　　　羽化　　　　　透明　　　　转为阴图

图 9-13　阴影、羽化、透明与转为阴图效果

实训:制作报纸副刊版面

实训目的:

- 掌握排入图像、缩放、旋转图像的方法。
- 掌握图像裁剪、图像勾边、图像裁剪路径转为边框的方法。
- 掌握使用图元或路径裁剪图像的方法。
- 熟悉钢笔勾画路径的方法。

实训内容:完成报纸副刊一个时尚版面的排版工作。

操作步骤:

(1)打开素材文件夹中"第五章实训"的文件1,首先了解该版面的文章内容与字数,做到心中有数。将标题为"因为简约　所以美丽"的文章排入版面,将标题、引言、正文、作者分别剪切出来,生成单独的文字块,放置在一边备用。

(2)依据版面内容和主题,我们先规划整个版面的布局,大致设定文字与图片的摆放位置。经规划,我们用钢笔工具绘制如图9-14所示的图形,这个巨大的T字图形将版面进行分割,可以很方便地进行图片和文字的配置,且版面不失活泼。当然这并不是唯一的版式,大家还可以尝试其他更多版式。然后对绘制的图形填充颜色,调整该图形的层次为最下层。

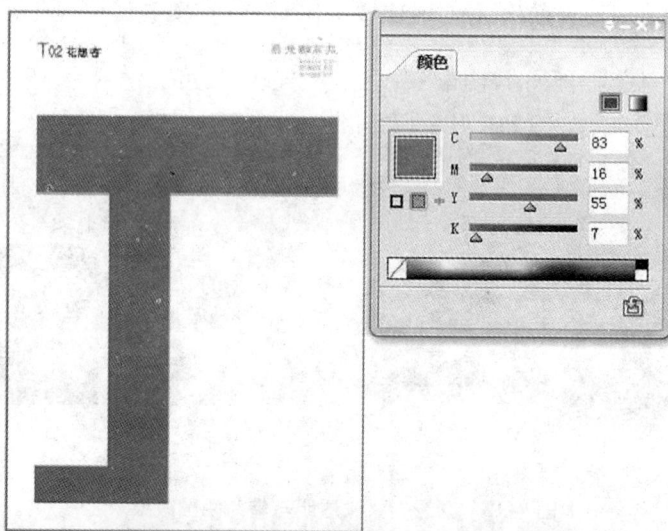

图9-14　用钢笔绘制图形并填充颜色

(3)将标题、引文、正文摆放在版面中合适的位置,然后进行文字属性设置,如图9-15所示。具体参数为:"大标题"为小特号方正报宋简体,"小标题"为四号方正黑体简体,"引言"为五号方正黑体简体,"作者"为四号方正报宋简体。标题及作者名称的颜色设置为白色。

(4)排入如图9-16所示的四张图片,进行等宽、纵向等距的对齐,放置在版面中间。

图 9-15   对文字块进行编排

图 9-16   排入图片并对齐

小提示

导入图片时,按住 Shift 键,可以等比例导入图片,并且可以控制导入图片的大小。

（5）导入人物图片,选中图片,选择"美工"→"图像勾边",打开图像勾边面板,通过调整临界值和容忍度来给图像勾边,得到如图 9-17 所示的效果。图中所示左图为原图,右图为勾边后的图像。

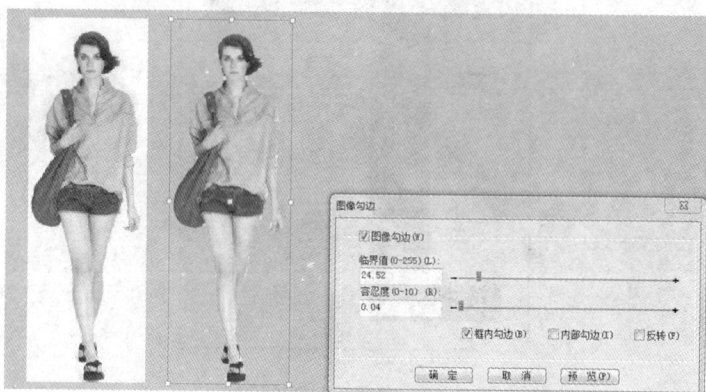

图 9-17　给图像勾边

（6）选中勾边后的图像单击右键,选择"将裁剪路径转为边框",然后选择"美工"→"线型与花边",打开线型与花边面板,设置 1mm 的白色单线,得到如图 9-18 的边框效果。

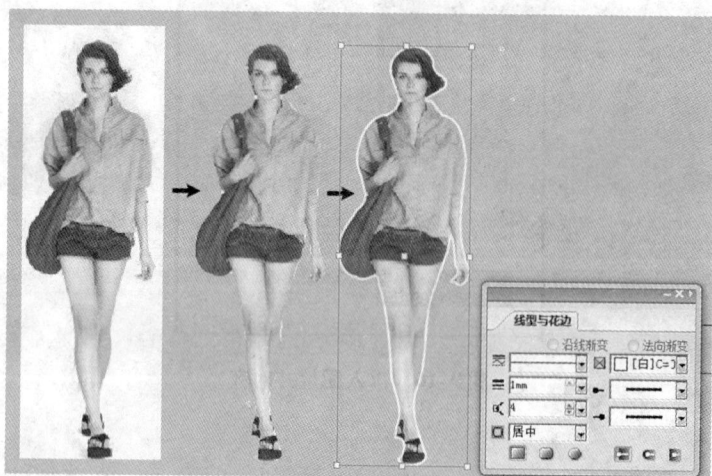

图 9-18　执行"将裁剪路径转为边框"命令

（7）将图片放置到页面中，调整好标题与图片的位置，效果如图9-19所示。

图9-19　将图片放置到页面中

（8）导入两张糖果包的图片，在图片上画椭圆，选中椭圆，选择"美工"→"裁剪路径"，将椭圆定义为裁剪路径，然后将椭圆与图片一同选中，然后选择"对象"→"成组"，或直接点击控制面板上的"成组"按钮，这样图像被椭圆裁剪，效果如图9-20所示。

小提示

被裁剪后的图像可用穿透工具点击图像，从而调整图像的大小及位置。

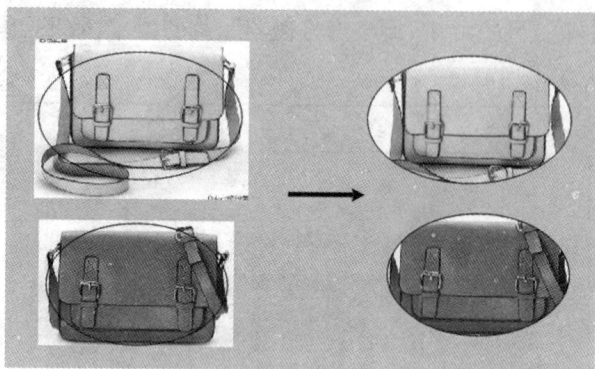

图 9-20　用图元裁剪图像

（9）选中被图元裁剪的图像，选择"美工"→"线型与花边"，打开"线型与花边"面板，将图像的边框设置为 1mm 单线，颜色为粉色，参数如图 9-21 所示。然后用旋转变倍工具对图像进行旋转和缩放。

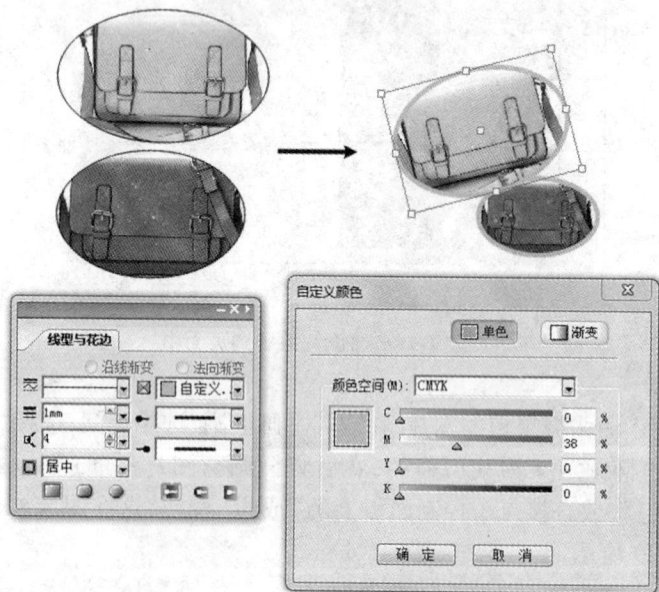

图 9-21　给图像加边框并进行旋转和缩放

（10）将设置好的图片放置到页面，如图 9-22 所示。

图9-22　将图片放置到页面中后的效果

(11)将有关化妆品的几张图片导入到页面中,除人物图外,其他几张图像分别执行"图像勾边"命令,去掉图片的白底,然后放置在版面的右边。至此,该版面的图片处理全部完成,最终完成效果如图9-23所示。

图 9-23　版面最终完成的效果

思考与操作

一、思考题

1. 飞腾创艺中,在排入图像状态下有哪几种方法排入图像?

2. 排入图框的图像如何调整图像与图框的关系?

3. 裁剪图像有哪几种方法? 请分别列出。

4. 在飞腾创艺中如何简单清除图片中的白底背景?

二、操作题

1. 排入图片,然后使用"图像勾边"与"图像去背"命令去除图像的背景。

2. 多找几张图片,用钢笔工具勾画出图片中事物的轮廓,并进行裁剪。

第十章　页面管理

内容提要

- 了解主页和普通页的区别,学会创建、编辑与应用主页。
- 如何进行页码的生成与修改。
- 如何对普通页进行创建、删除与移动操作。
- 如何提取目录,如何进行文件合并操作。

在页面管理中,有主页和普通页之分。选择菜单"窗口"→"页面管理",弹出"页面管理"浮动窗口,如图10-1所示,窗口分为主页窗口和普通页面窗口两部分,主页是虚拟的页面,普通页面是排版输出的页面,鼠标双击某个页面即可翻到该页面。

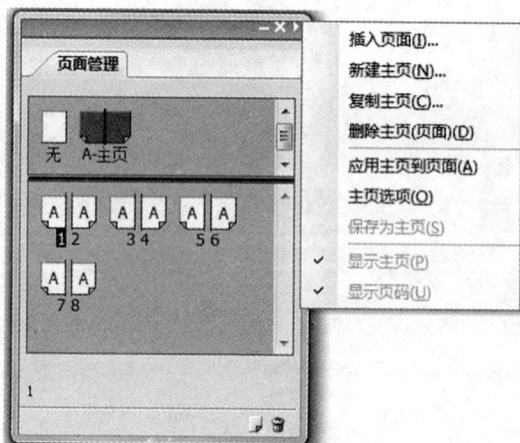

图 10-1　页面管理

246

第一节　主页操作

一、什么是主页

主页也被称为主版页面,它相当于出版物的模板,我们可以将出版物中相同的元素,例如页眉、页脚、页码、提示线、装饰对象等设计为主页版式,然后将其应用于各普通页面中,这样不但可以避免在各普通页面中进行重复性操作,还能保证出版物整体风格一致。主页具有以下特点:

(1)主页本身不是实际的页面,不会单独作为实际页面打印或输出。

(2)我们可以像编辑普通页面一样编辑主页,然后将其应用到普通页面中。

(3)在普通页面中不能编辑主页内容,只能在主页中才可编辑。

(4)我们可以创建多个主页,并为每个主页指定要应用的普通页面范围。

(5)为出版物添加页码时,需要利用主页进行。

二、主页的创建、编辑与应用

1.新建主页

在默认状态下,每个飞腾创艺文件都包含一个 A 主页,并且所有页面都会应用该主页格式。

若要新建主页 B,可在页面管理面板中右击任意区域,选择新建主页。在新建主页对话框的“主页标识”编辑框中输入 B,其他参数保持默认,如图 10-2 所示。

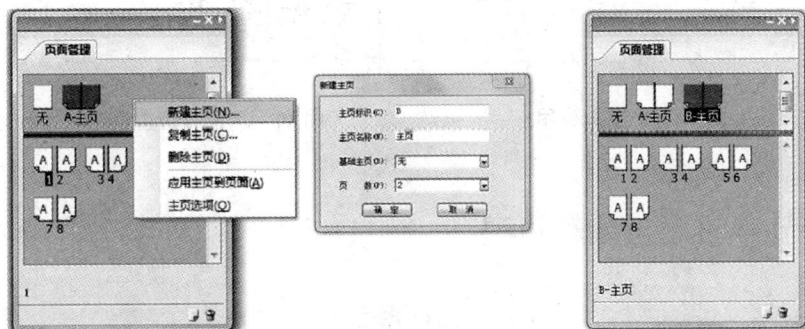

图 10-2　新建主页

2. 主页应用

凡应用了 A 主页的,其页面上有 A 标识,若要将部分页面应用 B 主页,只要拖动 B 主页到相应页面即可。如图 10-3 所示,1、2 页,5、6 页应用的是 A 主页,3、4 页,7、8 页应用的是 B 主页。如果是双页排版的页面,则必须按住 Ctrl 键或 Shift 键选中双页,然后拖动到"主页"窗口。

3. 将普通页面保存为主页

通过以下两种方法可将普通页面保存为主页:

(1)将普通页面选中按住鼠标键不放,将其拖至主页窗格中,当光标右下角有"＋"出现时释放鼠标,即可将普通页面设置为主页。

(2)在页面管理面板中选中要创建为主页的普通页面图标后,右击选中的图标,从弹出的快捷菜单中选择"保存为主页",也可以将其保存为主页,如图 10-4 所示。

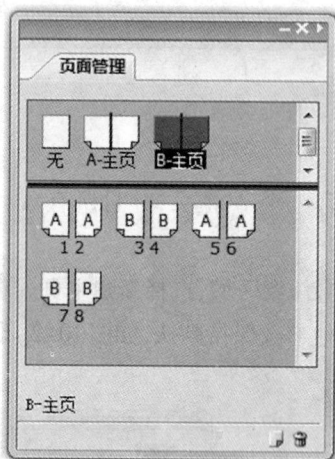

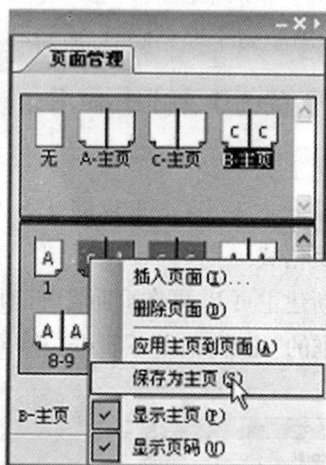

图 10-3　主页应用　　　　　　图 10-4　保存为主页

第二节　创建与编辑页码

一、创建页码

首先在页面管理面板中双击 A 主页图标,切换到该主页页面,或者在界面下方页码列表窗口选择主页,切换到主页页面,如图 10-5 所示。

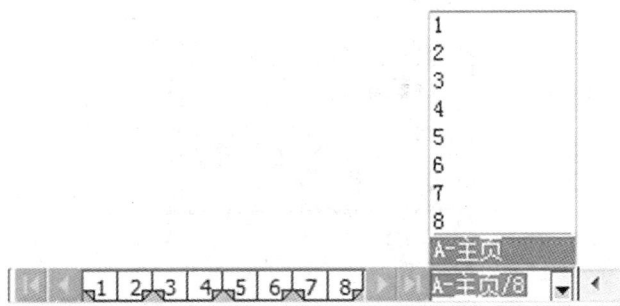

图 10-5　切换到主页页面

　　然后选择"版面"→"页码"→"添加页码",弹出页码设置对话框,如图 10-6 所示。在页码对话框中设置页码参数,在页面管理面板中,双击任一应用 A 主页的普通页图标,切换到该页面,可看到与主页页码相同的位置上显示出当前页码。

　　添加到主页上的页码是一个文字块,利用选取工具可选中文字块,与编辑普通字符一样设置其字体、字号、颜色等,也可以将页码文字块拖到其他需要的位置。

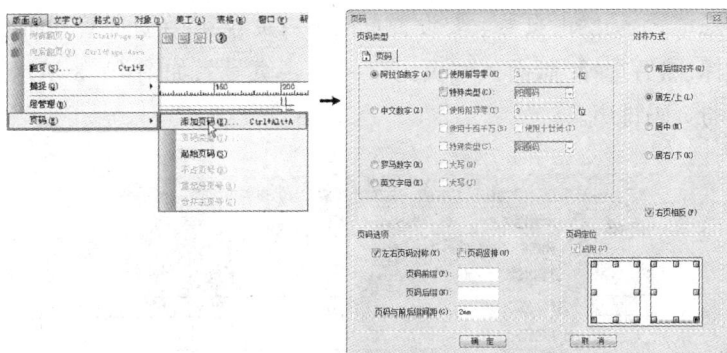

图 10-6　添加页码

二、不需要显示页码的操作

　　如果某个普通页面不需要显示页码,可以在页面管理面板中双击该普通页图标,切换到该页面,然后右击该普通页图标,从弹出的快捷菜单中取消选择"显示页码"即可,如图 10-7 所示。

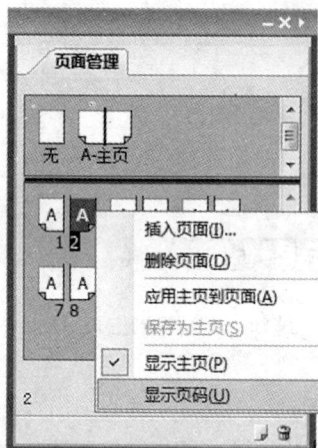

图 10-7　不显示页码

三、设置页码不占页号

页码隐藏后,仍然占页号。要设置页面不占页号,可在页面管理面板中双击该页面图标,然后选择"版面"→"页码"→"不占页号",如图 10-8 所示,则选中页面不参与页码排序。

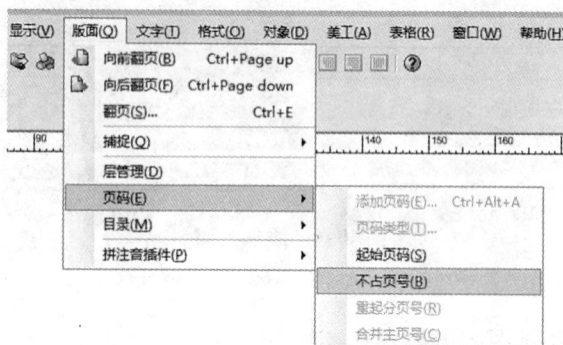

图 10-8　设置页码不占页号

第三节　普通页操作

普通页是我们编排出版物具体内容的地方,在排版过程中可以随时对普通页进行调整,如添加与删除、切换与移动等。

一、翻页

在页面管理面板中双击普通页窗格中的页面图标,或者在页面左下方的页码列表中选择页面即可切换到所需页面。

如果包含众多页面,要从当前页直接翻到某一特定页面,用以上方法会不方便,这时可以选择"版面"→"翻页",弹出翻页对话框,如图 10-9 所示,选择相应页码即可。

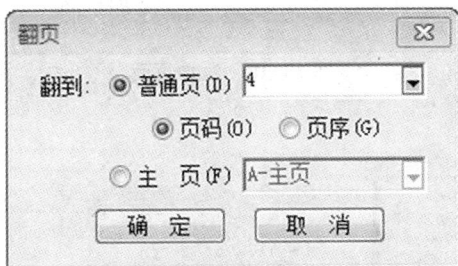

图 10-9　翻页

二、添加、删除和移动页面

1.添加页面

要添加页面,首先在页面管理面板中双击选中一个页面,然后单击面板底部的增加页面按钮,则在所选页面之后会添加一个页面,如图 10-10 所示。

如果要一次添加多个页面,可右击页面管理普通页窗格任意区域,从弹出的快捷中选择插入页面,输入要插入的页数、位置等信息,如图 10-11 所示。

2.删除页面

对于不再需要的页面,可以在页面管理中单击右键选择"删除"。

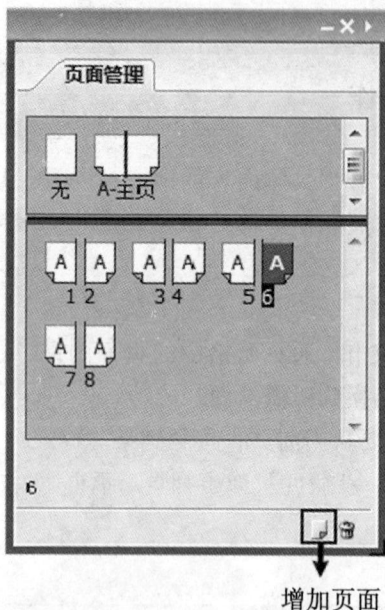

增加页面

图 10-10 添加页面

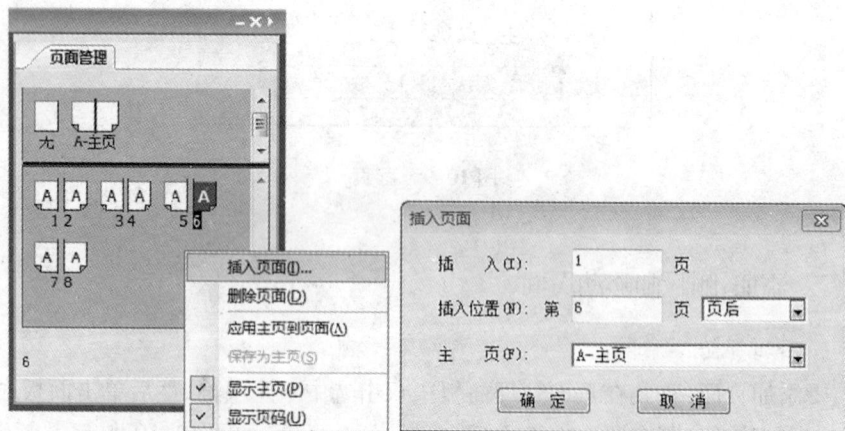

图 10-11 插入页面

3. 移动页面

如果要移动页面,可以在页面管理面板中单击选中页面,然后按住鼠标左键不放将页面拖到目标位置。如图 10 - 12 所示,要将第 2 页移动到第 5 页和第 6 页之间,可单击第 2 页,然后按住鼠标左键不放将其拖到第 5 页与第 6 页之间, 松开鼠标左键即可。

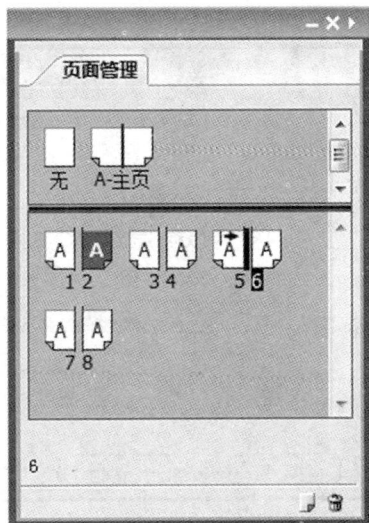

图 10 - 12　移动页面

第四节　文件合并

　　飞腾创艺文件合并功能分为合文件与合版:合文件是指将多个文件合并为一个文件,通常用于排书或杂志时,多人同时排版。合版是指将一个版面分给几个人排版,最后将每部分合到一个版面里,通常用于排报纸,当版面内容复杂时, 主编可以把报纸的版面划分为几个区域,每个编辑单独编辑自己排版的区域,最后合成一个版面。具体操作步骤如下:

　　(1)打开一个文件作为当前文件,选择"文件"→"合并文件",弹出"打开文件"对话框。

　　(2)选择需要合并的文件,单击"确定",弹出"文件合并"对话框。

　　(3)选择"合版"或"合文件",切换到不同的设置对话框,完成设置后单击 "确定"即可。下面分别介绍合文件与合版的对话框参数设置。

一、合文件

在"文件合并"对话框里选中"合文件",如图 10-13 所示,设置文件合并各项参数。

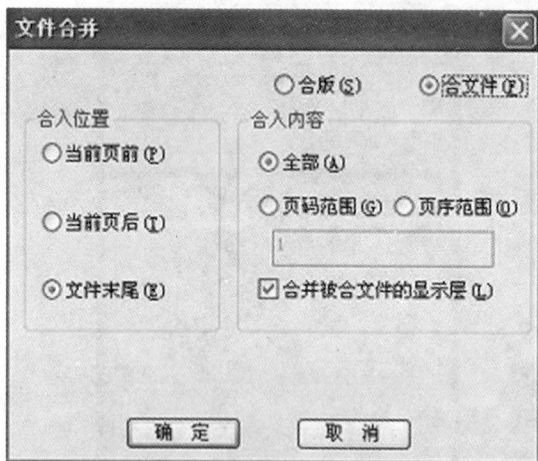

图 10-13　合文件

1. 合入位置

合入位置即将文档合入到当前文件的位置。

- 当前页前:合入内容插入到当前页之前。
- 当前页后:合入内容插入到当前页之后。
- 文件末尾:合入内容插入到当前文件末尾。

2. 合入内容

可以选择将合并文件的全部或部分页面合入当前文件。

- 全部:合入文件的所有内容。
- 页码范围:按"页码范围"或"页序范围"指定合入的页面范围。例如"1,2,3"、"1-3"或"1,2-3",书写时符号使用英文符号。
- 合并被合文档的显示层:不合并被合文档的隐藏层。

二、合版

在"文件合并"对话框里选中"合版",如图 10-14 所示,设置文件合并各项参数。

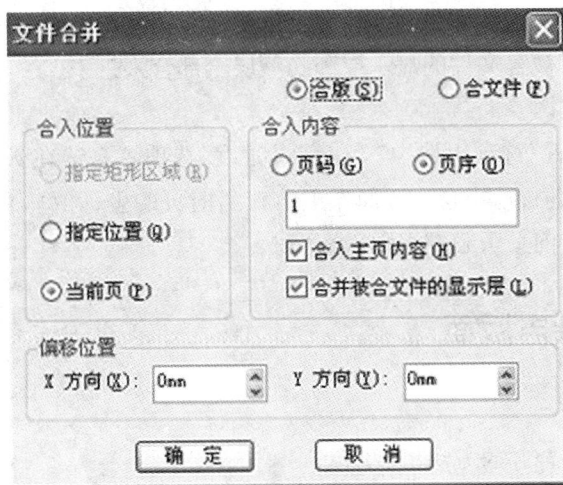

图 10-14　合版

小提示

如果合入文件有多页,合版时仅合入指定的某一页。

"文件合并"对话框中各项的含义如下:

1. 合入位置

如前述一致,合入位置即将文档导入到当前版面的位置。

· 指定矩形区域:当前文件中有选中的矩形图元时,该选项被激活。选中该选项,则将合并文件指定页导入到矩形区域,并自动按照选中矩形区域的大小缩放。

· 指定位置:选择"指定位置",则在"文件合并"对话框单击"确定"后,光标变为文本排版光标,鼠标单击版面,即以该点为合入版面左上角位置,合入版面。

· 当前页:在当前页插入合版内容。

2. 合入内容

合入内容即指定合入文档的第几页,以及是否合入主页、是否合入隐藏层。

· 指定页面:按"页码"或"页序"在编辑框内输入合入的页面,注意编辑框只允许指定合入 1 个页面,输入多个页面无效。

· 合入主页内容:将被合文档的主页内容合并到当前文件。

· 合并被合文档的显示层:在"合入位置"选项组选中"指定位置"或"当前

页"时,该选项置亮。选中该项,则仅合并被合文档的显示隐藏层,不合并隐藏层;不选中,则将被合文件的显示层和隐藏层全部合入进来。

3.偏移位置

在"合入位置"选项组选中"当前页"时,该选项置亮。在 X 方向和 Y 方向编辑框内输入数值,指定合入版面左上角在当前页的坐标值。X 方向和 Y 方向值为 0 时表示当前页版心左上角。

实训:组合杂志版面

实训目的:
- 掌握文件合并的方法;
- 掌握主页编辑的方法;
- 掌握页面管理的方法;
- 掌握目录提取的方法。

实训内容:将几个杂志版面合并在一起,并设置杂志目录。

操作步骤:

(1)打开素材文件夹中"第十章实训"的"合并 1"文件,选择"窗口"→"页面管理",在"页面管理"面板中双击页面 2,然后单击面板底部的"增加页面"按钮,可在所选页面之后添加一个页面 3;用同样的方法,可添加页面 4,如图 10-15 所示。

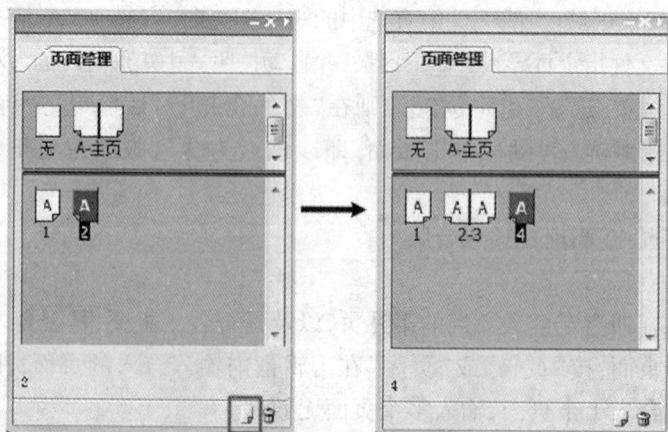

图 10-15　添加页面

小提示

如果要一次添加多个页面,可右击"页面管理"普通页窗格任意区域,从弹出的快捷中选择"插入页面",在"插入"编辑框中输入要插入的页数和插入的位置,然后单击"确定"按钮。

(2)在"页面管理"面板中双击页面3,然后选择"文件"→"合并文件",在"打开文件"中选择文件"合并2",此时弹出"文件合并"对话框,选择"合版",如图10-16所示。点击确定后文件"合并2"自动进入页面3,如图10-17所示。

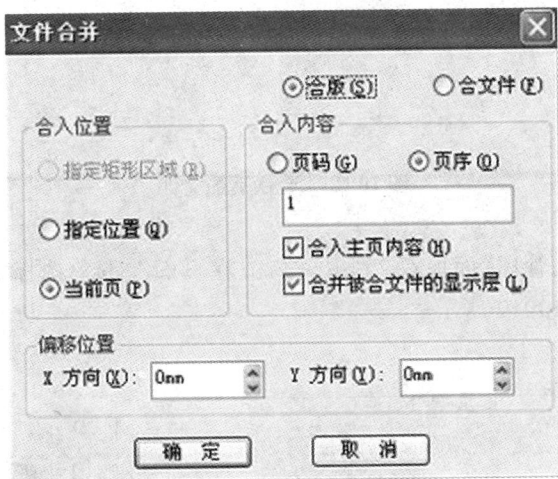

图10-16　将文件合版

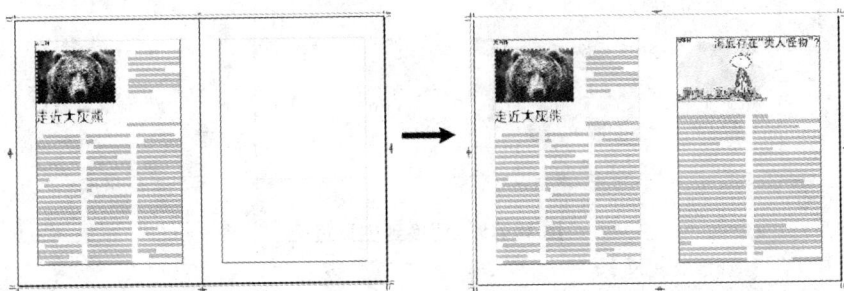

图10-17　合版后新文件自动在第3页排版

（3）依据相同方法，将素材文件中文件名为"合并3"的文件合版到第4页，至此文件合版完成，如图10-18所示。

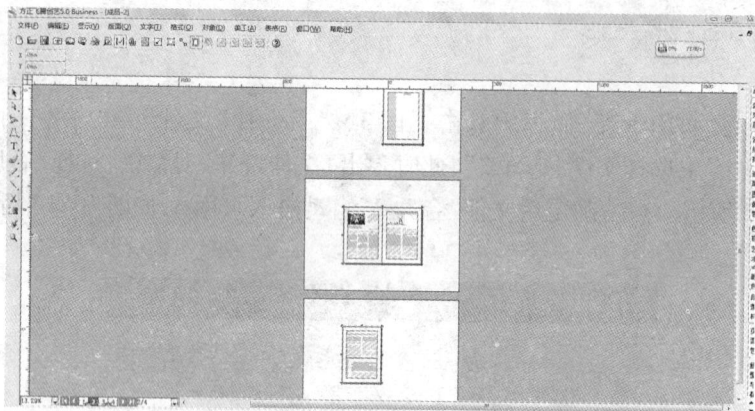

图10-18 合版后的文件

（4）在"页面管理"面板双击"主页"，或在页面左下角选择"主页"，切换到主页页面，如图10-19所示。

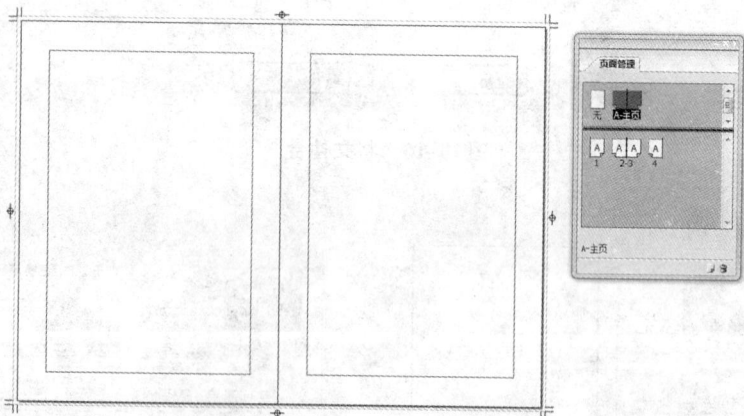

图10-19 切换到主页页面

（5）在主页上方输入杂志名称"科学文摘"，选择四号方正黑体简体，并做简单装饰，复制后分别放置在主页左右页面上方正中的位置，如图10-20所示。

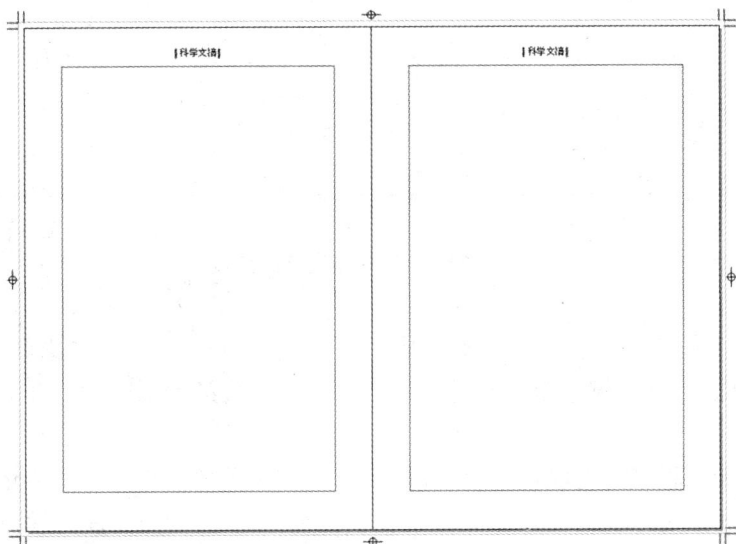

图 10-20　制作主页

（6）在主页页面，选择"版面"→"页码"→"添加页码"，在页码对话框中的参数设置如图 10-21 所示，生成的页码如图 10-22 所示。

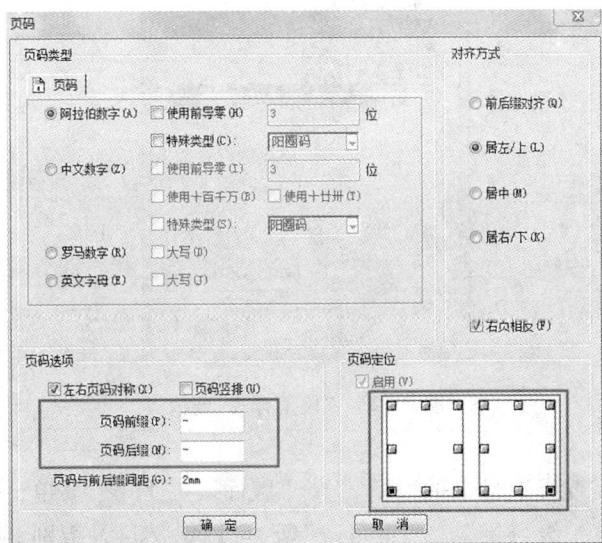

图 10-21　插入页码

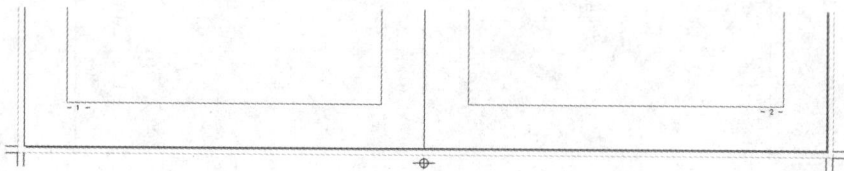

图 10-22　主页中设置好的页码

（7）因为第一页为目录页，不需要显示主页及页码内容，因此在"页面管理"中点击页面1，在右键菜单中取消"显示主页"，这样，第1页中就不会显示主页及页码了。

（8）提取目录。提取目录前，首先要定义作为目录的段落。本例介绍定义段落样式的提取目录方法。选中需要提取目录的段落，参照前面所学内容定义段落样式，为方便操作，本案例已经创建好了提取目录所需的段落样式，如图10-23所示。

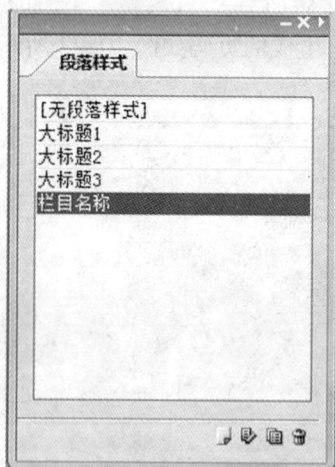

图 10-23　"段落样式"面板

（9）选中需要提取目录的段落，选择"版面"→"目录"菜单，然后在显示的子菜单中选择"一级目录"、"二级目录"等，可以定义目录级别，从而方便提取目录。

小提示

本案例共三个栏目;名称为"大百科"、"地球村"、"奥秘探索","栏目名称"均用四号方正黑体简体,定义为一级目录;本案例文章大标题共应用了三种段落样式,定义为二级目录。

(10)选择"版面"→"目录"→"目录提取"菜单,打开如图 10-24 所示"目录提取"对话框,在"供选择的段落样式"列表中列出了所有段落样式。

(11)选中"栏目名称",单击加入按钮,将"栏目名称"段落样式添加到"所含的段落样式"列表框中,然后在下方的"目录级别"下拉列表中选择"栏目名称"对应的目录级别,如图 10-24 所示。

(12)参照步骤 11 相同的操作方法,依次将大标题 1、大标题 2、大标题 3 的段落样式添加到"所含的段落样式"列表中,并设置对应的目录级别。然后设置各目录级别的字体、字号、缩进等属性,将"栏目名称"的目录字体字号设置为四号方正黑体简体,将"大标题"的目录字体字号设置为四号方正报宋简体,如图 10-25 所示。

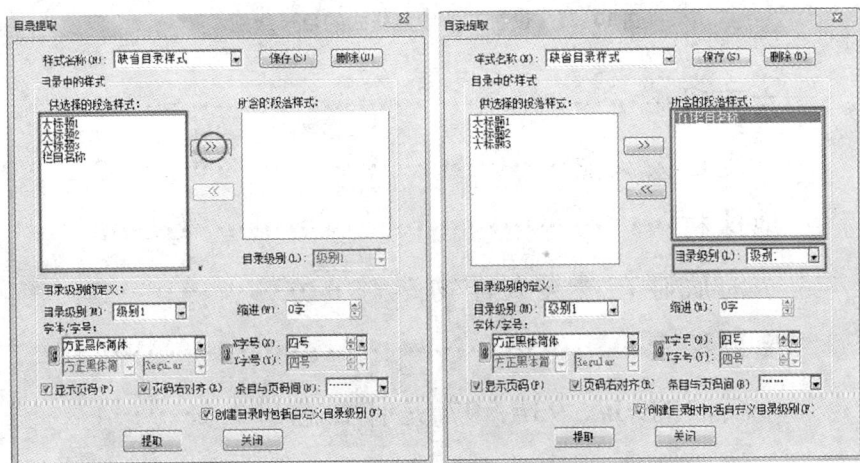

图 10-24 "目录提取"对话框

(13)属性设置完毕后,单击"确定",关闭"目录提取"对话框;此时,光标呈排入文本光标,在页面拖动鼠标即可生成目录文字块,如图 10-26 所示。

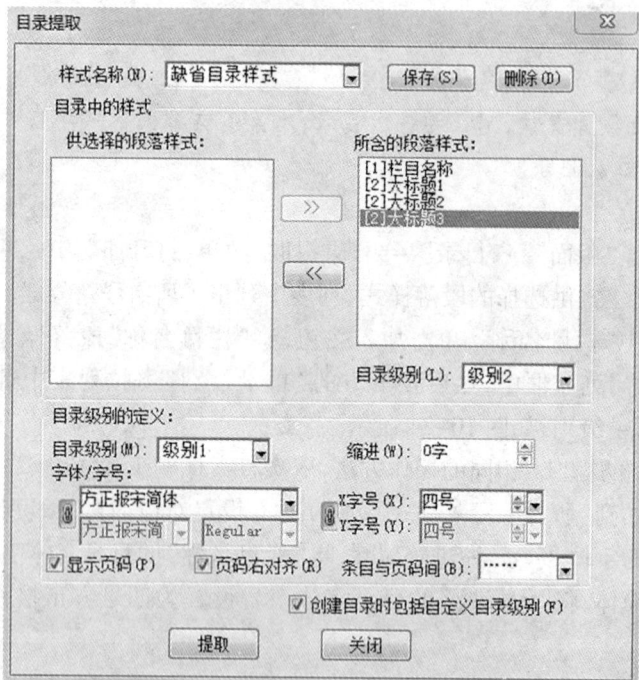

图 10-25　设置其他段落样式的目录级别

大百科···2

　走近大灰熊···2

地球村···3

　海底存在"类人怪物"？···3

奥秘探索···4

　汽油的90#、93#、97#是什么意思？·············4

　"水立方"的神奇外衣·······································4

图 10-26　生成的目录

(14)将"目录"放置到文件第 1 页的页面中,调整好行距,并将目录文字中的"#"改成上标字,至此杂志版面的组合及目录生成就完成了。

思考与操作

一、思考题

1. 如何将某个普通页面定义为主页?

2. 怎样设置特定页面不显示主页和页码?

3. 如果要在某个普通页面后面一次性添加多个页面,该怎样操作?

二、操作题

1. 新建一个页码为 18 页,版面大小为 16 开的文件,并为各页添加页码。

2. 为上题中新建的文档自定义 A、B 两个主页,并将 1~6 页定义为 A 主页,余下页定义为 B 主页。

第十一章　色彩应用

内容提要

- 单色；
- 渐变色；
- 颜色吸管。

在飞腾创艺软件中,可以通过"颜色"浮动窗口为各种对象着色,并将颜色保存为色样。

第一节　单色

在飞腾创艺中,"颜色"浮动窗口可以为文字、边框、底纹设置颜色。我们首先来认识浮动窗口。

一、认识"颜色"浮动窗口

选择"窗口"→"颜色",调出浮动窗口,如图 11-1 所示:

1——颜色预览窗口是对象的即时颜色预览。

2——这三个按钮用来制定着色对象的类型,在颜色浮动窗口中填色的对象依次为边框、底纹、文字。

3——"单色"和"渐变色"切换按钮是用来控制颜色类型的。

4——"存为色样"按钮是用来保存颜色的。

5、6、7——这三种颜色是要注意的,尤其是要区分无色和白色。这个彩虹条用来快速地生成颜色。

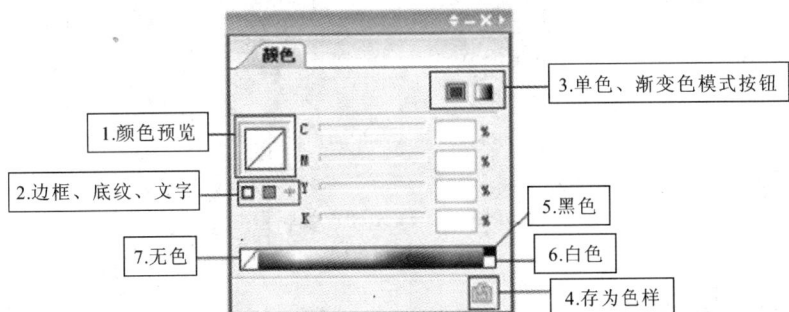

图 11-1 颜色浮动窗口

二、颜色模式介绍

方正飞腾创艺提供的生成颜色有 CMYK 模式,RGB 模式、灰度模式以及专色模式。在颜色浮动窗口最右上角的倒三角块中可以调出几种模式,如图 11-2 所示。

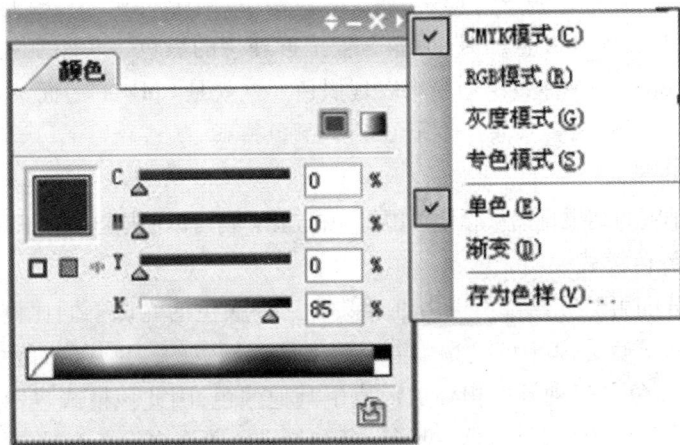

图 11-2 颜色定义模式选择

1. CMYK 模式

如果排版生成最后的结果是用于印刷,则在排版时通常使用"CMYK"模式定义颜色。这也是我们现在使用得最多的定义颜色的模式。

如图 11-3 所示,这是 CMYK 颜色编辑模式。

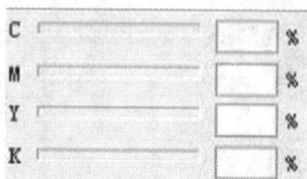

图 11-3　CMYK 颜色编辑框

CMYK 模式说明：

当阳光照射到一个非光源性物体上时,这个物体将吸收一部分光线,并将剩下的光线进行反射,反射的光就是人所见到的物体颜色。人们通过这一实验发现,用青、洋红、黄三种颜色的色料以不同的比例互相叠加在白色物质上,可以混合出各种其他的颜色来。那么以青、洋红、黄三种颜色描述颜色的模式被称为 CMY 颜色模式,其中 C 代表青色,M 代表洋红色,Y 代表黄色。CMY 颜色模式多用于印刷和印染工业。理想的 CMY 颜色模式中,C、M、Y 三种颜色以最大值相互叠加时,在白色背景上应该产生黑色,即所有的颜色的色光都被吸收,没有色光反射到我们的眼睛里。但是,在实际应用中,由于 C、M、Y 三种颜色色料的特性,在以最大值相互叠加时,不能产生接近理想的黑色。在印刷工业中,为了弥补上述缺陷,拿一种黑色油墨来表现黑色。这就是 CMY 的后面又多加了一个代表黑色的字母"K",从而产生了 CMYK 颜色模式。

2. RGB 模式

如果排版的结果直接从彩色喷墨打印机输出,则可以使用这种模式定义颜色。

RGB 颜色模式说明：

大部分的可见光谱都可以由红、绿、蓝三种颜色的光以不同比例混合而成,RGB 颜色模式就是基于该色光混合原理来描述颜色的。R 代表红色,G 代表绿色,B 代表蓝色。三种颜色相叠加形成了其他颜色,因此该模式也叫加色模式。在我们日常的应用中,显示器、投影设备和扫描器等许多设备都是应用这种加色模式来显示颜色的。

3. 灰度模式

如果排版的结果用于印刷,则一般不适用这种方式定义颜色。即使在排灰度版面时,大多数情况下还是使用 CMYK 模式定义颜色,将 C、M、Y 值定为 0,然后通过调整 K 的值到不同的颜色。使用时注意,灰度模式中只存在灰度(0 ~ 100%),当一个颜色文件被转换为灰度模式的颜色时,图像中的色相饱和度等有关颜色的信息将被消除掉,只留下亮度信息。

4.专用颜色

使用专用色标定义颜色的方法并不常用,只有个别做广告和装帧设计的高档用户在版面中需要使用专用色标的颜色时,才用这种方法来定义颜色。用这种颜色还要求印刷时使用专色油墨和高档设备,成本较高,国内用户很少使用。

三、为对象着色

着色的步骤如下:

(1)选中着色对象。

(2)指定着色对象类型,在"边框"、"底纹"、"文字"中进行选择。

(3)设定颜色。可以通过以下几种方法编辑颜色:

方法1:在CMYK编辑框内输入颜色值,也可以分别拖动滑块选择数值,如图11-4所示。

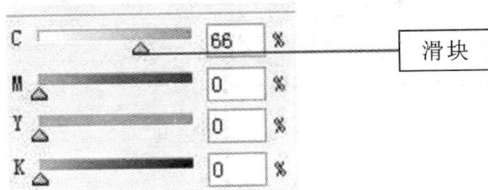

图11-4　颜色值

方法2:将鼠标置于彩虹条上,吸取颜色值,如图所示。彩虹条还提供了设置无色、白色和黑色的便捷操作,选中对象后,可直接单击彩虹条两端相应区域即可,如图11-5所示。

图11-5　彩虹条

方法3:单击"颜色"窗口顶端的按钮，在原有的浮动窗口下弹出颜色空间面板,如图所示。首先,单击按钮 C ,可以在颜色空间C、M和Y之间循环切换。然后,将鼠标置于彩条上,单击鼠标左键即可指定需要选取的颜色范围。最后,将鼠标置于颜色区域里,当光标变为吸管样时,单击鼠标左键即可为对象着色,如图 11-6 所示。

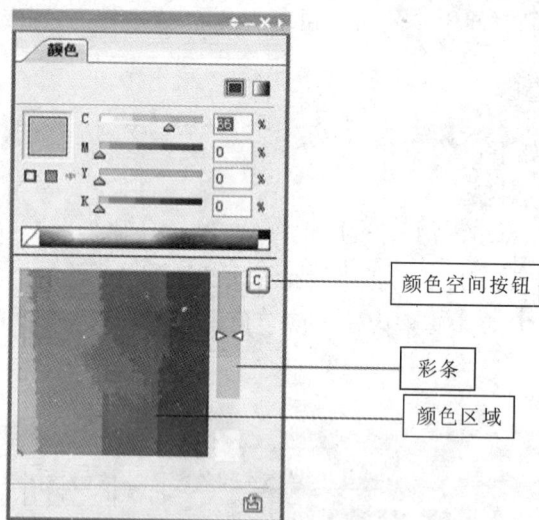

图 11-6　颜色空间

（4）选中对象（边框、底纹、文字）。以底纹为例,底纹颜色按钮可以设定图元的颜色:

①使用图元工具绘制一个椭圆形,并用选取工具选中,如图 11-7 所示。

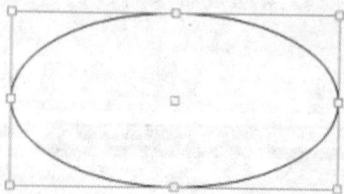

图 11-7　选中图元

②单击颜色浮动窗口中的底纹图标 ■,在 CMYK 编辑框内输入颜色即可,如图 11-8 所示。

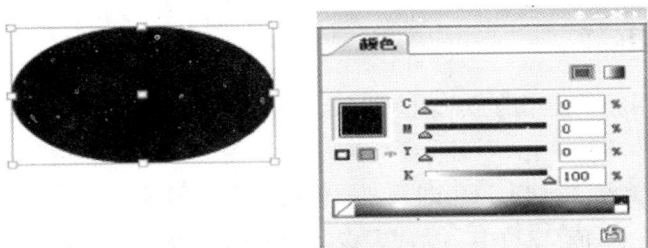

图 11-8　为椭圆添加底纹

以文字为例:

- 用文字工具选中要改变颜色的文字,如图 11-9 所示。

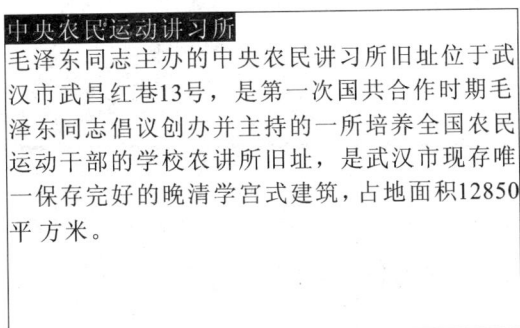

图 11-9　选中文字

- 改变文字颜色。在颜色浮动窗口中选中中,在 CMYK 颜色编辑框中编辑
颜色即可,如图 11-10 所示。

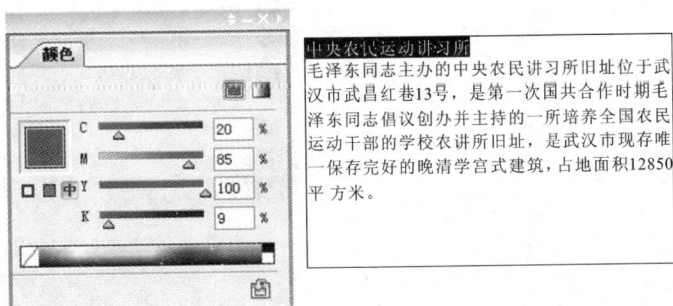

图 11-10　设置文字颜色

四、存为色样

为了使用经常使用的某种颜色设置,我们可以将它保存为色样,以后使用时就在"色样"面板中调用,不必重复设置。

(1)将"颜色"浮动窗口中的某种颜色的 CMYK 值设置好。

(2)单击"颜色"窗口中![icon],或者在"颜色"浮动窗口扩展菜单里选择"存为色样",弹出对话框,如图 11-11 所示。

图 11-11　存为色样

(3)单击"确定",就存为色样了。

(4)再次使用时,在"色样"浮动窗口中调取,就可以了,如图 11-12 所示。

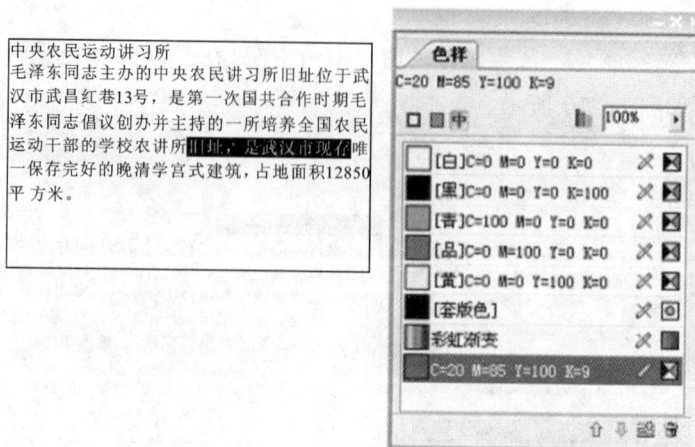

图 11-12　使用"色样"

第二节 渐变色

颜色浮动窗口中还有一种重要的颜色类型——渐变色。单击浮动窗口中的渐变色按钮,就能得到"渐变色"对话框,如图 11-13 所示。

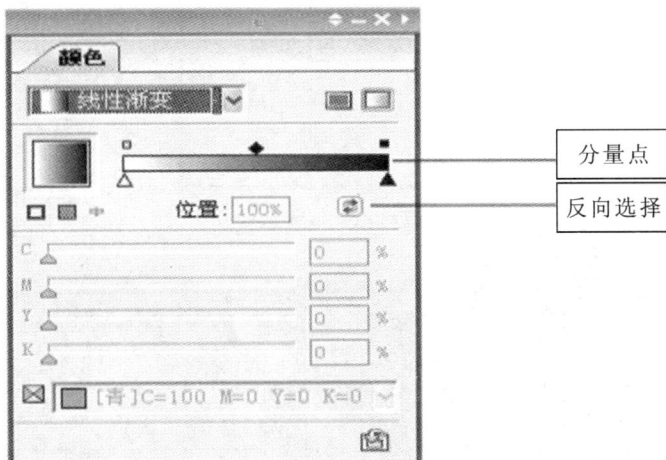

图 11-13 渐变窗口

一、为对象着色

着色的步骤如下:

(1)用选取工具选中对象。

(2)选择着色的对象为边框、底纹或者文字。

(3)选择渐变类型。渐变类型主要有如下几种,如图 11-14 所示。

(4)设置分量点颜色。有两种方法:

方法一:单击分量点,在 CMYK 编辑框内指定颜色值。

方法二:单击分量点,在"色样"下拉列表中选择色样。

(5)拖动两个分量点中间的菱形滑块,可以调整分量点间的颜色渐变位置。

(6)添加和删除分量点。双击颜色条,可以添加分量点。将分量点拖到颜色条最左端或最右端,或者向下拖动分量点,即可删除分量点。

(7)单击"反向"按钮,可以反转渐变方向,如图 11-15 所示。

图 11 -14　渐变类型

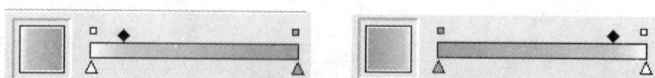

图 11 -15　反向

下面给一个实例:
- 选中一个椭圆形,在"颜色"浮动窗口里选择"线性渐变"。
- 点击左端分量点,设置渐变起始颜色为白色;点击右端分量点,设置渐变终止颜色为 C100 和 M100,如图 11 -16 所示。

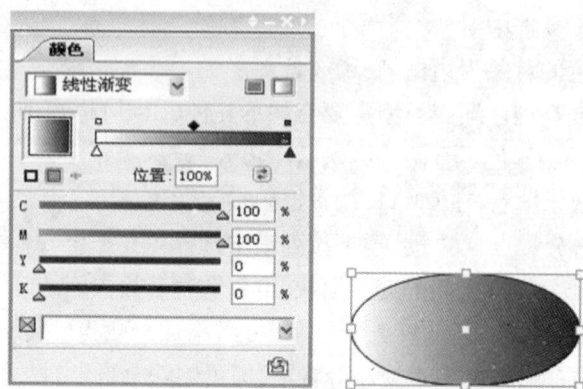

图 11 -16　设置分量点颜色

● 双击颜色条,增加分量点,并设置颜色为C100,如图 11 -17 所示。

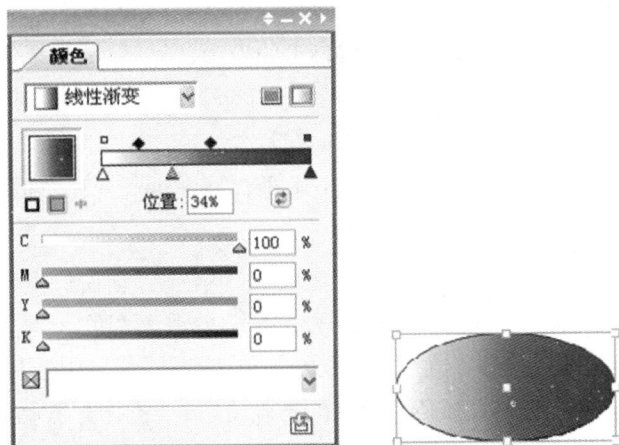

图 11 -17　增加分量点

● 在"渐变类型"下拉列表里选择"双锥形渐变",即可改变渐变类型,如图
11 -18 所示。

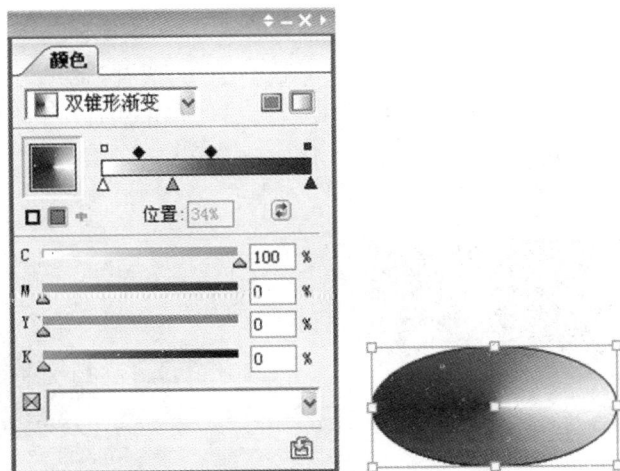

图 11 -18　设置渐变类型

二、渐变工具的使用

渐变工具可以为对象着色,还可以调整渐变中心和渐变角度。着色时渐变类型和分量点颜色依据"颜色"浮动窗口里的设定。

(1)选中带底纹的对象。

(2)选择工具箱里的渐变工具▱。

(3)光标变成十字形状后,在版面上画出任意角度的线段,即可以为对象添加渐变色。

值得注意的是,此时添加的渐变色是按照"颜色"浮动窗口里设定的渐变类型和分量点颜色着色,可以通过"颜色"浮动窗口修改渐变色。

另外,如果想要进一步设置渐变对象,则在"美工"菜单中选择"渐变设置"命令,即可以设定渐变中心和渐变角度的精确值(具体操作方法此处略)。

第三节　颜色吸管

飞腾创艺提供颜色吸管,可以吸取图像上的颜色,应用于文字、图形边框和底纹。吸取的颜色也可以保存为色样,供以后使用。

(1)选择工具箱中的颜色吸管✎。

(2)将光标移动到图像上需要吸取颜色的地方,单击鼠标左键吸取颜色。

(3)将吸取了颜色的吸管单击需要着色的图元,或者"拖黑"需要着色的文字,即可着色。在操作过程中,如果按 ESC 键或者点击版面空白区域则可以清空吸管中所吸取的颜色,如图 11-19 所示。

图 11-19　着色

注意:为图元着色时,吸管单击图元边框,则为边框着色,单击图元内部则为图元铺设底纹。

"存为色样"的方法:将吸取了颜色的光标单击在"色样"浮动窗口空白处,则在弹出"存为色样"对话框,为色样命名后,单击"确定"即可将吸取的颜色保存为色样,如图 11 -20 所示。

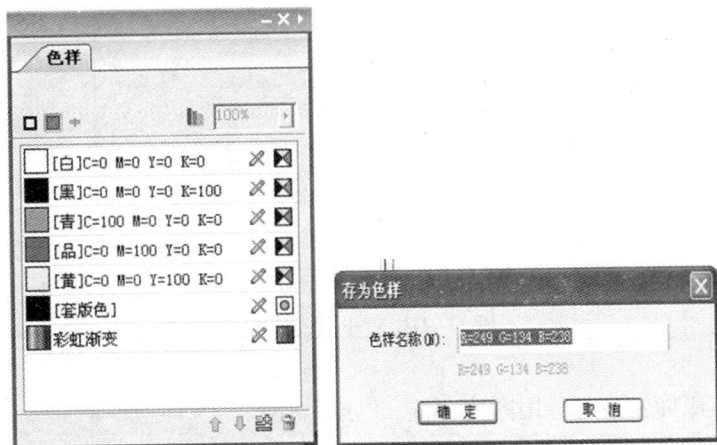

图 11 -20　存为色样

说明:

(1)如果颜色吸管不能吸取图片颜色,可能是图片为 RGB 颜色,飞腾创艺版面默认禁止使用 RGB 颜色。可以从"文件"中选择"工作环境设置"—"文件设置"—"常规",不选中"不使用 RGB 颜色"即可。

(2)如果吸取的颜色不能作用于文字,可能该文字块实施了编辑锁定的操作,则可以选中文字块,在右键菜单里选择"解锁",解除编辑锁定的状态后再操作。

实训:贺卡制作

实训目的:通过对贺卡设计中的文字、边框、底纹的颜色添加,来进一步了解、巩固、运用颜色的使用方法。

实训内容:请根据所提供的素材制作一张贺卡。要求运用所学,熟练对文字、边框、底纹的颜色进行设置。

操作步骤：

（1）页面设置。设置纸张为单页，页面大小为大 32 开，横向，页面边距都为 0mm。用辅助线将版面分为对称两面，如图 11-21 所示。

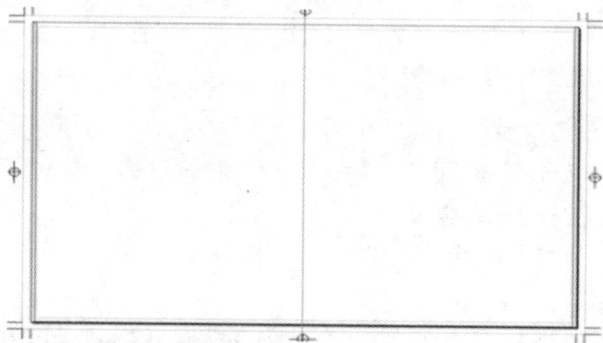

图 11-21　贺卡页面设置

（2）对版面左边部分用图片，右边部分写文字。

左边图片部分设置如下：大图片占满整个左边页面，设置羽化效果，如图 11-22所示。

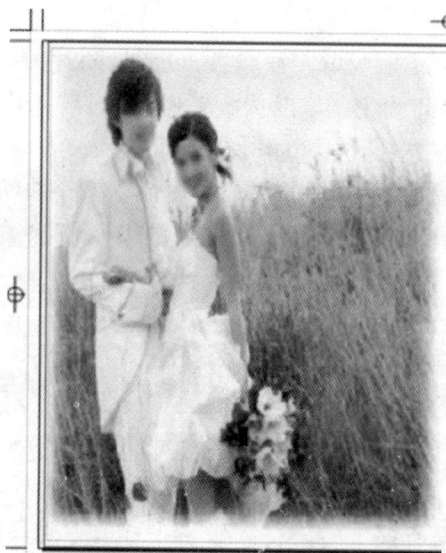

图 11-22　大图片羽化效果

小图片使用颜色命令来设置其边框效果:边框设置为单线、线宽为 3mm,并将边框颜色设置为白色,并用旋转变倍命令旋转图片,如图 11-23 所示。

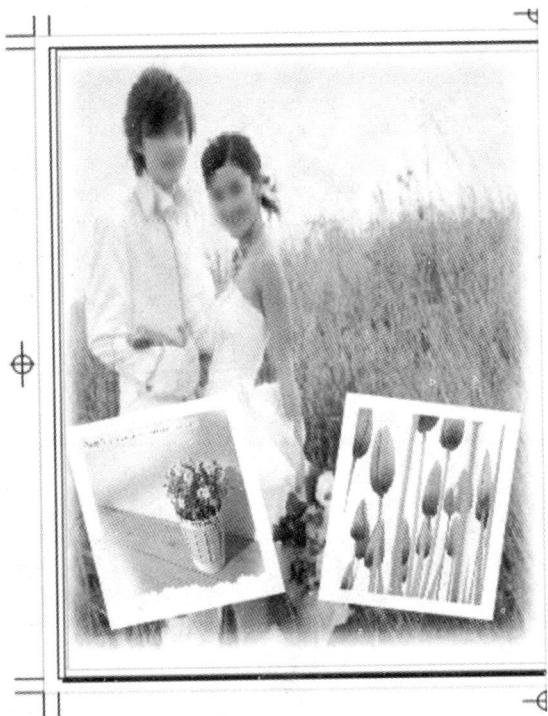

图 11-23 小图片处理效果

(3)右边文字部分设置如下:

①设置底纹。用图元工具画一个矩形框(右边部分大小);设置颜色 C=0,M=28,Y=23,K=0;并将边框设置为空线,如图 11-24 所示。

②英文"Best Wishes"的设置。字体设置为 Couriernew;字号为初号,居中,倾斜 17°。字体颜色为 C=10;M=80;Y=100;K=2,并将其保存为色样。在"文字"命令中选择"词首大写",并设置阴影,如图 11-25 所示。

③中文字的设置。

首先,将标题"祝愿这世界上最可爱的人"剪切出来,字体设置为"方正美黑简体",字号为"小一",颜色使用刚保存的色样,并为文字设置阴影,如图 11-26 所示。

图 11-24　设置文字底纹

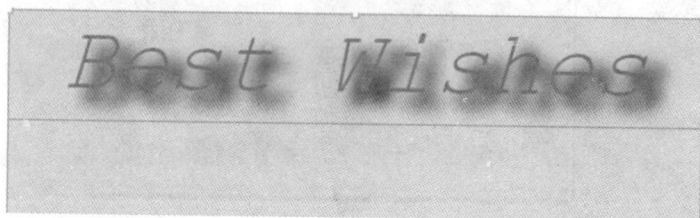

图 11-25　英文字体设置

图 11-26　中文文字设置

　　然后,进行正文的设置。

　　第一步:将文字在"格式"菜单中"排版方向"设置为正向横排。

　　第二步:字体设置为方正稚体简体,字号为二号;颜色为 C = 0,M = 89,Y = 85,K = 0;字距为 0.4 个字,行距为 1.8 个字,如图 11 -27 所示。

④设置花边线。用一条花边线来将正文和标题部分分开。在图元工具中找到线段,设置为花边线 5 号线,线宽为 3.52mm,颜色为一开始在色样中设置的颜色,如图 11 -28 所示。

完成所有步骤后,得到如图 11 -29 所示贺卡。

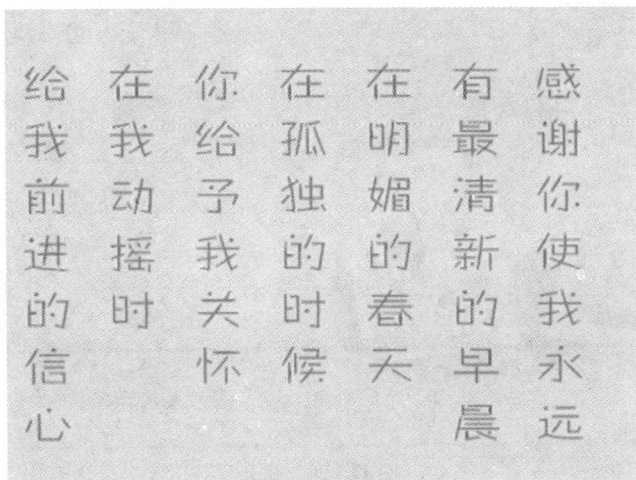

图 11 -27　文字正文设置

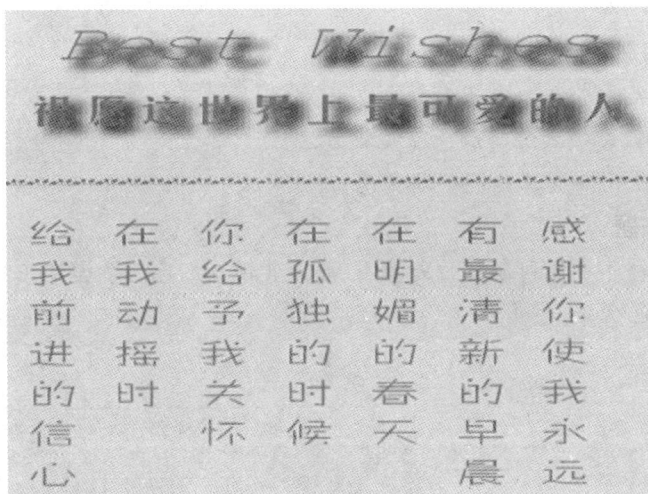

图 11 -28　花边线制作

图 11-29　贺卡

思考与操作

一、思考题

1. 颜色吸管在什么情况下不能使用?

2. 用 CMYK 模式编辑颜色有几种方法?

3. 如何使用渐变工具调整渐变色?

二、操作题

请在素材库中找到合适的矢量图,并为其设置颜色。多尝试几种,使用单色模式和渐变色模式。

第十二章　综合实训

通过前面几章的讲解,我们已经学习了平面媒体电子编辑的基本原理与操作方法,在本章中,我们将通过对报纸、杂志、促销海报和产品宣传单的版面编排,来巩固所学的知识。

综合实训1:报纸版面编排

实训目的:

能够独立、灵活运用方正飞腾创艺的排版功能,编排报纸版面。熟练掌握画版、版心设置、报眉制作、图文编辑,标题编辑等。

实训内容:

制作国庆生活主题的报纸版面。

操作步骤:

在这一章中,笔者要向读者展示使用方正飞腾软件进行报纸排版的全过程。由于之前我们已经学习了该软件的基本操作方法:这个环节中我们只会简单向大家展示操作的流程,以方便初学者跟着这些流程来设计简单的报纸版面。

一、报纸制作的一些要求及如何画版

(1)在制作中标题和正文要用两个文字块分开,因为标题改动很大,不能和正义放在一起。

(2)文章块最好采取有规则的形状,如前面已介绍的模块状,用正方形和长方形,不要出现多个拐角,因为这样不方便读者阅读。

(3)栏目与栏目、文章与文章之间要有鲜明的分界标记,可以是留白,也可以是线条等。

(4)文章标题可根据报纸风格的要求适当的采用装饰性效果,但不能过于花哨,一定要掌握好尺度。

在报纸正式制作之前,要画版,其实也就是设计一个基本的版面类型,方正飞腾创意5.0可以用选取工具和文字工具简单的计算版面字数,以及设计版面,有个大体的框架,就可以开始制作了。值得说明的是,大体的框架并不是精确地定位,在设计中一定留有余地,文章、图片的字数不能太满,否则很容易挤不下而影响。大体来说,根据文字工具所提供的字数,准备的文章和图片在五百字左右,是比较保险的。

二、制作过程

首先请大家看看报纸制作好后的样子,如图 12-1 所示。

图 12-1　制作完成的报纸版面

很明显这是个国庆生活主题的版面,采用的是前面介绍过的"二八开"版式。在排版之前,要对版面中的文字有基本的了解,就是要了解文章的价值大小,按照价值大小的顺序,安排其所在的位置。通过了解,在此版面中的四篇文章,最重要的是《我们的名字叫国庆之40后、50后》,其他三篇的价值差不多,我们不妨让其绕着主文章来排版。

1. 页面设置

基本页面设置为:单页面,自定义页面,宽度270mm,高度390mm,页面边距分别为顶20mm,底15mm,左10mm,右10mm。这里要特别强调一点:由于报纸要做报眉,因此顶的页面边距要稍微大些,方便页眉文字,如图12-2所示。

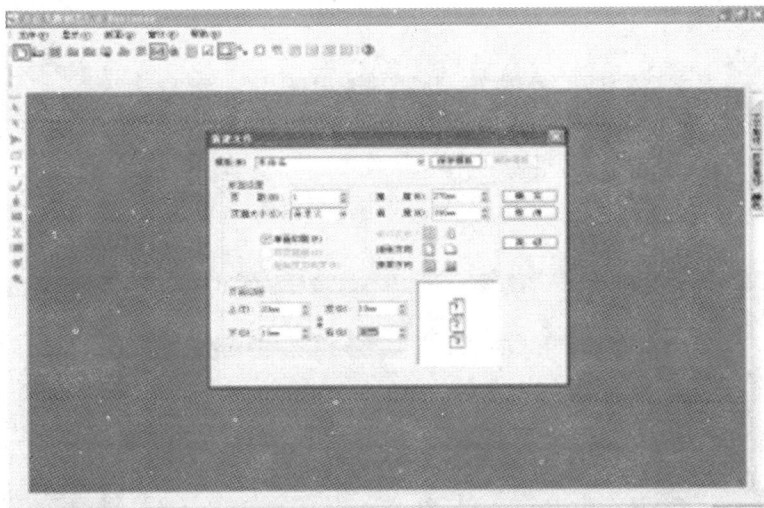

图 12-2　设置页面边距

进一步设置高级命令,设置版心背景格。版面调整类型为自动调整版心边距,背景格为报版,颜色为暗灰色,背景格字号为小五号,栏数为5栏,栏宽相等,如图12-3所示。

下一步设置标记和出血。

出血线和警戒内空线各为3mm,如图12-4所示。

最后一步,缺省字属性设置。缺省字报宋体小五号。如图12-5所示,最后单击"确定"完成页面设置。

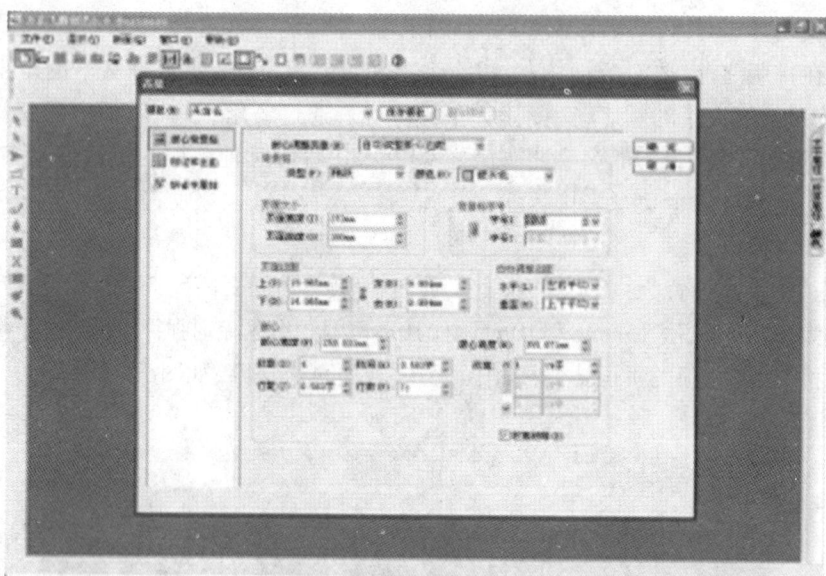

图 12-3 设置版心背景格

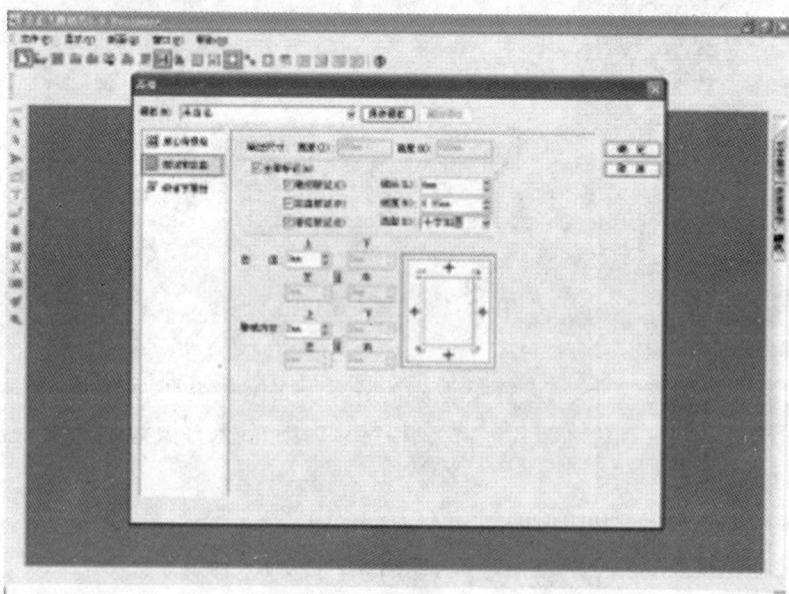

图 12-4 设置标记线

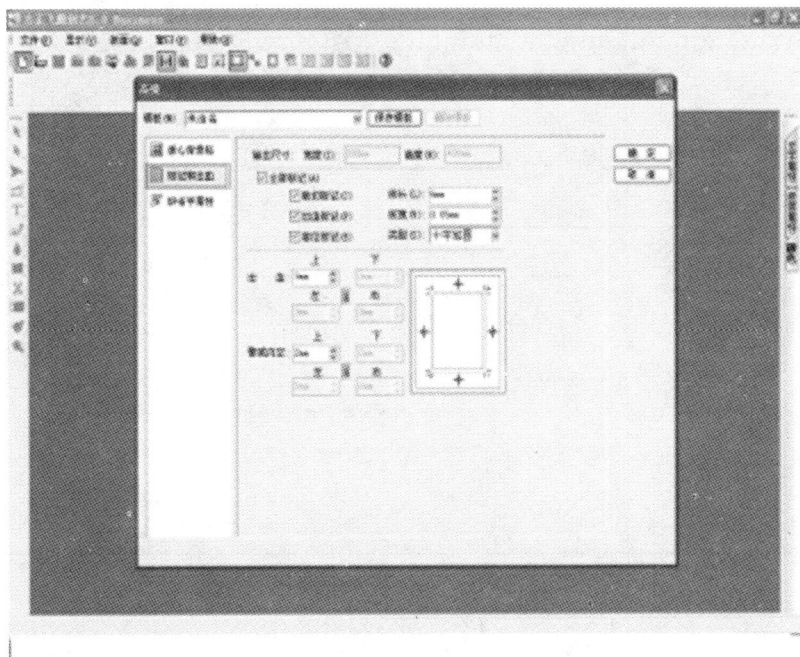

图 12 -5　设置缺省字

2. 设置提示线和保存路径

提示线设置其实就是我们基本的版面形状,需要通过提示线条来将版面分割开来。而保存是必要的,因为要随时保存所设计的内容防止意外丢失。值得一提的是,方正飞腾创艺 5.0 具有灾难恢复功能,如果意外关闭软件再次打开后系统会提示是否要灾难恢复。当然,专业的排版员还是要养成随时保存的习惯才能万无一失。

该版面可分为四个部分,如图 12 -6 所示;然后进行保存,如图 12 -7 所示。

注意:在保存的时候文件名最好是用"时间 + 版面"的形式,如 2012 年 2 月 22 日第 4 版我们可以写成"2012222 -04"的文件名,这样以后查找起来就很方便了。

3. 报眉制作

报眉是报纸不可缺少的区域,主要作用是提示报纸的版次、logo、编辑姓名和联系方式等内容。

报眉的制作步骤如下:

图 12-6　画版

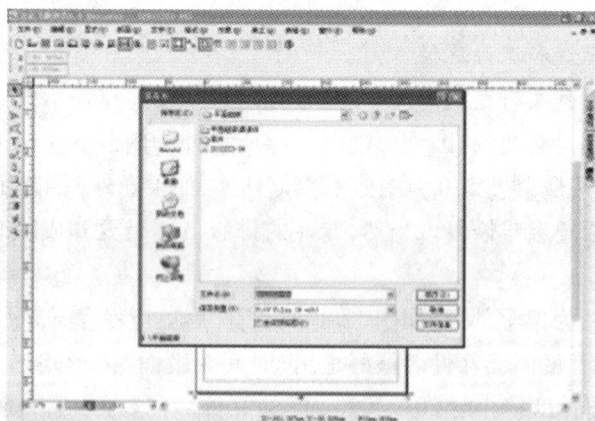

图 12-7　保存设置

（1）版次提示区域制作：

①制作矩形框（长：36mm；宽：7.2mm）。

②选择穿透工具对矩形右端进行变曲,如图 12-8 所示。

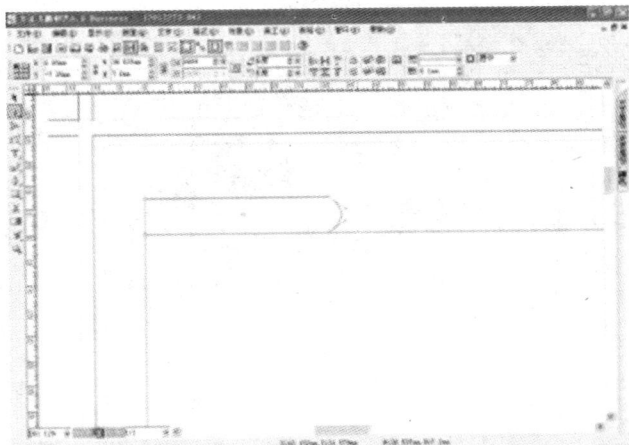

图 12-8 矩形边框变曲

穿透工具——选中右端线条单击右键——变曲——调整。再添加颜色和文字。颜色为 C =2M =100Y =30K =20 的色彩,并存为色样,效果如图 12-9 所示。

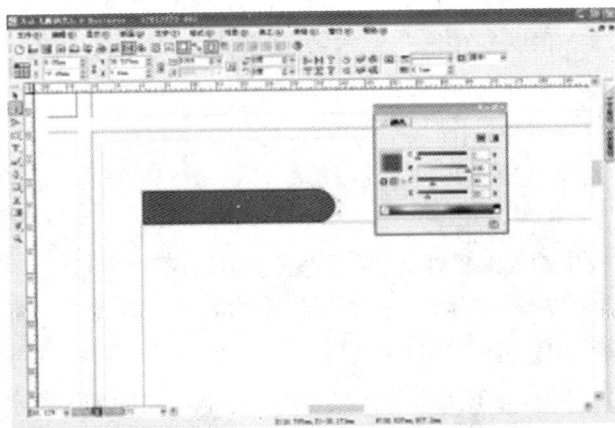

图 12-9 为矩形框添加颜色

③添加版次文字:字体为方正黑体简体,字号为 3 号,字体颜色为白色。

调整后,完成版次区域制作,如图 12-10 所示。

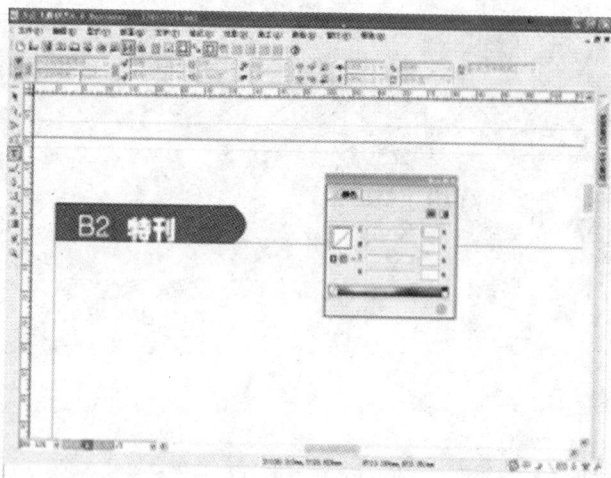

图 12-10　为矩形框添加文字

(2)制作 logo:

①在图片库中找到相应的图片。

②将所要的 logo 图片调整到适当的位置,并设置为"精细"状态。

③输入英文"CHINA:中国";字体:方正黑体简体;字号:六号。

④同时选中图片和文字块,并成组。

⑤选中成组块,在控制面板中选中右对齐。

完成 logo 制作,如图 12-11 所示。

(3)文字信息输入:

①在文字块中输入编辑姓名、联系方式、年月日等文字信息。

②调整:字号:7 号;字体:方正报宋简体,对齐。

完成后文字信息如图 12-12 所示。

完成报眉制作后,有的报纸会在报眉内容和版心之间加一条水平直线,也就是报线,用作区分报眉和版心内容。其操作方法就不再赘述。

4. 版心制作

正文内容制作需要运用到多种操作技巧。打开背景格,使用标尺将整个版面分为四个部分,如前面图 12-6 所示。

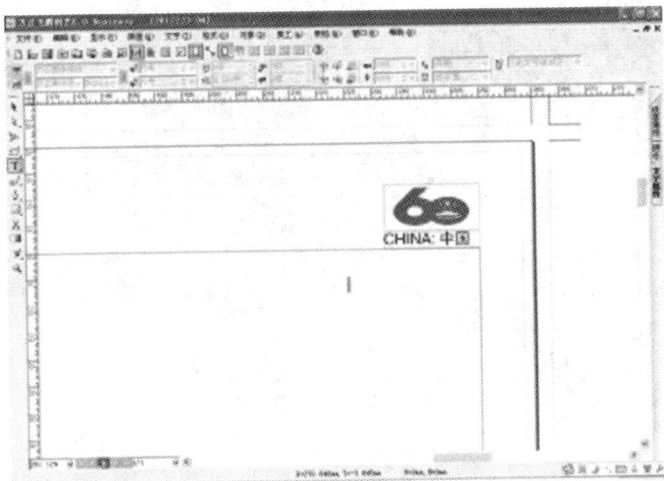

图 12-11　制作 logo

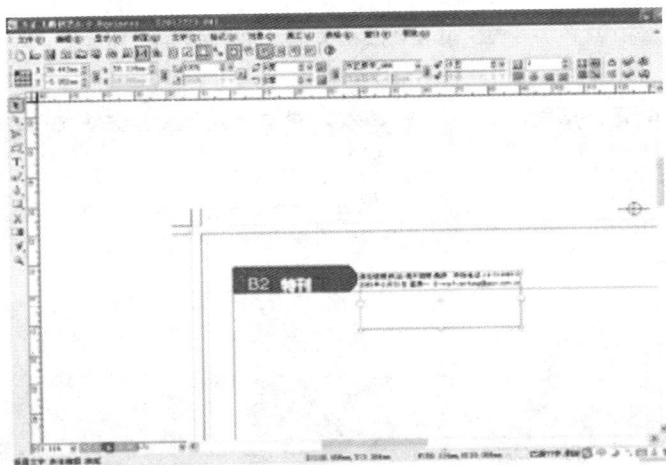

图 12-12　输入报眉文字

下面列举几个实例,以供参考:

第一篇文章制作:《我们的名字叫国庆之 40、50》

(1)排入相应标题的文字块,如图 12-13 所示。

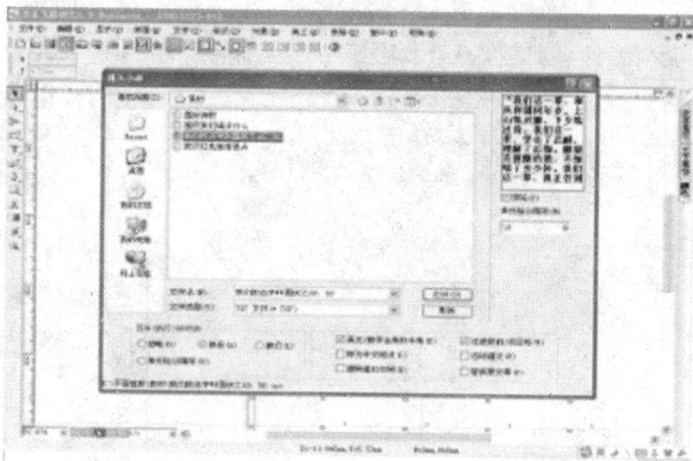

图 12-13　调出要使用的文字块

（2）正文部分分为3栏，栏线为空线。

（3）对正文文字块变形：Shift + 鼠标左键，如图 12-14 所示。

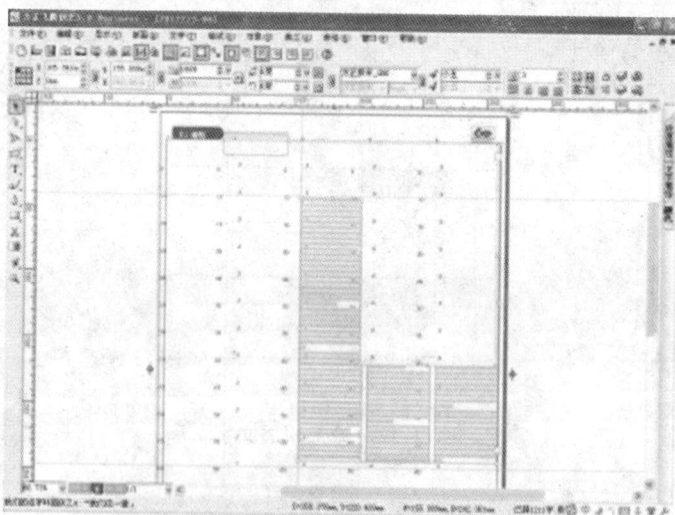

图 12-14　文字块变形

（4）调出图片素材"花"、人物图片，如图 12-15 所示。

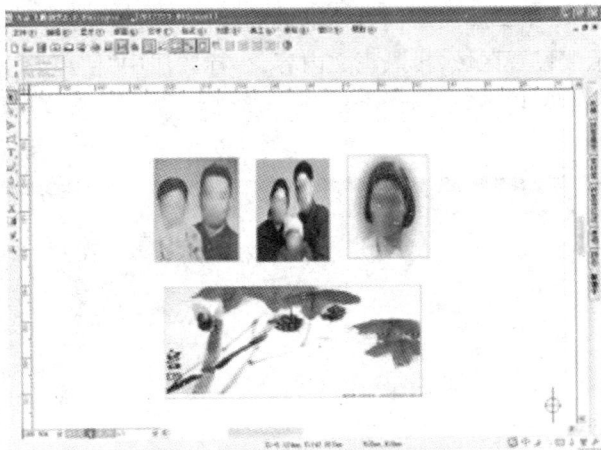

图 12-15 调出要使用的图片素材

将花图作为背景底图放入图片区域,剩下三张人物将其边框分别调整为 3mm 单色,选白色并调整大小,如图 12-16 所示。

图 12-16 调整好后的人物图像位置效果

(5)正文段落字体设置:段首缩进 2 个字;小标题文字使用方正黑体简体,用格式刷刷取属性后快速复制生成,并居中。

该文章由于是该版面最重要的文章,因此大标题最后再制作,这样方便根据版面的整体视觉效果安排标题效果。

第二篇文章:《几个非去的武汉旅游景点》

(1)用提示线设置区域,排入正文内容,小标题居中,使用方正黑体简体,段首缩进 2 个字,如图 12-17 所示。

图 12-17　文章正文效果

(2)制作标题,颜色为渐变色:C = 22,M = 92,Y = 22,K = 0,字体为康体简体,分别为小四号和小二号,并将题花放在右上角,如图 12-18 所示。

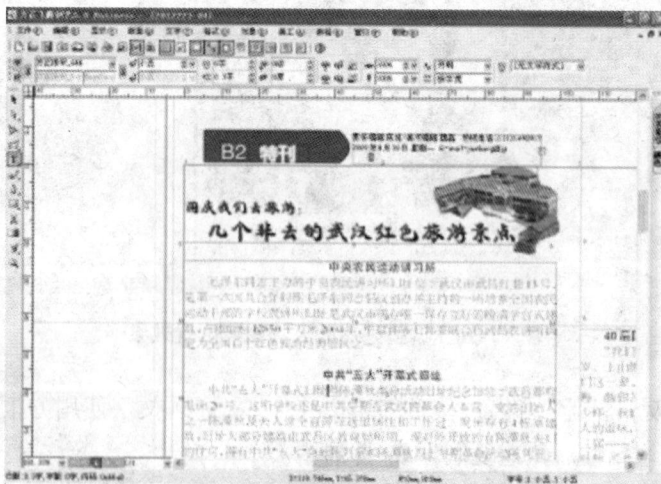

图 12-18　为文章制作标题

第三篇文章:《节庆饮清茶》

（1）绘制矩形框,选择底纹颜色为:C＝10,M＝23,Y＝10,K＝10。

（2）选中该矩形框,在"美工"菜单中选择"角效果"将其边角设置为圆角,角宽为11.5mm,如图12-19所示。

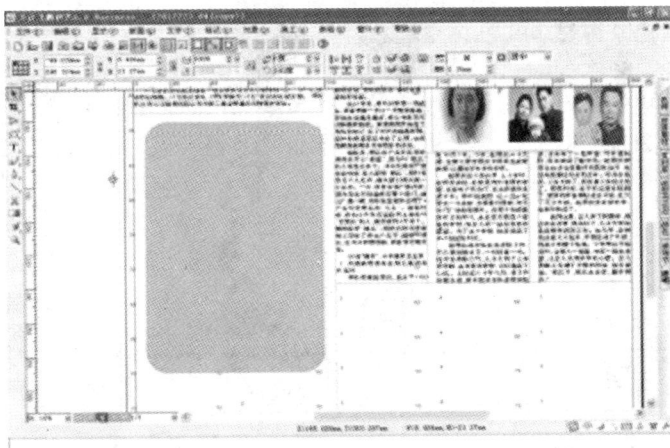

图 12-19　设置带底纹的矩形框

（3）打开素材库选出"corner"系列中的两组素材,如图12-20所示。

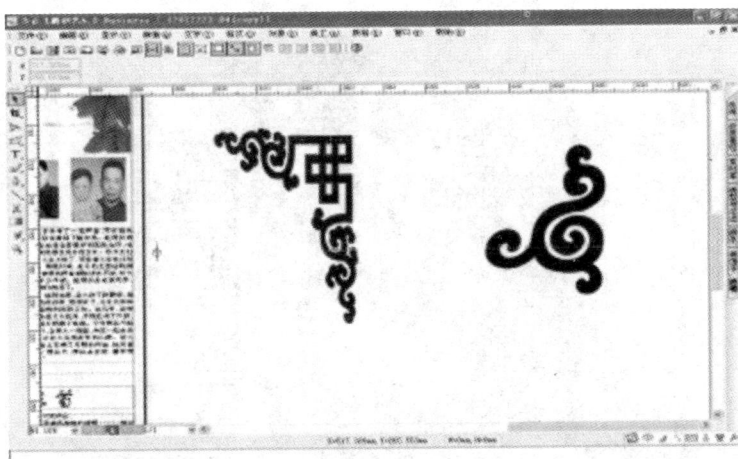

图 12-20　调出素材库素材

（4）将其分别选中后，在"对象"菜单中选择"镜像"命令，镜像基准点选中"左边线"命令，复制生成即可，如图 12-21 所示。

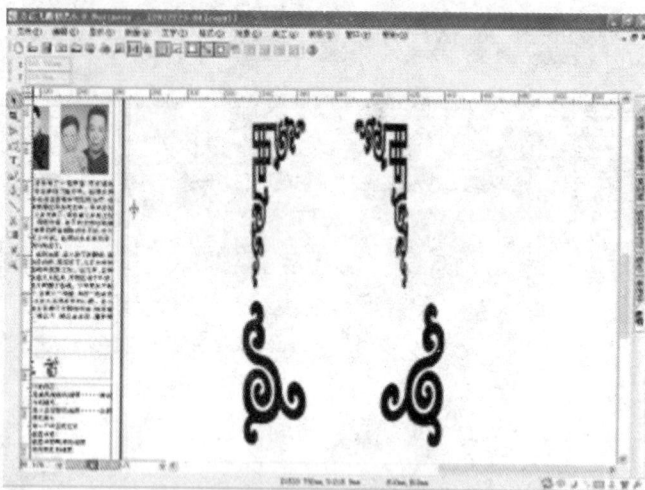

图 12-21　素材库素材调整

（5）将做好的四个边角分别放入矩形框的四个边角中，如图 12-22 所示。

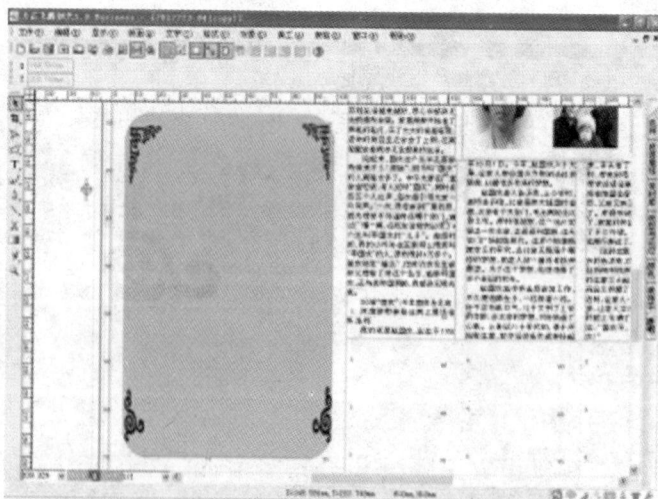

图 12-22　将素材放入矩形框中

（6）将正文放入框内，首段首字大写行高为 2 行。标题字为方正准圆简体，1 号字，如图 12-23 所示。

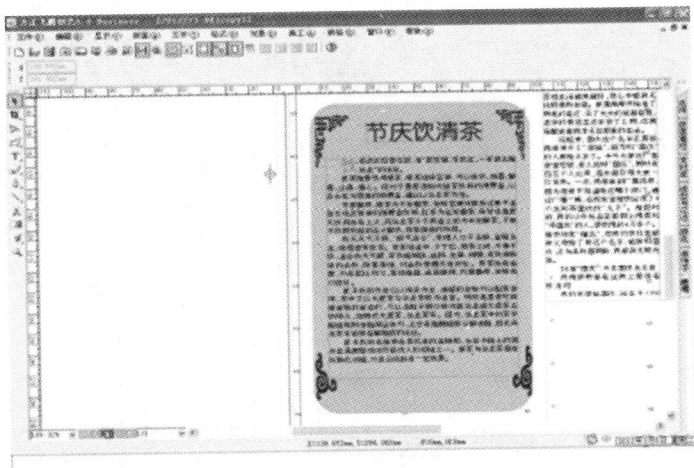

图 12-23　文章放入指定区域并调整

第四篇文章："国庆百姓诗词三首"

（1）排入正文文字，3 栏，在段落属性浮动窗口中左缩进 0.3 个字。

（2）小标题使用方正舒体简体 5 号字，居中，如图 12-24 所示。

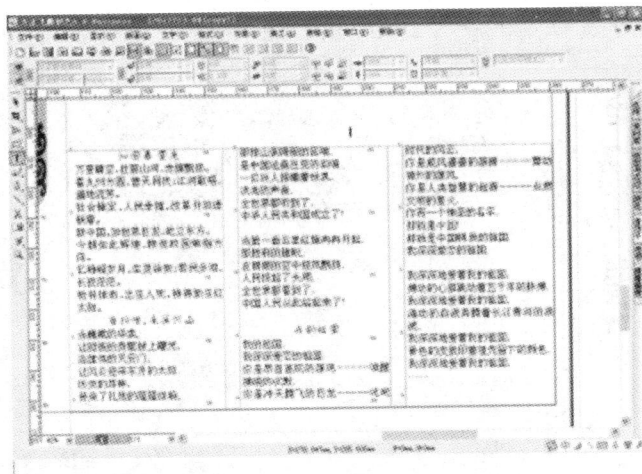

图 12-24　诗词篇正文分栏、文字调整

（3）制作标题：将标题文字放入相应位置，字体为方正舒体简体，初号字，居中。至此，这篇文章就完成了，如图 12-25 所示。

图 12-25 诗词篇标题制作

（4）为了让这篇文章和上面一篇文章有明显的分界线，可制作一条报线。

画一条直线，将其设置为花边线，花边号为 16 号，线型宽度为 2.82mm，如图 12-26 所示。

图 12-26 制作报线

下面我们来制作本版面的头条的标题文字,放在这个步骤来做,是为了方便排版人员在掌握版面的基本情况后,这样做会让版面风格更加统一。

标题:我们的名字叫国庆之 40 后、50 后。

(1)将文字"我们的名字叫国庆"设置为方正黑体简体,小一号字,"之 40 后、50 后"设置为方正报宋,小二号字,如图 12-27 所示。

(2)将"国庆"二字用文字工具选中,设置为方正粗倩简体,特大号字,颜色为 C =10,M =97,Y =98,K =0,并用空格键将二字与其他字分离开来,如图 12-28 所示。

(3)选中"国庆"二字,调出装饰字浮动窗口,为其设置凌型框,字与线的距离设置为4.9mm,花边线 5 号,线型宽为2.8mm,颜色为 C =10,M =97,Y =98,K =0。如图 12-29 所示。

(4)在版本的左下角放置图片,此图必须与版面的整体风格相同,起到画龙点睛的作用,如图 12-30 所示。到此,整个版面的制作完成。

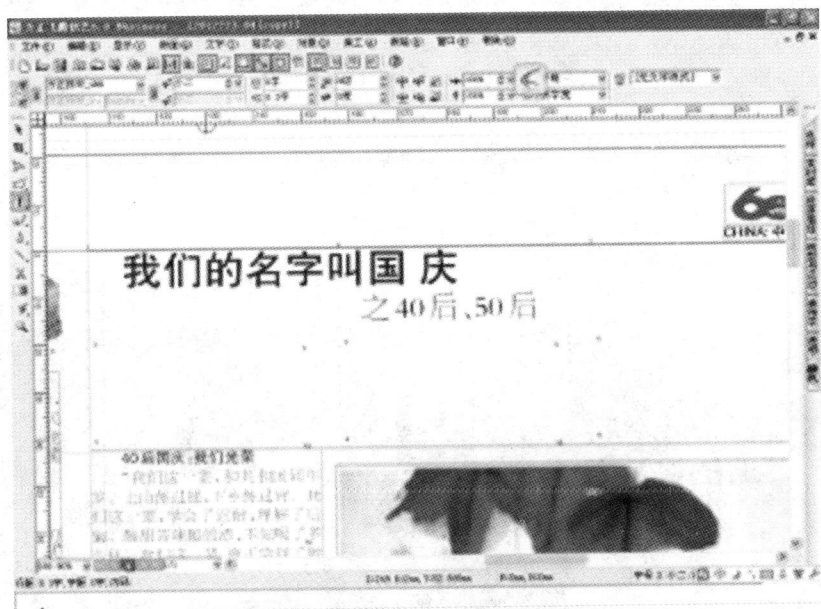

图 12-27　制作头条标题 1

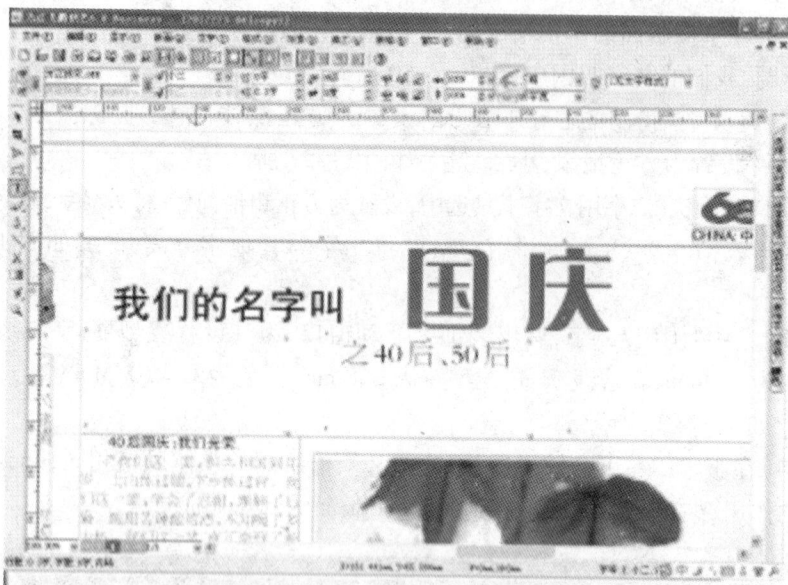

图 12-28　制作头条标题文字 2

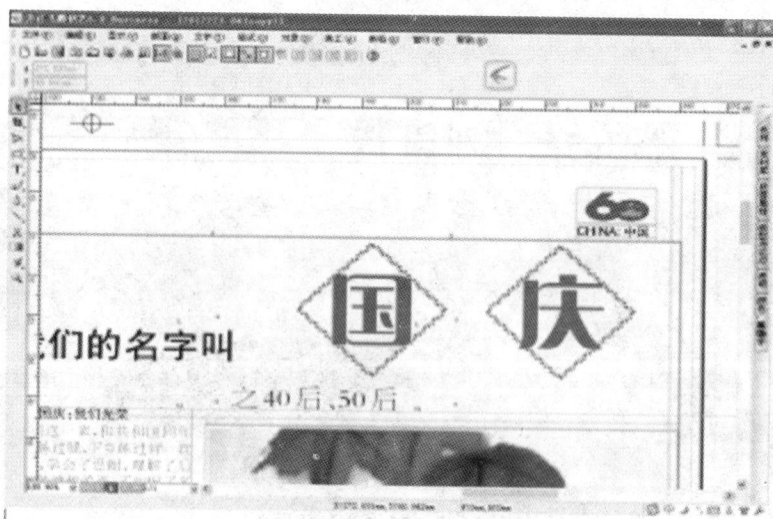

图 12-29　添加标题艺术字效果

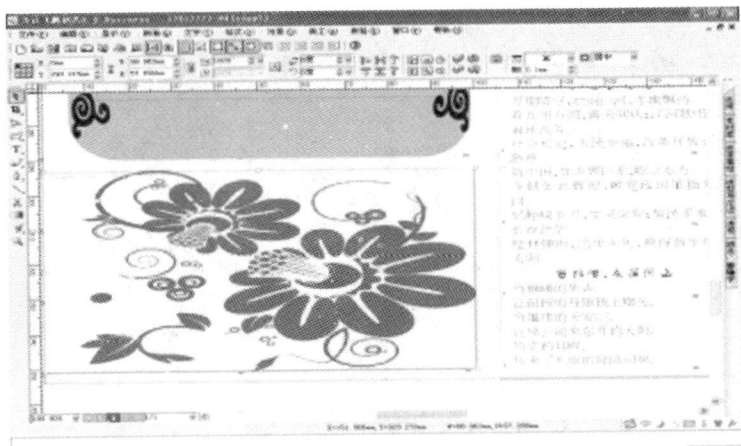

图 12-30 加装饰图片

综合实训 2：杂志版面编排

实训目的：

能够独立、灵活运用方正飞腾创艺的排版功能，编辑杂志版面和封面。

熟练掌握版心设置，图文编辑，标题编辑，封面编辑，版面的页眉、页脚编辑等。

实训内容：

制作包含封面、封底及四个内页的杂志版面。

操作步骤：

一、杂志版心的设置

杂志版心的设计特点是随着时代的变化而不断地变化的，由传统的版心设计向现代的、符合时代潮流和各种艺术特点的设计靠拢。当然，在设计版心的时候一定要考虑艺术性，考虑排版的方便，版心的宽度和高度的具体尺寸要根据用字的大小、每行的字数和每页的行数来决定。

本例中，在"新建文件"面板中，按照如图 12-31 所示进行版面及版心大小的设置。新建文件的页数为 6 页，由封面、封底和四个内页构成；版面大小为大 16 开；页面边距分别为：顶 25mm，底 20mm，外 20mm，内 20mm。点击确定得到如图 12-32 所示的页面。

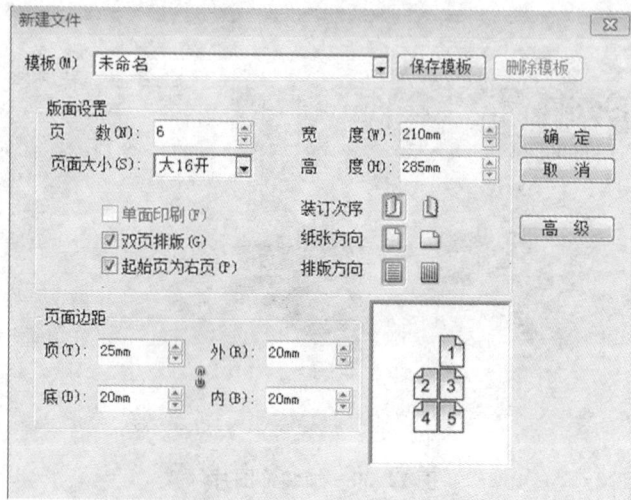

图 12-31　设置版面及版心大小

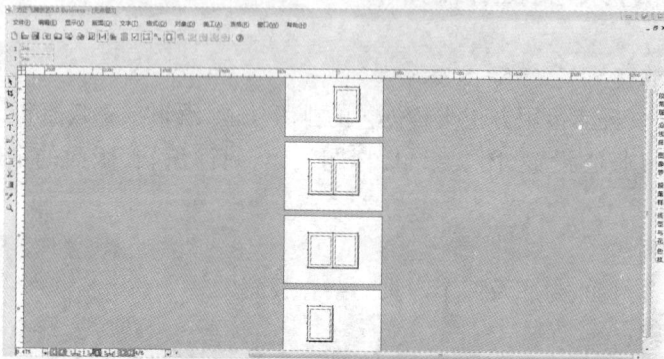

图 12-32　新建的文件页面

二、杂志页眉和页码的设置

1.进入主页进行页眉的设置

将页面切换到主页,按住 Shift 键,将鼠标双击标尺的"＋"字加号,这时标尺的 0 刻度与页面对齐,如图 12-33 所示。在页面上边线之下 20mm 的距离处,拉出一根提示线,在左页面输入文字"MOTIONAL HOME 情调家居",设置为四号方正黑体简体;在右页面输入文字"家居装饰第 7 期",设置为四号方正黑体简体,如图 12-34 所示。

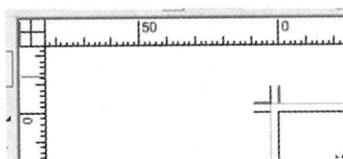

12-33 改变标尺0刻度的位置

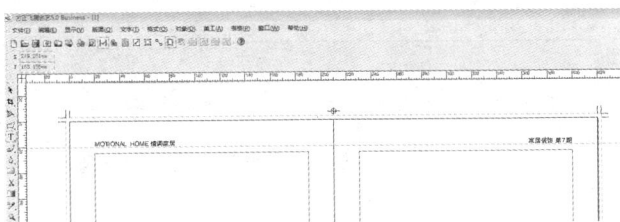

图12-34 设置页眉

2．进入主页进行页码的设置

选择"版面"→"页码"→"添加页码"，面板设置如图12-35所示。然后选中页码向下移动，使页码与版心线有一定间隔，效果如图12-36所示。

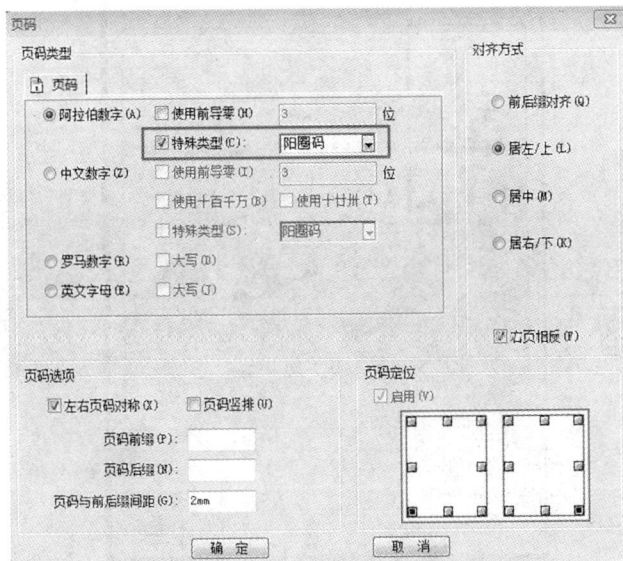

图12-35 页码类型

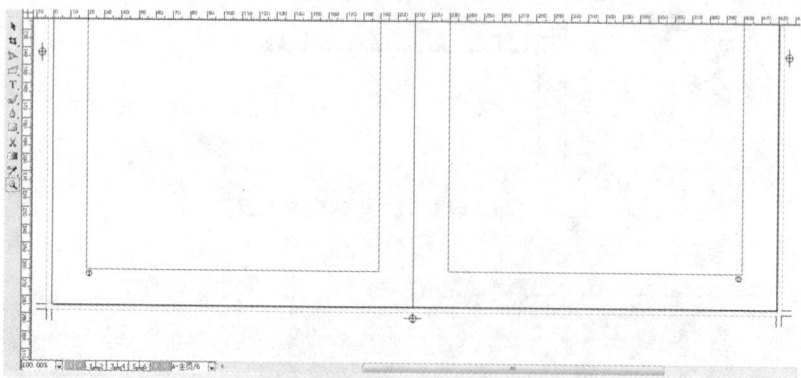

图 12-36　页码设置

3. 进行页面管理设置

选择"窗口"→"页面管理",将"2-3"页、"4-5"页设置为应用 A 主页,第 1 页和第 6 页为封面和封底,因此不应用 A 主页,设置如图 12-37 所示。

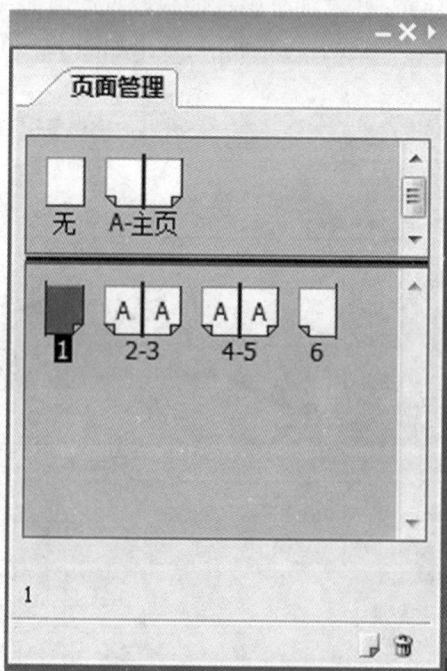

图 12-37　页面管理

三、杂志内页的文图编排

（1）版面布局。第 2～5 页四个版面将要排入标题为"家的四季情思"的文章，该文正文中有两个小标题："客厅变装之色彩变幻"和"卧室变装之主题把握"。根据文章的字数和图片的搭配，计划将"客厅变装之色彩变幻"排入第 2～3 页中，将"卧室变装之主题把握"排入第 4～5 页中。

（2）切换到普通页面 2，选择"排入文字"，将题目为"家的四季情思"的文章导入页面。将文字块依据标题的不同切分成若干独立文字块，放置到页面相应位置。标题字体字号及颜色设置如图 12-38 所示。

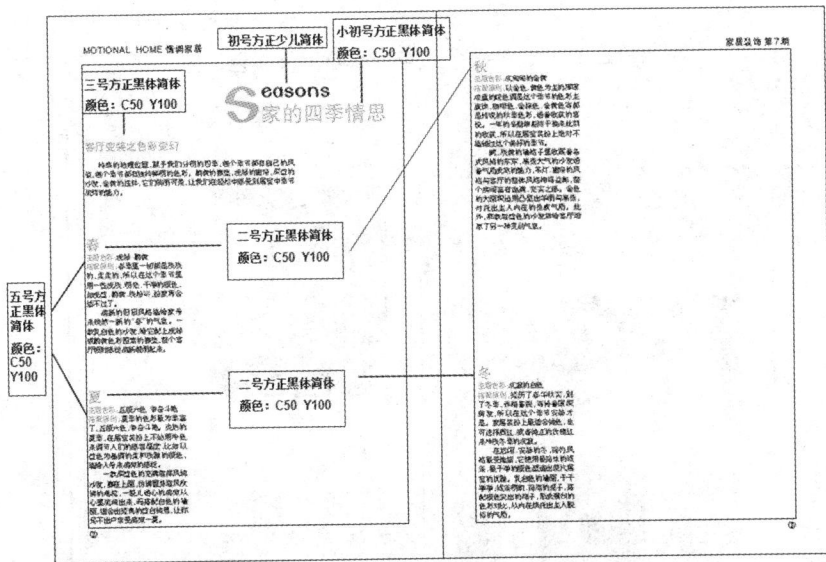

图 12-38　第 2～3 页文字字体字号及颜色设置

（3）切换到普通页面 4，文字设置与前页一致，如图 12-39 所示。

（4）选择"排入图像"，按住 Shift 键将图片等比例调整好大小，放置在页面中，第 2～3 页版面如图 12-40 所示，其图像文件名为"1"、"2"、"3"、"4"。第 4～5 页版面如图 12-41 所示，其图像文件名为"5"、"6"、"7"、"8"。

（5）排入花边图案，其图像文件名为"12"、"13"，进行版面装饰。对花边图

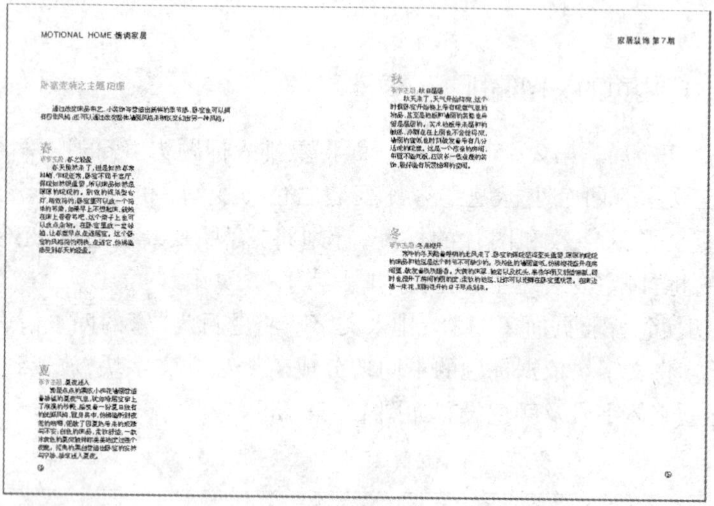

图 12-39　第 4～5 页文字字体字号及颜色设置

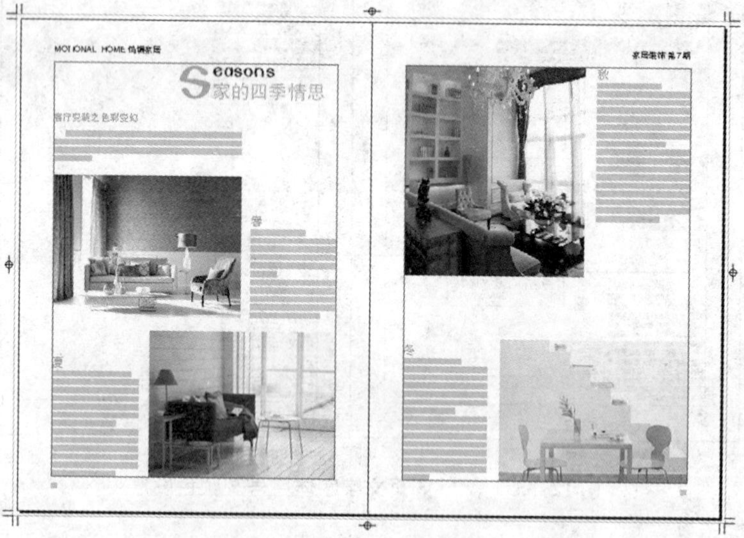

图 12-40　第 2～3 页的版面

案设置不透明度为 30%，调整好大小后放置在页面中，第 2～3 页版面如图 12-42 所示，第 4～5 页版面如图 12-43 所示。设置过程中有的花边进行了沿线翻转，如图 12-44 所示。

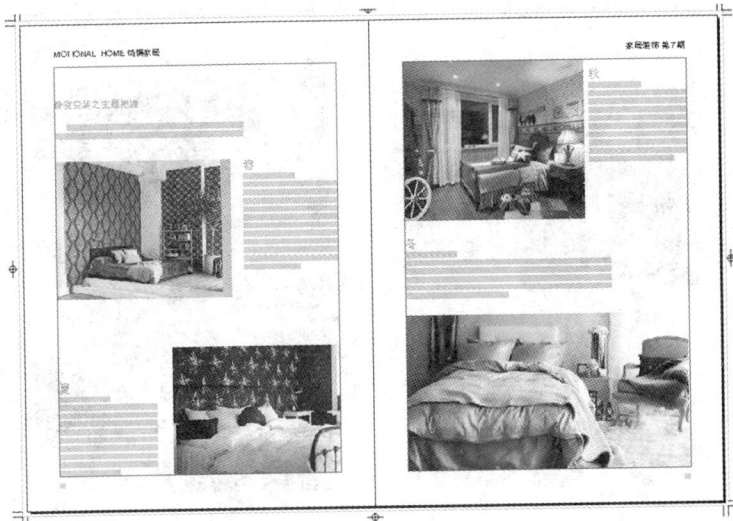

图 12-41　第 4~5 页的版面

图 12-42　排入花边后第 2~3 页的版面

四、杂志封面和封底的编排

(1)切换到页面 1,排入封面,图像文件名为"11"。在页面上方输入杂志名

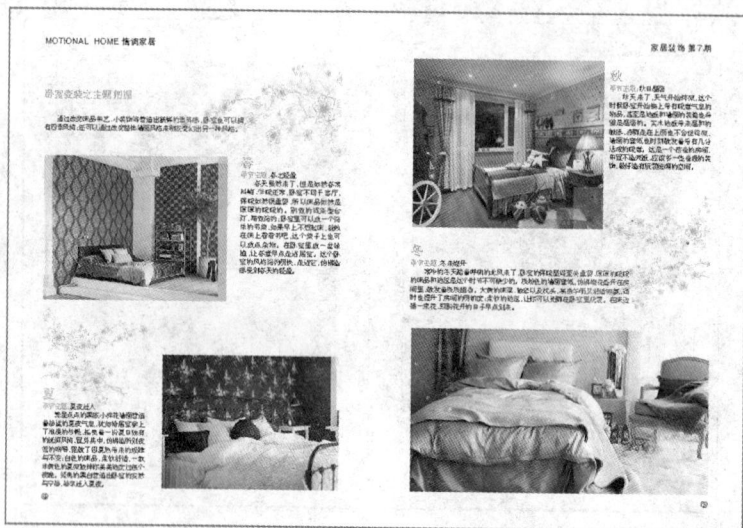

图 12-43　排入花边后第 4~5 页的版面

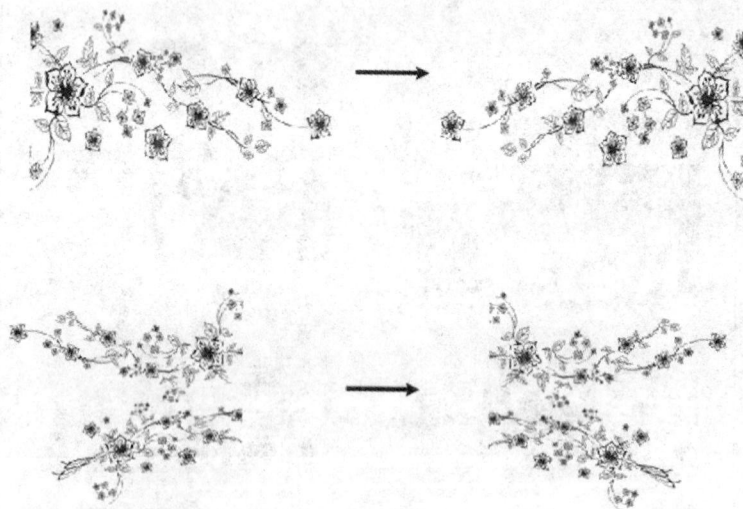

图 12-44　图片沿右边线翻转

称"家居装饰",字体为方正粗倩简体,颜色为 C20M40Y78K12。然后对文字进行勾边,即选择"文字"→"艺术字",选择"一重勾边",设置如图 12-45 所示,杂志名称的效果如图 12-46 所示。

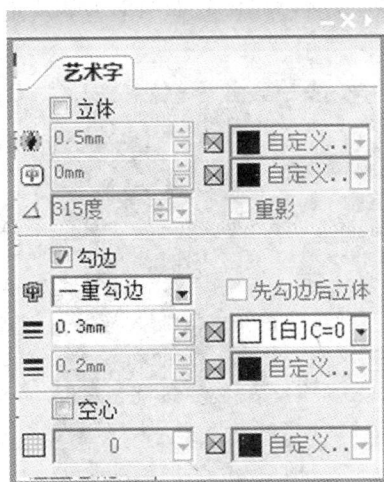

图 12-45 文字勾边

图 12-46 杂志名称设置

（2）在封面中依次排入本期要目、日期、刊号、条码（条码图像文件名为
"9"）。封面中的其他内容设置如图 12-47 所示。

图 12-47 封面其他内容的设置

（3）切换到页面6,排入封底广告,图像文件名为"10",如图12-48所示。

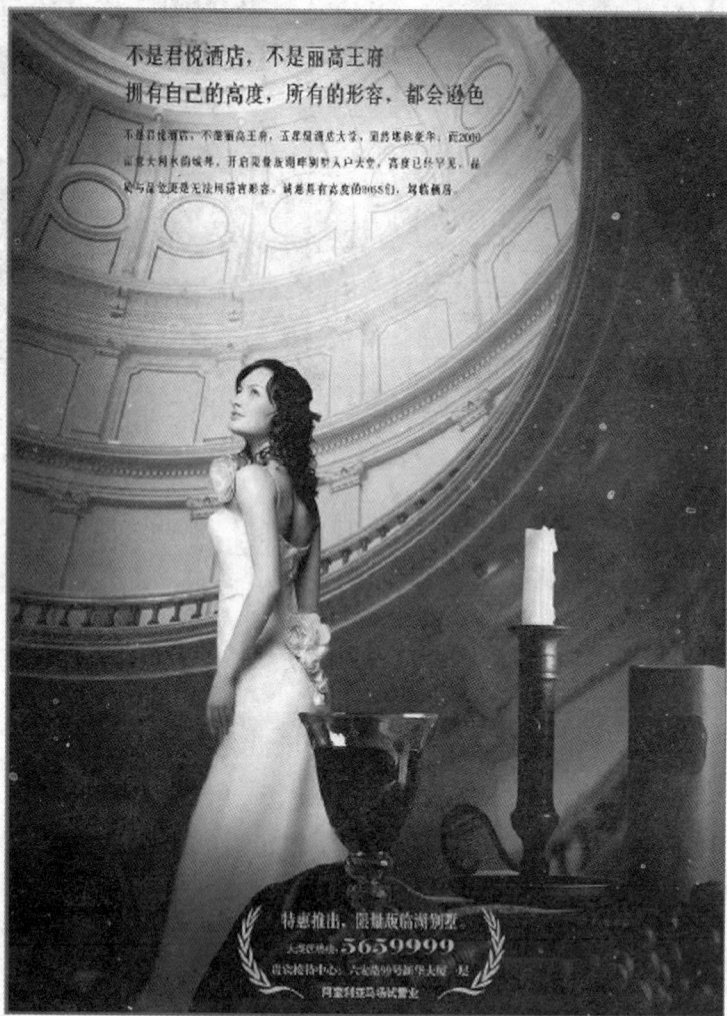

图12-48　封底广告

五、输出

选择"文件"→"输出",可选择多种格式进行输出,我们以输出为PDF格式
为例,输出设置如图12-49所示。

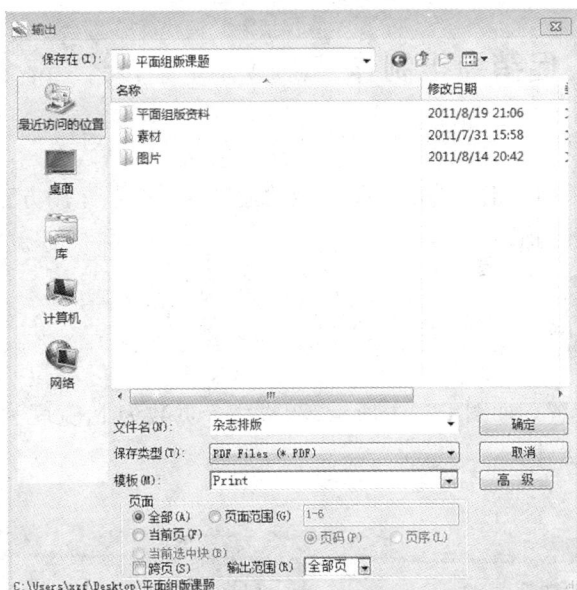

图 12-49　输出

　　至此,《家居装饰》的封面、封底和四个内页就制作完成,其整体效果如图
12-50所示。

图 12-50　杂志的整体效果

综合实训 3：促销海报制作

实训目的：

能够灵活运用方正飞腾的各种排版功能,熟练掌握、运用方正飞腾排版系统对促销海报进行编辑和排版。

实训内容：

制作一张打折促销海报。

操作步骤：

（1）版面设置。如图 12-51 所示,新建一个页数为 1,宽度为 95mm,高度为125mm 的版面文件。

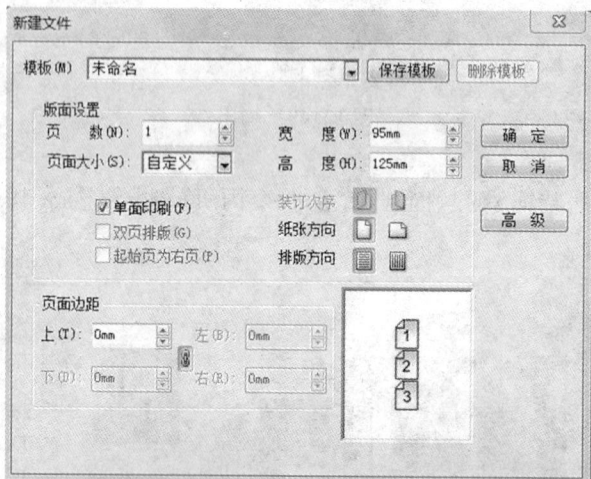

图 12-51　新建文件

（2）如图 12-52 所示,在页面下方绘制一个矩形框,用穿透工具停靠在矩形的上边线,点击右键,在菜单中选择"变曲",向下调整出弧线。

（3）为矩形填充底纹颜色,颜色设置为 M90,将边框颜色设置为透明。选择"渐变",如图 12-53 所示,进行渐变设置。

（4）沿版面的左侧边用钢笔工具绘制出一个三角形,用穿透工具右键点击三角形的斜边,变曲,调整弧度,如图 12-54 所示。填充颜色为 M35,依照相同方

法再设置一个弧形带,填充颜色为 M80K10,调整到最下层。三个图层的顺序调
整如图 12-55 所示。

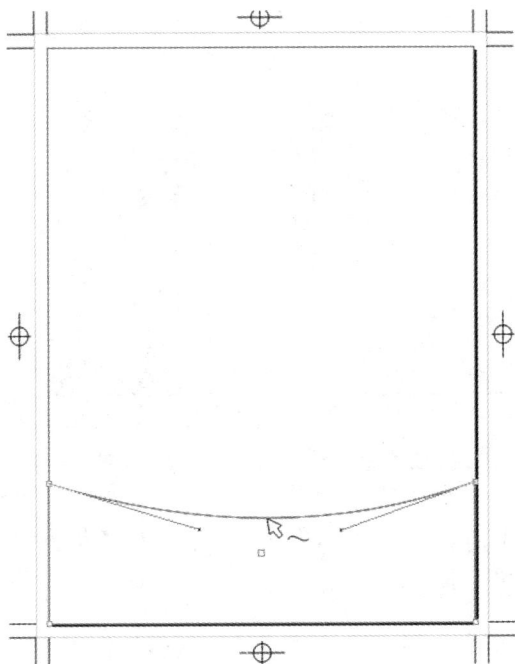

图 12-52 将矩形框上边线变曲

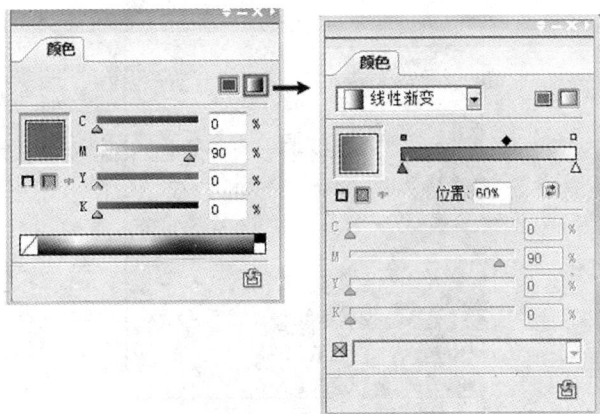

图 12-53 渐变设置

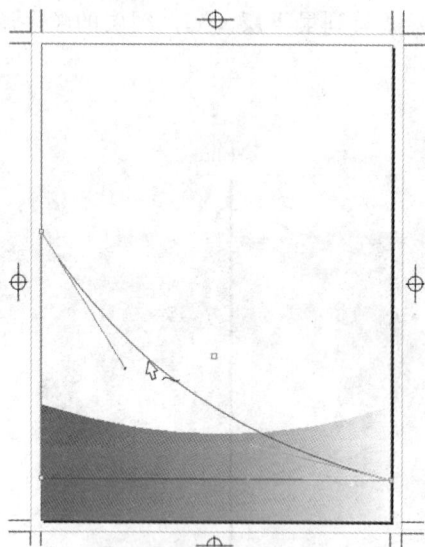

图 12-54　变曲后的三角形

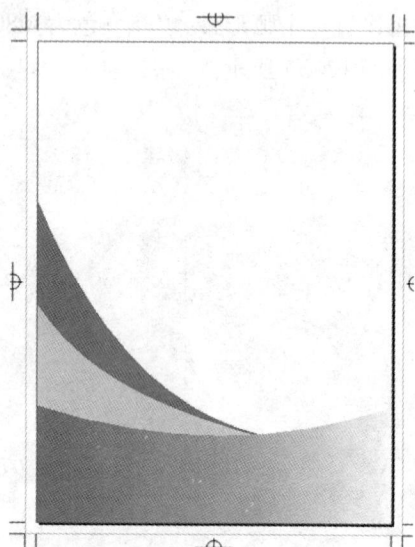

图 12-55　三个图层按顺序设置

　　(5)在版面右上角绘制弧形带,方法同上。上层图形颜色为 M35,下层颜色为 M90,如图 12-56 所示。

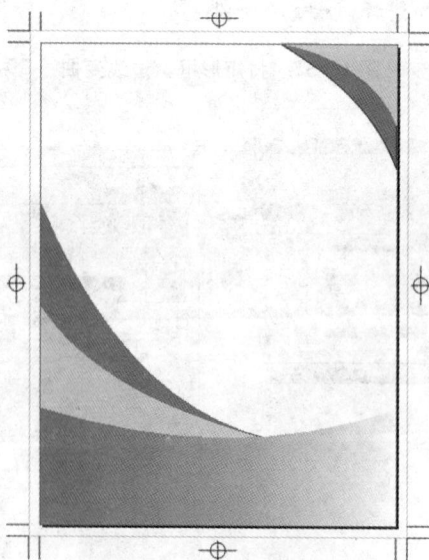

图 12-56　右上角的装饰角设置

（6）在版面中输入文字"全场 5 折优惠"，设置参数如图 12 -57 所示。选中"5"，选择"艺术字"，勾选"立体"，设置 0.8mm 的黑色阴影。

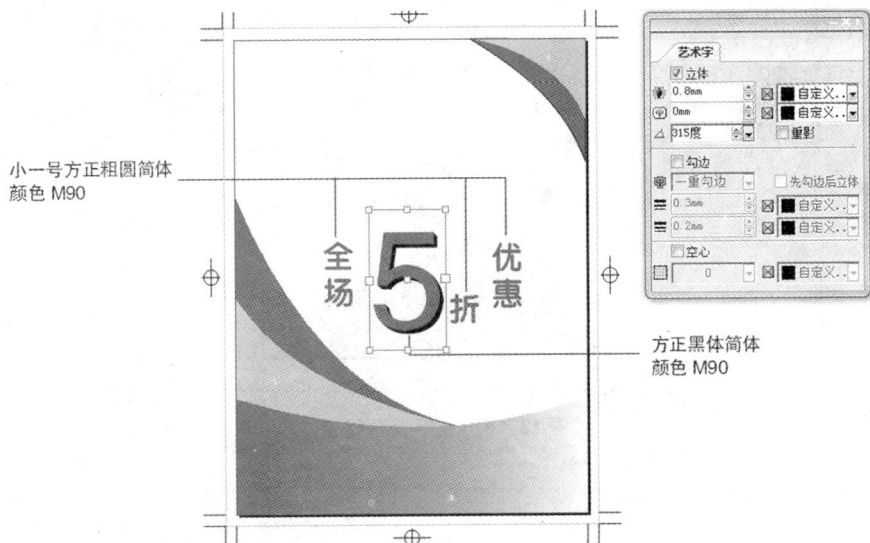

图 12 -57　文字参数设置 1

（7）依次在版面中输入文字"享受生活　多彩多姿"、"追求品质　享受生活　多彩多姿倾情答谢促销活动！"、"活动时间 6 月 18 日—6 月 20 日"，设置参数如图 12 -58 所示。选中"享受生活　多彩多姿"，选择"艺术字"，勾选"勾边"，选择"一重勾边 + 二重勾边"，一重边为 0.5mm 白色边，二重边为 0.3mm、颜色为 M90 的红色边。

（8）排入"多彩多姿"logo，然后排入花纹底图，调整到最下层。用工具箱中裁剪工具裁剪底图大小，并设置不透明度为 30%，如图 12 -59 所示。

（9）用钢笔绘出弧线然后用沿线排版工具，输入文字"享受多彩多姿生活！"，如图 12 -60 所示。将文字设置为小二号方正少儿简体，颜色为 M90。然后在"艺术字"面板勾选"勾边"，选择"一重勾边 + 二重勾边"，一重边为 0.5mm 白色边，二重边为 0.3mm、颜色为 M90 的红色边。选择"格式"→"沿线排版"，打开沿线排版面板，勾选"隐藏线"，如图 12 -61 所示。

图 12 -58　文字参数设置 2

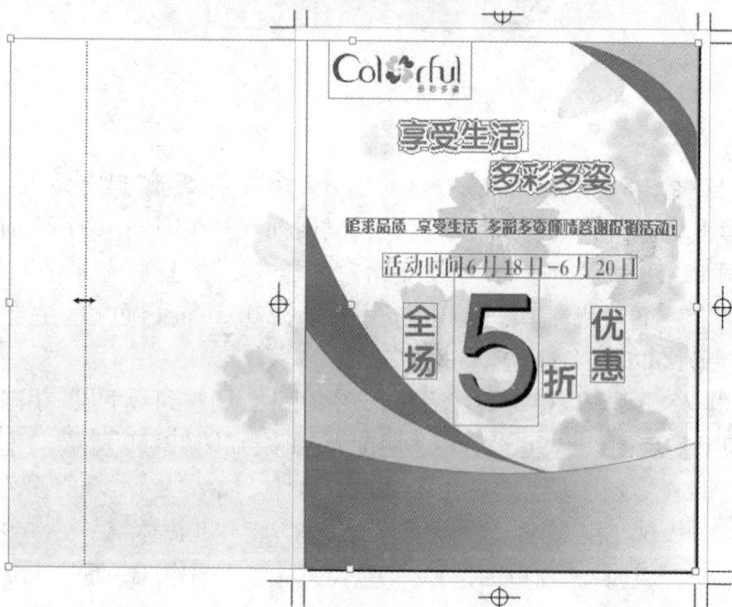

图 12 -59　裁剪底图

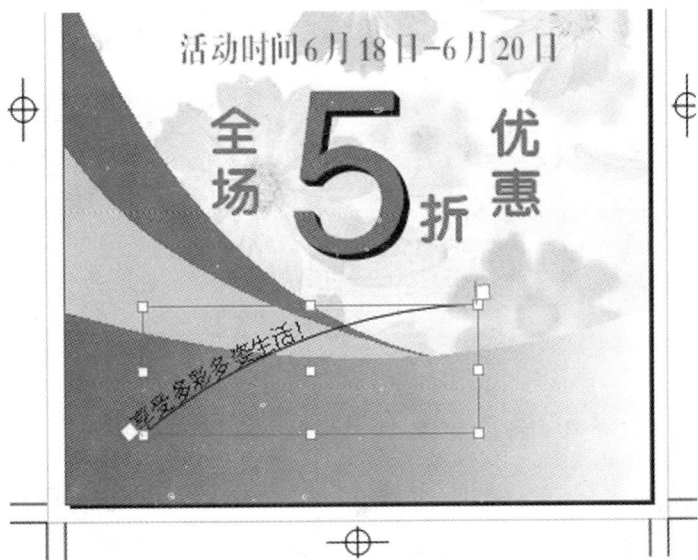

图 12-60 文字沿线排版

图 12-61 对沿线排版文字进行双重勾边

（10）在版面右下角输入厂家名称、厂址等信息，至此该促销海报就制作完成了，整体效果如图12-62所示。

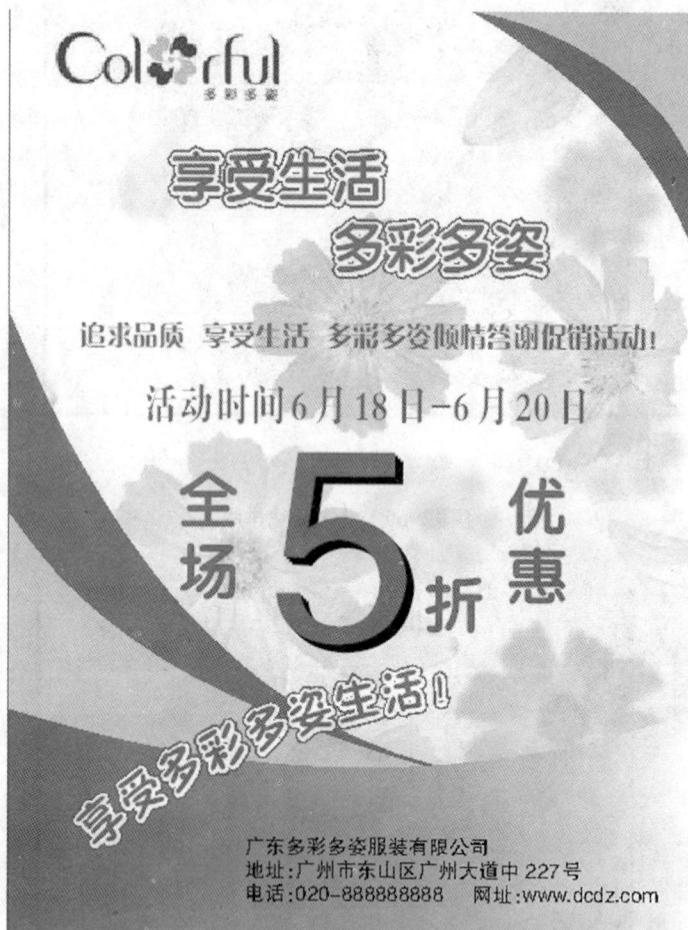

图12-62　促销海报整体效果

综合实训4：广告宣传折页制作

实训目的：

能够灵活运用方正飞腾的各种排版功能，熟练掌握、运用方正飞腾排版系统对产品、会议等活动的广告宣传画册进行编辑和排版。

实训内容：

制作美容美体会所宣传三折页。

操作步骤：

对于三折页的版面编排我们要注意到折页的版面有其特殊性，它不同于书籍、杂志和报纸的版面。三折页折叠起来是独立的一个个版面，展开后则是一个整体，因此在折页的编排上除了考虑每一个折叠面，还要考虑版面与版面之间的关系在展开后的整体效果，要注意整体的节奏，以及图片与图片、图片与文字、文字与文字间的对比。

（1）按"Ctrl + N"组合键，打开"新建文件"对话框，然后如图 12-63 所示，新建一个包含两个页面的空白文件。

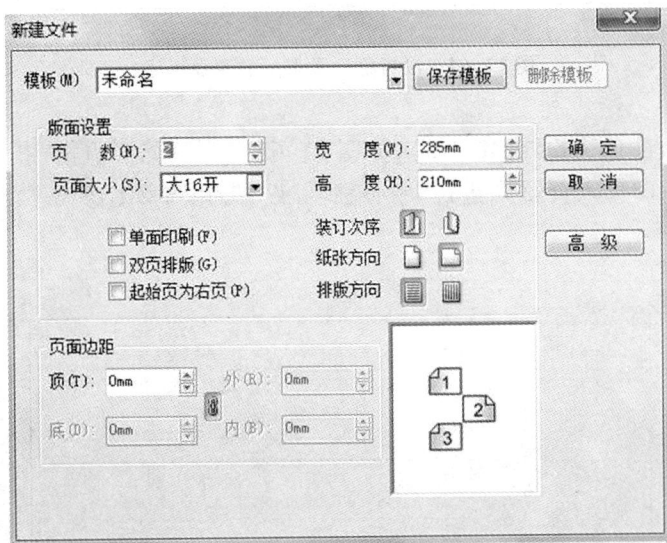

图 12-63　新建文件

（2）按住 Shift 键，双击标尺交叉处，则标尺零点设置在与页面左上角对齐的位置。然后在两个页面中各放置两条垂直提示线，提示线的坐标分别为 X = 95mm 和 X = 190mm，并锁定它们的位置（选择"显示"→"提示线"→锁定全部提示线），如图 12-64 所示。

（3）首先制作宣传页的封面。在页面 1 的左侧页面绘制一个矩形框，边框

图 12 -64   设置标尺零点并放置提示线

为空线,底纹颜色为粉红(M = 15),如图 12 -65 所示。然后点击"排入图像"按钮,将"图片 1"排入页面 1,进行"中心翻转"设置,并调整图像大小,如图 12 -66 所示。

图 12 -65   绘制矩形块并填充颜色

图 12-66　排入图像

（4）点击"排入图像"，排入"图片 2"，设置边框为 2mm 的单线，边框颜色设置为粉红（M＝42），双线性渐变，然后给图片添加不透明度为 20% 的阴影，如图12-67 所示。

图 12-67　图片边框设置

（5）排入页面 1 文字，文字放置位置及文字设置参数如图 12-68 所示。至此，页面 1 的设置就完成了。

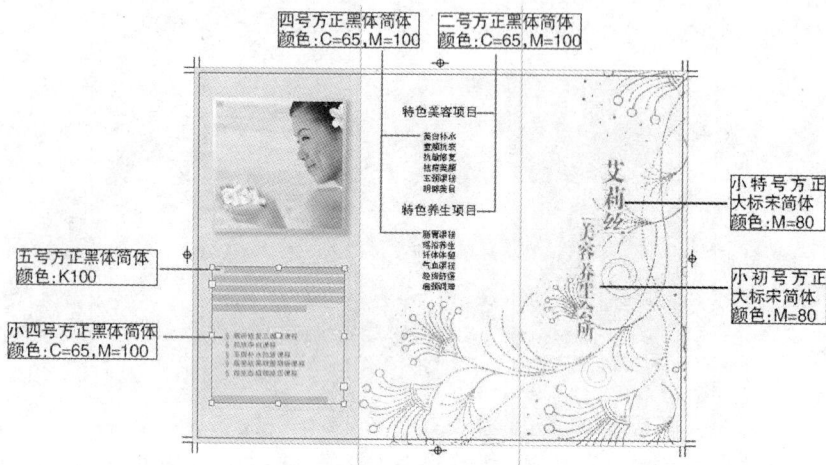

四号方正黑体简体
颜色:C=65,M=100

二号方正黑体简体
颜色:C=65,M=100

特色美容项目

五号方正黑体简体
颜色:K100

小四号方正黑体简体
颜色:C=65,M=100

特色养生项目

小特号方正
大标宋简体
颜色:M=80

小初号方正
大标宋简体
颜色:M=80

图 12-68 文字设置

（6）切换到页面 2,点击"排入图像",排入"图片 3",并调整好大小,设置不透明度为 30%,如图 12-69 所示。

图 12-69 排入图像

（7）在页面右侧绘制一个矩形,边框为空线,底纹颜色设置为粉红(M = 15),如图 12-70 所示。

图 12-70　绘制矩形并填充颜色

（8）点击"排入图像"，排入"图片 4"，设置边框为 2mm 的单线，边框颜色设置为橘红（M = 28，y = 50），双线性渐变，然后给图片添加不透明度为 20% 的阴影，如图 12-71 所示。

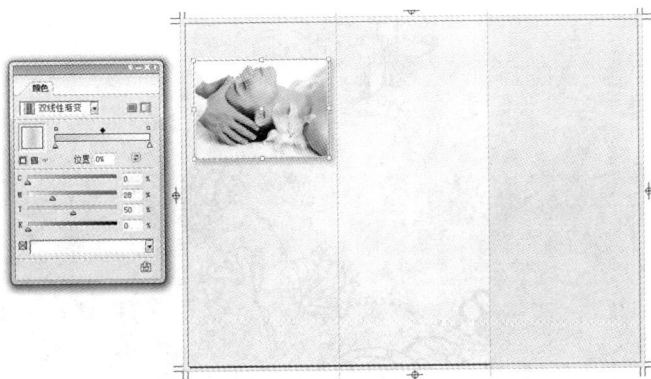

图 12-71　图片边框设置

（9）在页面右侧绘制三个大小不一的正圆图形，边框设置为 2mm 单线，颜色为粉红（M = 42）。然后选中不同的圆，分别排入"图片 5"、"图片 6"、"图片 7"，并选择"图适应框"，如图 12-72 所示。

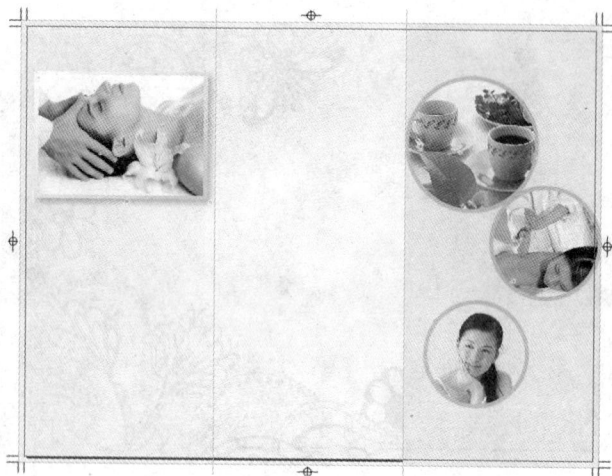

图 12 -72 在圆内排入图片

(10)用钢笔工具绘制三条曲线,粗细为 1mm,颜色设置为粉色(M = 40),调整到圆形图层之下。然后选择"窗口"菜单下的"素材库",打开"素材库"中的"Pattern"文件,选择 0001 和 0008,直接拖入页面,改变其大小,并设置颜色为粉色(M = 42),如图 12 -73 所示。

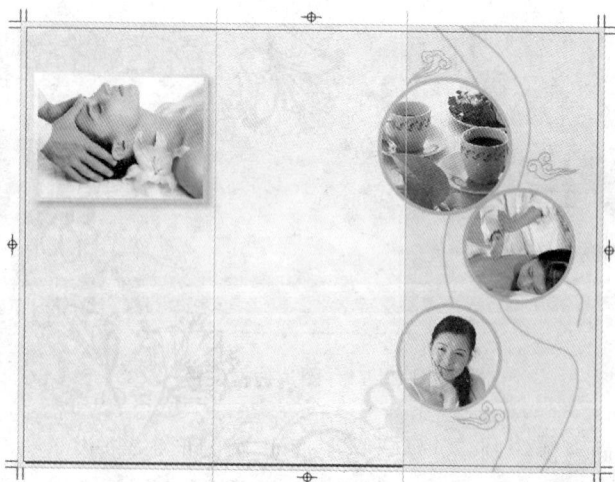

图 12 -73 绘制曲线并从素材库中排入素材

(11)排入页面 2 文字,文字放置位置及文字设置参数(页面中的紫色设置均为 C=65,M=100)如图 12-74 所示,至此,页面 2 的设置就完成了。此三折页的最终效果如图 12-75 所示。

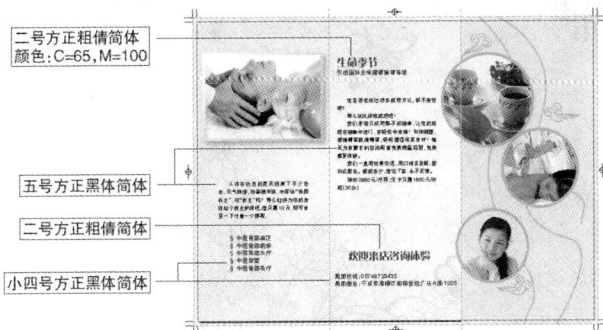

图 12-74　字体字号设置

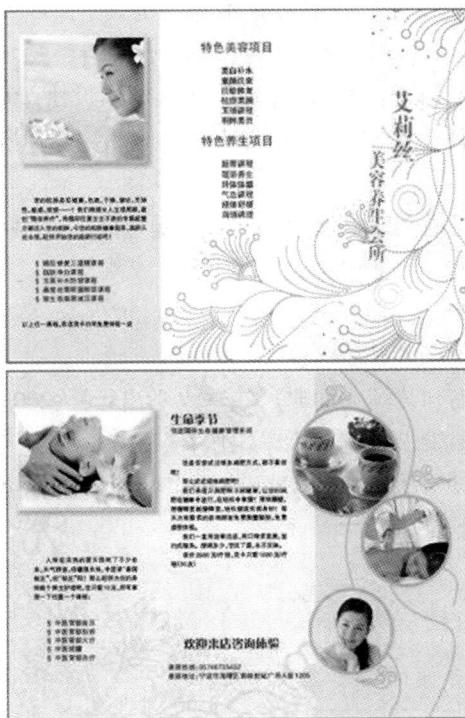

图 12-75　三折页的最终整体效果

参考文献

[1]王汀:《版面构成》,广东人民出版社,2000。

[2]胡丹、黄秋生:《报纸电子编辑实验教程》,中国人民大学出版社,2009。

[3]王雪峰:《商业宣传品设计》,印刷工业出版社,2011。

[4]李丽华、朱丽静:《方正飞腾创艺5.0实训教程》,航空工业出版社,2010。

[5]易忠、杨晓芳:《版面设计》,安徽美术出版社,2007。

[6]丰明高、蒋尚文、莫钧:《编排设计》,湖南大学出版社,2004。

[7]黄英杰、周锐、丁玉红:《构成艺术》,同济大学出版社,2004。

[8]吕曦:《版面设计新体验》,朱锷译,重庆出版社,2001。

[9][日]原研哉:《设计中的设计》,山东人民出版社,2006。

[10]马健:《"留白"在报纸版式设计中的应用》,载《当代传播》2008年第4期。

[11]王艳:《论时尚杂志发展中的两大关键性问题》,载《中国编辑》2006年2月。

[12][英]杰里米·莱斯利:《期刊新设计》,谭保全、陈锐译,上海人民美术出版社,2004。

[13]吴寿林:《书刊装帧大词典》,东华大学出版社,2003。

[14]潘树广:《编辑学》,苏州大学出版社,1997。

[15][德]霍斯特·莫泽:《世界最佳杂志封面&版式设计》,姚香泓等译,大连理工大学出版社,2004。

后　记

从实践到理论,再从理论到实践,在这一过程中编者在不断探索版面编排的规律,也在思考平面组版课程的教学内容与教学方式的改革。本书是对以往教学经验的总结,也是对该门课程改革的一次尝试。

许多学生在学习这门课程时表现出了极大的热忱,正是大家对排版知识的渴求与追求是我编写此书的原动力。在此,对所有修读过该课程的学生表示感谢。

同时,我要感谢学院的领导、同事对本书的帮助与支持,正是大家的鼓励、督促才使得本书能顺利完成。

由于时间仓促,且自身学识水平有限,难免有许多不完善之处。在此,请各位读者不吝指正。

肖志芬

2012 年 7 月

 高等学校新闻传播学应用型系列教材

书目

* 已出书